Écrire l'Afrique-Monde

Ateliers de la pensée
Dakar et Saint-Louis-du-Sénégal 2016

Écrire l'Afrique-Monde

Sous la direction de
Achille Mbembe et Felwine Sarr

Philippe Rey | Jimsaan

Penser pour un nouveau siècle

Achille Mbembe et Felwine Sarr

Le nouveau siècle s'ouvre sur deux déplacements historiques majeurs. L'Europe ne constitue plus le centre du monde même si elle en est toujours un acteur relativement décisif. L'Afrique, pour sa part – et le Sud de manière générale –, apparaît de plus en plus comme l'un des théâtres privilégiés où risque de se jouer, dans un avenir proche, le devenir de la planète.

Pour ceux et celles qui, pendant longtemps, ont été pris dans les rets du regard conquérant d'autrui, le moment est donc unique pour relancer le projet d'une pensée critique qui ne se contenterait pas seulement de se lamenter et de persifler. Confiante en sa propre parole et à l'aise avec les archives de toute l'humanité, une telle pensée serait capable d'anticiper, de créer véritablement et, ce faisant, d'ouvrir des chemins nouveaux à la mesure des défis de notre temps. Pour qu'un tel projet s'inscrive dans la durée, il nous a semblé qu'il nous fallait inventer une plate-forme libre, qui favorisât l'énonciation d'une parole nécessairement plurielle, à la fois confiante en sa puissance propre, imprévue s'il le faut, en tout cas ouverte sur le large.

C'est pour cette raison que s'est tenue du 28 au 31 octobre 2016 à Dakar et à Saint-Louis-du-Sénégal la première édition des Ateliers de la pensée. Une trentaine d'intellectuels et d'artistes du Continent et de ses diasporas se sont réunis pour réfléchir sur le présent et les devenirs d'une Afrique au cœur des transformations du monde contemporain. Il s'agissait non seulement de faire le point sur le renouvellement en cours de la pensée critique afro-diasporique d'expression française, mais aussi de dessiner des perspectives nouvelles concernant la contribution du discours afro-diasporique aux débats sur le monde contemporain. Pour ceux et celles d'entre nous qui eurent le privilège d'y participer, cet événement aussi inédit qu'inoubliable fut l'occasion d'une prise de conscience renouvelée – le temps de l'Afrique est inséparable du temps du monde, et la tâche de la création est d'en précipiter l'avènement.

S'il y a une optique générale qui tient ensemble les textes réunis ici, c'est bel et bien dans cette idée d'un *événement à venir* et dans ce *requisit de création* qu'il faut la trouver. Il n'y aura d'Afrique que créée. Et pour nous, il n'y aura jamais d'autre tâche fondamentale que de rendre pensable, ou de penser cette création. En posant comme point de départ l'entrelacement et la communauté de sort entre l'Afrique et le monde, nous congédions enfin l'illusion d'une séparation toujours déjà donnée et toujours tenue pour évidente entre le signe africain et le temps du monde. C'est aussi une certaine manière de penser que nous voulons congédier – celle qui, des siècles durant, a tenté de faire croire que l'Afrique constitue un *monde à part*, un *hors-monde*.

En cherchant en ce début de siècle à restaurer la parenté d'identité entre l'Afrique et le monde, ce sont les diverses manières possibles d'être du monde, d'être monde, de faire monde qu'il s'agit d'exposer. Comment rejoindre ces diverses manières d'être et de faire, de les décrypter, de dire à quel appel elles répondent, tel est l'objet de la réflexion. Elle s'emploie, chaque fois, à concevoir la possibilité d'une surprise. Dans cette perspective, si ce livre n'est pas un manifeste – au sens où il révélerait, à la franche lumière du jour, des vérités cachées par les générations précédentes – il en présente néanmoins quelques caractéristiques.

D'abord, il traite d'une *urgence*. Le temps nous étant à la fois favorable et compté, il n'y a plus aucune raison d'attendre. Nous sommes nos propres témoins. Il nous faut absolument faire corps si nous devons reprendre à notre propre compte cette tâche essentielle que nous ne saurions déléguer à d'autres – lire, écrire, déchiffrer, décrypter, dessiner et interroger notre âge, faire barrage à ces langues (les nôtres et celles des autres) en lesquelles nous parlent des mots qui se sont tus ; réhabiliter, dans l'acte même de la pensée, une forme d'errance, condition de la surprise.

Ensuite, penser tout de suite et pour soi-même est un exercice indissociable de l'action, car justement, s'agissant de l'Afrique comme du monde, l'on n'agira pas sans penser, tout comme on ne pensera pas sans agir sauf, dans l'un et l'autre cas, à vouloir à tout prix laisser la voie à la catastrophe. Au fond, c'est à une nouvelle manière de construire qu'il faut donner forme. Pour y arriver, il nous faut non seulement ouvrir toutes les frontières, mais aussi rendre l'archive – toutes les archives – aussi lisible que possible.

Ce livre est donc un appel général, pressant et presque tendu, à reprendre de vieux combats jamais clos et à en engager d'autres qu'appelle le nouveau siècle, ce qui, inévitablement, revient à brouiller et à effacer des lignes afin de pouvoir en tracer d'autres.

Les Ateliers de la pensée constituent par ailleurs notre réponse à un ensemble de reconfigurations ayant trait aux conditions globales de production de la pensée critique contemporaine. D'une part, que ce soit en littérature, en philosophie, dans les arts ou dans le domaine des sciences humaines en général, l'hégémonie longtemps exercée par le discours occidental sur presque tous les pans du savoir humain et de la culture est sinon en recul, du moins fortement contestée. Certes, les institutions du nord du monde demeurent puissantes. L'on assiste cependant, depuis le dernier quart du XXᵉ siècle, à l'émergence dans bien des disciplines de nouveaux courants qui remettent en cause cette prépondérance et proposent de nouvelles clés d'interprétation de l'histoire-monde.

Ce mouvement en faveur du décentrement de la pensée et des humanités ne date pas d'aujourd'hui. Il connaît cependant une accélération. À peu près partout, de nouveaux territoires de vie se font jour. Des pratiques informelles du politique remettent en cause et bousculent ce qui, jusqu'alors, passait pour le sens commun. La démocratie elle-même se réinvente à partir des lieux de la vie ordinaire. Vivre avec les migrants et autres multitudes qui, à première vue, ne sont guère des nôtres est désormais le lot de tous. Les techniques computationnelles ne transforment pas seulement la connaissance en information. Elles décuplent nos capacités à produire du savoir en dehors des lieux institués.

Malgré les tentatives de raffermissement, les frontières se distendent et toutes sortes de dichotomies inaugurales s'effondrent. Déterritorialisation et reterritorialisation vont de pair. Loin d'être antinomiques, sujet et objet font partie d'une seule et même trame. L'ici et l'ailleurs s'entrelacent. La nature est dans la culture et vice versa. Êtres humains et autres existants entretiennent des rapports de coconstitution. Il n'y a plus d'histoire qui ne soit à la fois celle des personnes humaines, des ensembles techniques, des objets, de la matière minérale, organique, végétale et géoclimatologique, voire des esprits. Dans ces conditions, *décentrer la pensée*, c'est avant toute chose revenir à une certaine idée du *Tout*. Ou, pour le dire dans les termes d'Édouard Glissant, du «Tout-Monde». Encore faut-il entendre par «Tout-Monde» non point quelque chose d'achevé, mais cela même que l'on s'efforce de rendre habitable pour tous.

Le moment est donc propice pour relancer le projet d'une pensée critique – ce que nous appelons la création – qui tirerait sa force et son originalité de la rencontre entre les humanités, les disciplines de l'imagination et ce que l'on pourrait désigner de manière générale comme les arts du vivant. Car pour ce qui nous concerne, la «pensée critique» ne se limite pas à la production de textes philosophiques. Elle est faite de corpus littéraires et non discursifs (graphiques ou picturaux). Elle inclut une multiplicité de gestes, de champs et de styles qui vont de la musique à la danse, de l'architecture à la photographie et au cinéma. Elle regroupe l'ensemble des pratiques de l'écriture, de la création, de l'interprétation et de l'imagination. Elle exploite tous les filons de l'imagination et emprunte d'ailleurs, ici et là, un caractère purement performatif.

L'impératif de décentrer la pensée et les humanités n'est pas confiné aux seules régions qui, jusque-là, étaient considérées comme situées à la marge de l'Occident. Il prend progressivement corps au cœur même de la citadelle, nourri qu'il est par la critique féministe, la critique de la race, le retour à la deep history, et de nombreux courants épistémologiques. Du continent africain et de ses diasporas, on note, cette dernière décennie, un regain de créativité artistique et intellectuelle, une vitalité dans le propos, un désir de renouveler les formes, les cadres de pensée, une tentative de saisie du réel en train de se faire.

Il y a donc quelque chose à jouer. Nous disposons désormais d'une nouvelle génération de critiques, intellectuels, chercheurs, écrivains et artistes, exerçant aussi bien sur le Continent que dans de prestigieux établissements d'enseignement et de recherche dans le reste du monde. Depuis plusieurs années, cette génération n'a eu cesse de proposer des approches renouvelées et des concepts innovants qui, aujourd'hui, aident à relire le monde, à en proposer une nouvelle cartographie et à déchiffrer le temps qui est le nôtre, tout en inscrivant le prédicat africain et diasporique dans un cadre plus large, véritablement planétaire. Il est désormais clair que pour avancer le monde ne peut plus se passer des œuvres africaines et diasporiques, qu'il s'agisse des arts, de la critique, des savoirs, de la littérature ou des autres domaines de la créativité et de l'imagination.

De manière plus décisive encore, il n'y a plus de question africaine ou diasporique qui ne renvoie en même temps à une question planétaire.

Inversement, l'africanisation de la question planétaire constituera peut-être, sur le plan philosophique et esthétique, l'événement majeur du XXIᵉ siècle. Si donc il n'y a plus d'enjeu africain qui ne soit en même temps un enjeu planétaire ; et si, peut-être, le futur de la planète se joue en grande partie en Afrique, alors se posent des défis tout à fait neufs à la pensée, l'écriture et la création africaine et diasporique. Pour les affronter, nous ne pouvons plus nous permettre le luxe de ne pas réfléchir ensemble, de ne pas y aller ensemble. Nous avons besoin de faire corps – un corps tout à fait ouvert, flexible, un corps en réseaux, un corps d'impact dont la force de démultiplication contribuera à une définition élargie du monde.

Il s'agissait donc à travers ces Ateliers de reprendre l'initiative théorique et de poser un regard pluriel sur les réalités du continent africain et sur les futurs qu'il se donne, à partir d'un lieu : l'Afrique. Mais également de proposer des cadres renouvelés d'analyse, de production de significations et de sens, des dynamiques en cours sur le Continent, qui soient innovants et féconds.

Les questions posées furent multiples et les invités furent réunis d'abord en ateliers pour réfléchir, débattre, éprouver leurs propositions respectives, tenter de faire éclore, à défaut d'un penser-ensemble, une réflexion enrichie par les contributions des uns et des autres, dans un espace de débat aménagé à cette fin. Par la suite, des rencontres avec le grand public furent organisées, où le dialogue permit de saisir ses préoccupations, mais aussi la grande demande d'intelligence sociale qui émanait de lui.

Les textes présentés dans cet ouvrage collectif sont les contributions écrites des participants à ces Ateliers de la pensée. Ils sont le fruit de la perspective singulière de leurs auteur(e)s, sans doute enrichie par les échanges survenus lors des sessions de Dakar et de Saint-Louis. Ils traitent de questions liées à la décolonialité, à l'élaboration d'utopies sociales, à la condition planétaire de la question africaine, à la quête de nouvelles formes de production du politique, de l'économique et du social sur le continent africain, à l'articulation de l'Universel et du singulier, à la reconstruction de l'estime de soi, à la pensée de l'en-commun… Se dégage de ces contributions un souci constant de production de nouvelles intelligibilités sur les réalités et les devenirs de l'Afrique. Les auteur(e)s, de disciplines diverses, ont croisé leurs regards afin d'éclairer d'un jour nouveau les enjeux d'une Afrique-Monde en pleine mutation, ouverte à l'univers de la pluralité et des larges.

Dakar-Johannesburg, mars 2017

I

L'UNIVERSALISME (EUROPÉEN?) À L'ÉPREUVE DES HISTOIRES INDIGÈNES

Mamadou Diouf

> «– But education is something to make you fine!
> – No, education is planned to make a sharp, snooty, rooting hog. A Negro getting it is an anachronism. We ought to get something new, we Negroes. But we get our education – like our houses. When the Whites move out, we move in and take possession of the old dead stuff. Dead stuff that this age has no use for.»
>
> Claude McKay[1]

Mamadou Diouf est professeur d'études africaines et d'histoire et titulaire de la chaire Leitner Family d'Études africaines et d'Histoire à l'université Columbia de New York, aux États-Unis où il dirige l'Institut d'études africaines. Il a enseigné au département d'histoire de l'université Cheikh Anta Diop de Dakar (1982-1991) et dirigé le département de recherche et de documentation du Conseil pour le développement de la recherche en sciences sociales en Afrique, Codesria. Parmi ses publications, on peut citer *Tolerance, Democracy and the Sufis in Sénégal* (New York, Columbia University Press, 2013); *Les Arts de la citoyenneté au Sénégal. Espaces contestées et civilités urbaines* (Paris, Karthala, 2013) et *The Arts of Citizenship in Africa. Spaces of Belonging* (codirection avec Rosalind Fredericks, New York, Palgrave MacMillan, 2014); *Rhythms of the Afro-Atlantic : Rituals and Remembrances* (codirection avec Ifeoma Nwankwo, Ann Arbor, University of Michigan Press, 2010); *New Perspectives on Islam in Senegal : Conversion, Migration, Wealth, Power and Femininity* (codirection avec Mara Leichtman, New York, Palgrave MacMillan, 2009). Il est membre des comités de rédaction d'*African Studies Review*; *Social Dynamics* et de *Comparative Studies of South Asia, Africa and the Middle East* (CSSAAME). Il est le président du conseil des directeurs du Social Science Research Council (SSRC) et du conseil scientifique du Réseau français des Instituts d'études avancées (RFIEA).

La réflexion qui suit s'intéresse à un moment particulier de l'histoire intellectuelle d'une communauté africaine et noire dont l'histoire, les peines et les souffrances, les interrogations religieuses, sociales et politiques s'inscrivent dans l'espace Atlantique. Un territoire qui est le produit de la mise en réseau des mondes, européen, africain et américain, sous l'impulsion et la conduite de l'Europe en expansion. Elle ne manque pas pour autant, dans sa conduite, d'incorporer le système-monde de l'océan Indien. Elle a pour ambition d'ouvrir, plutôt de poursuivre, une discussion dont le principal objet est d'apprécier les formules mises en circulation pour déterminer une ou des modernités africaines capables de prendre en charge ou de réévaluer des cultures distinctes, non européennes, pour requalifier l'histoire universelle (Cheikh Anta Diop[2]); re-civiliser une humanité décivilisée par la barbarie coloniale (Aimé Césaire[3]) et contribuer à l'émergence de la civilisation de l'universel (Léopold Sédar Senghor[4]).

Les entreprises en cause se fixent un double objet : démonter la manœuvre impériale qui consiste à exproprier les sociétés non occidentales du champ de l'histoire défini comme celui des affaires politiques et établir fermement une historicité soumise à des rythmes autres que ceux de la « raison occidentale », une histoire du quotidien[5].

19

En quelque sorte, il s'agit de substituer à la philosophie (Platon, *La République*), à l'économie politique (Karl Marx, *Le Capital*[6]) et à la sociologie (Max Weber, *L'Éthique protestante et l'esprit du capitalisme*[7] et *Économie et Société*[8]), la poésie seule capable de narrer, de manière créative, le récit des affaires quotidiennes contre l'histoire universitaire exclusivement consacrée à l'État et aux affaires publiques. C'est l'invite de Rabindranath Tagore reprise avec vigueur et entrain par Guha[9].

L'expérience de la vie quotidienne dans les métropoles impériales, durant l'entre-deux-guerres, met à nu la contradiction entre les idéaux universalistes et les pratiques discriminatoires, et à mal la « mission civilisatrice ». Elle met en contexte les interrogations des premières générations des intellectuels noirs, de l'Afrique et de la diaspora, relatives à la modernité, à la modernisation et leurs significations. Elles constituent en effet le nœud de l'universalisme. Est en cause le moment de l'avènement de la modernité. Pourquoi est-elle advenue ? A-t-elle un sens et une signification qui conjoignent ses diverses ressources en un récit unique et intelligible ? Quels sont les éléments distinctifs qui font de la modernité un événement si singulier ? Est-il possible de rendre compte de la modernité dans une histoire humaine considérée comme une totalité et non des fragments ? Est-il possible de réconcilier – contre Weber – la magie et la raison, le royaume d'enfance (Senghor) et l'histoire-monde (Hegel) ? La raison doit-elle (peut-elle) reculer, se compromettre ou céder à la foi et/ou aux traditions ? Est-il possible, productif de négocier l'esprit de la modernité (sciences, arts et politique) et les règles de la génération et du genre des traditions africaines ? Ces questions sont importantes et urgentes. N'affectent-elles pas en particulier la nature du débat sur les transitions démocratiques ? Tocqueville, dans *De la démocratie en Amérique*, mentionne une double transition : la transition de systèmes politiques autoritaires à des systèmes démocratiques et la transition de sociétés traditionnelles à des sociétés modernes et ouvertes. Dans le cas de l'Ancien Régime français, il se réfère à *la règle aristocratique*[10]. Quelles règles devrons-nous effacer pour promouvoir des sociétés ouvertes?

Le contexte dans lequel la discussion est conduite est caractérisé par plusieurs propositions. Les propositions nativistes s'intéressent à l'exhumation des traditions africaines et à renouer avec le passé africain. La théorie marxiste de l'histoire dans ses diverses variantes, dont les principales, révisionniste, trotskiste et maoïste, célèbrent les réussites héroïques de la bourgeoisie qui est l'agent collectif du changement global, avant l'avènement du prolétariat et la réalisation de sa mission historique, grâce à la modernisation du monde par le capitalisme. Elle considère que la dissolution des vestiges du féodalisme, la suppression des coutumes et traditions locales et la croissance de la production industrielle qui entraîne la réduction des catégories sociales en deux classes antagoniques qui se livrent un combat à mort, annoncent la fin du capitalisme et de l'histoire. La modernité/modernisation indigène des marges occidentales et des périphéries impériales du capitalisme est impossible dans le schéma marxiste. Marx lui-même, dans *Manifeste du Parti communiste*, affirme que toutes les nations devront se soumettre, sous peine d'extinction, aux forces bourgeoises de la modernité. En conséquence, pour Marx, la clôture des séquences précoloniale et précapitaliste est la condition *sine qua non* de l'amorce du progrès scientifique, technique et social, au sein des sociétés non occidentales. Cette position est affirmée avec force par la corrélation qu'il établit entre l'introduction de la machine à vapeur et la dissolution du « système villageois »[11]. L'ambition de Weber et de sa théorie de la modernité est d'identifier et d'analyser toutes les forces qui ont contribué à l'avènement de la modernité comme l'unique civilisation rationnelle. Son point de départ, la structure de l'autorité dont il recense trois formes, traditionnelle, charismatique et légale-rationnelle. Weber constate que la dernière forme est dominante dans le monde occidental et constitue la raison pour laquelle la « civilisation occidentale » a une « signification et une validité universelles ».

Le progrès continu des procédures rationnelles est à l'origine de la production des institutions des idéaux de l'Occident moderne. Le prix à payer aux gains extraordinaires produits par la raison est la sortie du territoire du religieux. Les effets sont les suivants : la déconnexion des structures cosmiques et religieuses, l'imposition de règles bureaucratiques, de l'économie de marché et les progrès de la science et des connaissances.

Le prix le plus fort est le désenchantement du monde et sa grande conséquence, l'«antihumanisme[12]». À celui-ci, les théoriciens de la négritude opposent un engagement militant dont la principale préoccupation est la reconstruction de l'humanisme malmené par le colonialisme. L'humanisme de la négritude est une réponse au «désenchantement» du monde. Elle est à la recherche d'une rationalité autre qui surgit du refus d'abandonner l'intuition et la spiritualité. Une spiritualité qui se décline dans une grammaire païenne. L'engagement transactionnel se heurte et répond à un autre engagement d'un compagnon de route des animateurs de la Négritude et de Présence africaine, Richard Wright. Le paradoxe de Wright se décline ainsi : la défense intransigeante de la philosophie des Lumières et de la modernisation en Asie et en Afrique ; la célébration de la laïcité et de la raison – la rationalité et l'industrialisation considérées comme les antidotes aux traditions spirituelles et économiques non occidentales ; l'impossible capacité des sociétés africaines et asiatiques de s'inscrire dans le temps du monde sous l'impulsion de leurs traditions et le déni d'une quelconque valeur aux croyances religieuses et esthétiques et aux pratiques économiques et sociales de l'humanité africaine. Wright affirme avec force que les réalités de l'ordre politique de l'après-guerre imposent le remplacement des anciennes traditions par la subjectivité moderne et les institutions qui lui sont associées, la démocratie laïque, la règle de droit/l'État de droit, le progrès industriel et technologique, l'ordre bureaucratique et l'organisation rationnelle de l'espace public – physique et institutionnelle – et la défense vigoureuse de «l'esprit des Lumières […] de la Réforme […] qui ont assuré la grandeur de l'Europe et qui offrent aujourd'hui l'occasion d'en faire profiter l'ensemble de l'humanité[13] ».

Contre Wright, Henry L. Gates considère que la totale adhésion de Wright au protocole des Lumières l'amène à concéder la supériorité de la rationalité occidentale. Passant en revue le « principal argument de R. Wright », à savoir que, malgré sa brutalité et son appât du gain, « la colonisation a été la meilleure chose qui soit jamais arrivée au continent africain » et que, malgré sa fureur destructive, elle a été bénéfique au monde non occidental. Elle a libéré les masses d'Asie et d'Afrique asphyxiées par la tyrannie de leurs vieilles traditions et croyances religieuses[14]. Elles doivent remercier l'« homme blanc » de les avoir libérées de la pourriture de leurs traditions et coutumes marquées du sceau de l'irrationalité[15]. En revanche, Manthia Diawara[16] soutient que la démarche de Wright s'inscrit dans une réinterprétation du sécularisme des Lumières et de l'industrialisation, deux paradigmes universels trahis par l'Occident, pour trouver les garanties d'une indépendance véritable du tiers-monde. En conséquence, il considère que Wright n'est nullement l'avocat du mimétisme ; il propose, au contraire, des versions postcoloniales de la modernité.

Comment, dans ces circonstances, configurer une modernité africaine qui corresponde à une historicité propre, dans le périmètre d'une histoire générale de la modernité ? Faut-il gommer ou reconfigurer les formations politiques et les structures sociales, économiques et intellectuelles à l'aune de l'ethnicité, devenue la part maudite des sociétés africaines ? Comment, dans ces conditions, les reconstruire en tenant compte des trajectoires heurtées de géographies, de sources et ressources du pouvoir, de l'autorité et de la représentation ? Autant de questions qui nous invitent à opérer un retour critique sur le paganisme, entendu comme l'« encyclopédie tribale[17] » qui alimente le pluralisme des sociétés africaines, à relire le *Génie du paganisme* de Marc Augé[18], et traduire son anthropologie religieuse en anthropologie politique. L'ambition d'Augé est de rendre au paganisme sa signification sociologique et religieuse, en le distinguant du christianisme. Il affirme dans son avant-propos que le paganisme «se distingue radicalement, dans ses diverses modalités du christianisme dans ses diverses versions[19]» sur trois points au moins: «[Il] n'est jamais dualiste et n'oppose ni l'esprit au corps, ni la foi au savoir. Il ne constitue pas la morale en principe extérieur aux rapports de force et de sens que traduisent les aléas de la vie individuelle et sociale. Il postule une continuité entre ordre biologique et ordre social qui, d'une part, relativise l'opposition de la vie individuelle à la collectivité dans laquelle elle s'inscrit, d'autre part, tend à faire de tout problème individuel ou social un problème de lecture; il postule que tous les événements font signes et tous les signes font sens. Le salut, la transcendance et le mystère lui sont essentiellement étrangers. Par voie de conséquence, il accueille la nouveauté avec intérêt et esprit de tolérance, toujours prêt à allonger la liste de dieux, il conçoit l'addition, l'alternance mais non la synthèse[20]. Telle est certainement la raison la plus profonde de son malentendu avec le prosélytisme chrétien: il n'a pour sa part jamais eu de pratique missionnaire[21].» Un monde où tout est visible et qui ne s'appuie sur aucun principe d'extériorité pour légitimer son ordre et son histoire, ouvrant les portes à la négociation permanente et aux transactions susceptibles d'être remises en cause. Augé dévoile une anthropologie indigène qui insère l'individu dans une trame relationnelle dans laquelle s'éprouve et s'apprécie la dépendance des uns vis-à-vis des autres, dramatise et souligne les différences dans des rites et des rituels minutieusement orchestrés.

L'exercice au cœur de cette mise à l'épreuve des propositions d'Augé est de tester et d'attester la consistance des frontières communautaires, spirituelles, culturelles et économiques africaines et d'établir les règles structurelles du genre et de la génération pour administrer le pluralisme et la diversité. Ou faut-il, suivant Wright, se résoudre, pour introduire l'Afrique dans le temps du monde, enfouir le plus profondément ses traditions pour renaître dans l'histoire des autres ou s'accommoder d'une crise permanente causée par l'impossible réconciliation entre les deux sphères publiques identifiées par

Peter Ekeh, «la sphère publique primordiale» (*primordial public*) et la «sphère publique civique» (*civic public*)[22]. Le constat fait par le sociologue nigérian est corroboré par les études historiques. Catherine Coquery-Vidrovitch en rend compte, en montrant que «le pouvoir est, en Afrique subsaharienne, le résultat d'un processus de longue durée qui mêle de façon inextricable des éléments hérités des systèmes politiques successifs et en grande partie contradictoires – schématiquement: précolonial, colonial et postcolonial; d'où l'émergence, voire la dominance de phénomènes qu'il serait tout à fait erroné d'analyser aujourd'hui de façon statique, c'est-à-dire sans faire référence, de façon approfondie, à la diachronie. Mais il est aussi nécessaire d'échapper à la tentation ethnographique, qui fut souvent d'insister outre mesure sur un héritage relevant exclusivement du passéisme précolonial: l'épisode colonial, s'il fut bref, n'en a pas moins été profondément traumatisant, puisqu'il a transformé de façon indélébile les structures antérieures[23]». Elle identifie très précisément le dilemme dans lequel les intellectuels africains se sont enfermés, depuis le début des luttes nationalistes, une modernisation forcenée («de seconde main» pour reprendre l'expression terriblement efficace d'Al Schwartz[24]) qui se décline sous la forme d'une «occidentalisation» outrancière – la condition de leur revendication d'un rôle messianique – un nativisme de façade, pour mobiliser les masses et, pire, le rejet de l'ethnicité comme principe primitif d'organisation sociale. En ce sens, ils sont les vrais héritiers de l'ethnologie coloniale et de la mission civilisatrice. Si les ethnies ont une histoire[25], cette histoire est contemporaine, non seulement par leur résilience, mais par leurs capacités depuis les années 1960 à mettre en échec ou à résister à toutes les formules de constructions politiques.

La science politique africaniste naissante partage la même préoccupation que l'histoire et la sociologie. Elle s'interroge sur la nature des régimes politiques en formation, les futurs possibles qu'ils autorisent, autoritaire, totalitaire ou démocratique, et les ressources dont ils disposent, autant en termes d'infrastructures (partis, syndicats, mouvements des jeunes, des femmes...), d'idéologies que de traitement de l'ethnicité et des modes d'organisation du pouvoir et de l'autorité. Aristide R. Zolberg donne un aperçu de ses interrogations, en rendant compte du « drame de la quête humaine d'un régime politique qui se joue dans l'environnement nouveau et étrange[26] » africain. Il illustre son propos en commentant sur « la querelle entre les optimistes et les pessimistes ». Le premier camp, représenté par David Apter, considère que le futur démocratique de l'Afrique repose moins sur des constitutions démocratiques que sur les actions des leaders et des mouvements nationalistes et leurs effets sur toute la société. Dans le cas de la Gold Coast, avant l'Indépendance, assure-t-il, on note un succès indéniable dans la transition de la dépendance tribale à une démocratie parlementaire grâce au rôle joué par le leadership de Nkrumah et du parti des masses, le Convention People's Party[27]. Apter conclut avec force que « pour toutes ces raisons, le Ghana est une démocratie de parti unique[28] ». Le second camp, représenté par Henry Bretton, utilise les mêmes sources ghanéennes, analyse les rôles de « Kwame Nkrumah, [de] la structure du parti et [de] la pensée politique des nouveaux leaders pour annoncer que la trajectoire ne se clôt pas avec l'avènement de la démocratie parlementaire ». L'autoritarisme ou le totalitarisme peuvent en être la conclusion[29].

L'urgente nécessité de mettre fin définitivement à l'ethnicité et à ses manifestations, pour le bénéfice du citoyen et de ses emblèmes nationaux – de la modernité politique – devient la condition *sine qua non* de l'établissement de la démocratie et d'un État stable et ordonné. De tels impératifs expliquent très certainement que la lutte engagée par les premiers « évolués » dans les empires, britannique et français, était dirigée contre les chefs introduits dans les rouages de l'administration coloniale. Dans le cas sénégalais, on peut tracer cette suspicion vis-à-vis de l'ethnicité et de la science qui l'a produite, et de l'ethnologie et la gouvernance coloniale qui l'a entretenue. Lorsque Mamadou Dia devient président du Conseil du Sénégal avec la Loi-Cadre, en 1957, il embrigade le Père Lebret qui lance des enquêtes approfondies dans la totalité des terroirs sénégalais pour produire un savoir dont la fonction principale est de soutenir la nouvelle géographie administrative d'un territoire en voie de décolonisation. Une territorialisation qui efface l'architecture coloniale des commandements de cercles et des cantons, sans reconduire les provinces traditionnelles précoloniales. Abdou Diouf retouche plusieurs fois la cartographie administrative sous la pression du Fonds monétaire international, de la Banque mondiale et de la crise casamançaise. En 2001, prétendant être attentif à l'imaginaire social et politique des populations, Abdoulaye Wade, élu nouveau président du Sénégal en 2000, propose de revenir aux provinces historiques et territoires ethniques, contre les géographies, coloniale, nationaliste (Senghor, Mamadou Dia) et technocratique (Abdou Diouf). Sous les quolibets des intellectuels, Wade a été contraint de retirer son projet.

Revenir à l'inscription de l'Afrique dans le temps du monde exige d'opérer un détour indispensable pour repenser les péripéties de la production de la modernité africaine et ses variantes, dans des temporalités multiples et des espaces constamment reconfigurées. Il permet de tracer les contours du territoire dans lequel les questions retenues dans la section introductive doivent être conduites.

Le premier moment institue l'Occident, son expansion territoriale, sa découverte (l'invention, pour utiliser le concept retenu par E. Said[30], T. Ranger[31] et V.-Y. Mudimbe[32]) des autres peuples et leur identification, leur classification et leur inscription dans l'histoire et la géographie de l'Europe. Elle devient l'unique référence et la seule mesure de la condition humaine et de la civilisation et de ses typologies religieuses, culturelles, scientifiques, morales et philosophiques. Elle confisque à son seul profit l'initiative historique. Elle y associe une cartographie imaginaire de l'univers et une philosophie universaliste qui déclinent conjointement de nouvelles conceptions impériales de domination politique et une modernité qui s'octroie le droit d'imposer des formules culturelles et religieuses, dans une tension permanente qui a assuré fluidité et flexibilité à la domination coloniale, dans ses différentes figures.

Après la Première Guerre mondiale, concomitamment à la consolidation de la domination coloniale, les élites intellectuelles, religieuses, économiques et militaires indigènes se faufilent entre l'administration coloniale et ses interlocuteurs privilégiés, les chefs traditionnels, gardiens de traditions tribales multiséculaires, pour revendiquer une place sur la scène du monde. Une « présence africaine » hors des cages tribales, sollicitant des ressources plurielles, africaines, européennes et asiatiques, pour célébrer l'homme et les valeurs universelles et réclamer un reconditionnement de l'histoire de l'humanité – noircissant au passage l'Égypte ancienne et l'Éthiopie de la reine de Saba. Elles incorporent les contributions africaines à la civilisation de l'universel (Léopold Sédar Senghor), à la modernité occidentale (C. L. R. James) et aux luttes pour l'émancipation, la liberté et la citoyenneté (Aimé Césaire, C. L. R. James, E. Glissant). Le point d'incandescence, la révolution la plus radicale du XVIIIe siècle des esclaves de Saint-Domingue et l'établissement de la République haïtienne. Ils proclament l'universalité de la liberté, dissociant race et humanité et réclamant avec insistance, violence et arguments à l'appui, une place sur la table du monde. S'adossant à Haïti conçu comme le moment fondateur et l'espace de gommage de la condition coloniale, la communauté afro-atlantique, africaine et afro-américaine (au sens large) inscrivait son action dans une perspective d'inclusion, refusant d'accorder à la race une quelconque centralité. Au contraire, elle s'évertuait à soumettre à la question, le concept et ses constructions narratives relatives au progrès, à la culture et à la civilisation.

Le débat sur la race, la modernité et la nécessaire inclusion des « dark races », noire, jaune et rouge (W. E. B. Du Bois et Bernard Dadié) à une humanité devenue vraiment humaine est rouverte au cours de cette période. C'est le moment de la Négritude que Sartre qualifie de « racisme antiraciste ». La période examinée se referme avec l'accession, durant les années 1950-1960, des anciennes colonies européennes d'Afrique, à la souveraineté internationale. La Gold Coast devient indépendante et prend le nom de Ghana, en 1957. Il est suivi par la quasi-totalité des colonies françaises, belges et anglaises. Elles sont suivies par les colonies portugaises en 1974, la Rhodésie du Sud (Zimbabwe) en 1980 et finalement l'Afrique du Sud met fin à l'apartheid en 1994.

Les débats et controverses sur les conséquences de l'expansion européenne sur le système-monde de l'océan Indien n'ont pas perdu leur intensité. Historiens, romanciers, poètes et autres experts en sciences sociales continuent à échanger des arguments de plus en plus sophistiqués. En contraste avec le monde atlantique en formation, l'océan Indien précolonial était caractérisé par un trafic constant de capitaux, de travail, d'idées et de savoirs et de formules culturelles qui ont participé amplement à la configuration d'une modernité et d'un universalisme, dont les piliers commerciaux et financiers s'enfoncent solidement dans un territoire compris entre Zanzibar, sur la côte africaine, et Singapour, en mer de Chine. Pour certains, cet espace commercial, culturel et financier, animé par les marchands indiens et chinois principalement, aurait constitué un «système international spécifique[33]». Pour d'autres, il fut submergé par la domination politique et économique européenne, au cours de la seconde moitié du XVIIIᵉ siècle, qui parvient à détruire son unité organique. Une thèse rejetée par ceux qui affirment que l'océan Indien «ne perdit jamais son identité dans un monde largement dominé par l'Occident[34]».

La trajectoire singulière de la région se serait réalisée autour de trois nœuds unitaires: un nœud racial construit par des flux migratoires continus; un nœud culturel dont la rythmique et les pulsions sont indiennes et finalement un nœud religieux configuré par l'expansion de l'islam, une religion universaliste dont l'unité, en constant renouvellement, s'accommode de variations régionales et culturelles[35]. Il faut cependant noter que des divergences subsistent entre historiens, relativement à la géographie et à l'histoire de l'océan Indien[36].

K. N. Chaudhuri, par exemple, identifie les quatre civilisations différentes mais comparables dans cet espace, une civilisation islamique,
une civilisation indienne/sanskritique, une civilisation chinoise et
une civilisation du Sud-Est asiatique. Est exclue des cercles de convergences et divergences dessinés par leurs interactions la façade africaine
de l'océan Indien à cause de la logique historique différente et l'autonomie des communautés africaines par rapport au reste de l'océan
Indien[37]. Ces cercles constituent des logiques historiques ouvrant à
des modes multiples d'universalisation dont les caractéristiques principales sont la contingence et l'instabilité. Sheldon Pollock en donne
probablement l'illustration la meilleure dans sa réflexion portant sur
l'histoire ancienne de l'Inde précoloniale[38], en procédant à une comparaison entre les «imaginations impériales» (*imagination of empire*)
indienne et européenne. La première reposerait sur un «universalisme
limitée» (*finite universalism*) qui se décline en des formules politiques
universelles tout en reconnaissant le pluralisme culturel et religieux (les
multiples Indes) des communautés. À celle-ci, il oppose la conception
impériale romaine – la référence des empires coloniaux européens –
qui, au contraire, se caractérise par la centralisation, l'ethnicisation, la
racialisation et l'agressivité culturelle et religieuse universaliste.

L'imaginaire impérial européen déploie donc, si l'on en croit
Pollock, l'*imperium* romain et son unique *urbs* au cœur d'un *orbis
terrarum* indiscutable, pour fonder sa mission civilisatrice. Tout en
proposant cette comparaison contrastée des trajectoires indienne et
européenne, il ne néglige pas d'indiquer les controverses relatives
à l'interprétation de la production de la pensée politique moderne
européenne. Plusieurs séquences se dégagent des interprétations
proposées[39].

Rendre compte des développements identiques, parallèles et
divergents entre l'Europe et les sociétés non européennes aide, dans
ce contexte, à mieux situer l'histoire particulière du déploiement de
l'universel, en identifiant avec une certaine précision le moment où
leurs récits culturels et artistiques, leurs ordres, moral et politique,

s'écartent les unes des autres. Sheldon Pollock propose l'approche qui me semble la plus productive en soulevant plusieurs questions qui méritent notre attention. «Même si les histoires et trajectoires de vernacularisation dans le domaine des expressions littéraires sont remarquablement identiques en Inde et en Europe, pourquoi cette dernière fut la seule capable de détacher plus systématiquement les domaines des sciences et de la recherche scientifique, plus généralement des croyances religieuses? Pourquoi la quête de Dinakara visant à "déraciner les idées archaïques" connut un échec alors que le projet de Descartes d'innover à partir de nouveaux principes fut couronné de succès? Pourquoi, alors que l'Inde et l'Europe faisaient face, au même moment et dans des conditions identiques, à une Querelle des Anciens et des Modernes, la première prit fait et cause pour les Anciens et la seconde pour les Modernes? Pourquoi, face à la même expérience d'une certaine forme de néoclassicisme, aux niveaux politique et culturel, seule l'Europe connut une évolution associant (pour autant que la corrélation fût parfaite) l'absolutisme vrai, la révolution et la rupture intellectuelle? [...] Il est difficile de répondre à ces questions. Celle relative à l'interprétation des données comparatives l'est plus encore. L'Inde serait-elle demeurée prémoderne aussi longtemps qu'elle est restée postcoloniale? Est-il possible d'identifier une modernité alternative – si l'on décide de disqualifier l'autorité auto-constituée de celle importée d'Europe – cachée dans ce que la colonisation et le capitalisme définissent comme prémoderne?» écrit-il[40].

La double perspective ici esquissée impose de prendre en considération, dans la réflexion, aussi bien les lieux que les moments de contacts entre l'Europe et les autres peuples. Les espaces de contacts sont des espaces de production de savoirs qui, en inventant ou (ré)imaginant l'autre, l'enferme dans une construction épistémologique qui fait une large place à son lieu de vie, ses us et coutumes, pour l'inscrire – plus l'enfermer – dans une mise en scène qui est en même temps une mise en sens réduisant le monde au monde du réalisateur/explorateur. Certes, les mises en scène et en sens ont subi et continuent de subir des révisions depuis le moment fondateur de la longue période coloniale qui s'ouvre avec la découverte de l'Amérique par Christophe Colomb.

Plusieurs figures rendent compte de l'universalité qui accompagne l'expansion territoriale européenne et la mise en place de son hégémonie politique, économique et sociale. Elle attribue à l'Europe le monopole de l'initiative historique et la mission civilisatrice, pour incorporer les populations non européennes dans une histoire qui a cessé d'être géographiquement déterminée. La mission civilisatrice repose sur la promesse d'une raison et d'une émancipation universelles qui, portée par les philosophies des Lumières, associe à la modernité le progrès et de puissantes capacités de destructions des pratiques irrationnelles et non raisonnables, dans la lutte entre la science et la rationalité d'une part, la foi et la religion de l'autre. Compris ainsi, l'universel est un moment unique de l'histoire de la civilisation occidentale dont les principaux signes sont : la laïcité, l'humanisme et surtout, la modernité, le progrès technique et scientifique dont la révolution industrielle est le couronnement et la rythmique.

L'universalisme occidental est, en conséquence, le produit d'une histoire longue, heurtée et instable. Il établit solidement sa référentialité en Europe à la fin du XVIIe siècle[41]. Un historien de la Chine, Bernard Schwartz, souligne que l'universalisme, tout comme ses attributs, ne se réfère ni à une simple entité géographique, l'Europe/l'Occident, ni même à une série homogène et combinée de manifestations, pratiques ou modes de pensée, ni dans son lieu d'origine – des pays européens qui ont souvent des traditions différentes), ni dans son espace non européen de déploiement. Il n'est pas pour autant un tout complet et synthétique. Il est plutôt traversé de tensions et de conflits[42]. Pour déceler la nature ambiguë de l'universalisme, Schwartz, par exemple, attire l'attention sur la nécessité de prendre en considération l'expérience des crises, des traumatismes et des convulsions qui ont secoué les sociétés occidentales durant et après la Première Guerre mondiale. Ils ont, en effet, fortement influencé et retravaillé la modernité occidentale, autant dans son contenu que dans ses mises à l'épreuve nationales[43]. Dans cette même veine, s'adossant à la trajectoire indienne, Sheldon Pollock insiste sur la nécessité de s'appuyer sur le contexte contemporain, à la fois pour interpréter cette histoire (intellectuelle des mondes non européens) et mettre à l'épreuve la définition de l'histoire. Deux opérations qui sont, selon lui, constitutives de l'«aventure historiographique[44]». Le contexte contemporain auquel il fait référence associe le triomphe de la modernité capitaliste en Inde et la clôture de l'histoire intellectuelle indigène. Une telle association rend difficile une compréhension de l'histoire de l'Inde qui ne se révèle – ne prend signification – que sous l'effet du contact avec l'Europe[45]. Sheldon Pollock présente ainsi le défi à relever : «trouver une approche entre, d'une part le récit de l'inévitable triomphe de la modernité capitaliste et d'autre part la croyance indigène d'une Inde harmonieuse mise à terre par la modernité[46]».

Que faut-il retenir des discussions relatives à l'universel? En situations africaines, l'écrivain ivoirien Bernard Dadié interprète la présence européenne en termes d'introduction de bruits, «un nouveau bruit s'est ajouté aux bruits anciens, le bruit des climatiseurs. L'Européen transporte maintenant avec lui, non seulement ses habitudes, mais son climat[47]». À l'ironie fièrement indigène de Dadié s'oppose la célébration sans retenue de la philosophie des Lumières et de son universalisme qui réordonne le monde et les histoires particulières pour les inscrire dans un récit unique : celle d'un déploiement d'une raison émancipatrice. Contenue et exprimée par l'Occident, elle impose ses normes les plus significatives auxquelles les sociétés non européennes ne peuvent se dérober. Au contraire, elles doivent s'y conformer et s'y soumettre puisqu'elles n'ont d'autre choix que d'y aspirer. Sur cette question, Bernard Dadié, une fois encore, nous offre un raccourci saisissant lorsqu'il écrit, «... intelligence et génie ne sont pas l'apanage d'une race, d'une couleur. Or le Blanc hors de son continent voudrait tout ramener à lui, tout subordonner à sa couleur[48]».

L'effacement du lieu géographique, qui achève le passage d'une territorialité cartographiée à la constitution d'un point fixe référentiel, s'accompagne d'une logique qui dresse une frontière infranchissable entre le général – les sources et les ressources européennes – et le particulier des cultures locales indigènes. Le général (l'universel) s'assure ainsi la subordination du particulier et en cas de résistance de ce dernier, organise son éradication définitive. Dans la première situation, les cultures indigènes sont reléguées dans les territoires réservés exclusivement aux affaires privées ou domestiques. Une telle inscription, tout en les délestant de toute motricité politique ou historique, les construit en objets de connaissance et en matières premières sujettes aux opérations de transformation et de récupération. La modernité coloniale fonctionne en effet en disqualifiant autant les connaissances indigènes que leur base philosophique[49]. Elle y substitue les siennes propres ou les réinvente, usant et abusant de sa syntaxe[50]. La dissymétrie qu'elle établit comme constitutive fait l'impasse sur le développement parallèle des traditions européenne et indienne, pour prendre des situations minutieusement étudiées par Sheldon Pollock[51]. Suivant à la trace les logiques de convergences et de divergences entre elles, il affirme avec force la symétrie entre traditions littéraires européenne et indienne jusqu'au XVIIIᵉ siècle et la divergence des trajectoires politiques au XVIIᵉ siècle, après un développement parallèle qui a duré presque un millénaire[52]. Il montre ainsi comment les politiques de la distinction et de la différence indispensables au projet colonial ont été mises en œuvre et à l'épreuve par les sciences dites impériales et coloniales : l'orientalisme, les sciences religieuses et bibliques mais aussi l'histoire, l'anthropologie et la linguistique, dans leurs différentes figures et variations.

En bref, deux principes paraissent avoir guidé le déploiement de l'universalisme occidental : l'expression d'une rationalité scientifique et l'insistance sur les formes et formules de la démocratie. L'insistance en particulier sur la laïcité et les valeurs humaines exclut la religion du domaine public.

La promotion enthousiaste du récit universaliste occidental et de ses attributs détourne soigneusement les yeux de son imbrication avec l'histoire de la colonisation, rythmée par une violence qui met en scène et pratique des formules de gouvernance très répressives. Elle est aussi bien physique, morale que rhétorique. Née dans la violence dans son lieu de production, la modernité se déploie dans la violence, hors de ses frontières. « Quelle ironie, constate Sheldon Pollock, que la violence et les violences caractéristiques de la séquence pré-moderne qui ont produit la modernité – un projet si profondément enracinée dans la spécificité de ses déterminants culturels – s'est crue capable de s'émanciper du contexte qui l'a vu naître, pour se muer en théorie universelle[53]. » Malgré ses proclamations, elle ne reconnaît pas l'existence d'un domaine universel des droits politiques, admet les différences raciales ou nationales comme référents identitaires[54]. En effet, la construction de l'universalisme se réalise par l'identification et l'exclusion, établissant une complicité forte entre les connaissances modernes et les régimes de pouvoir[55]. L'universalisme, dans l'espace colonial, enferme les peuples dans une dialectique de l'inclusion et/ou de la mise à l'écart, à partir d'une grammaire qui les configure et les défigure pour les réinventer, dans le même mouvement. Le seul choix qui leur est laissé est la dérobade, la reformulation/subversion ou la totale soumission.

Cette contradiction entre l'universalisme de la mission civilisatrice et les pratiques coloniales a été mise en évidence et largement exploitée par le sujet colonial. L'une des meilleures illustrations est offerte par l'œuvre littéraire de Dadié. Le regard ironique et d'une acuité incomparable qu'il porte sur les pratiques coloniales identifie minutieusement les barrières érigées pour maintenir le colonisé hors du territoire de l'universel, malgré les proclamations civilisatrices. D'abord il montre que, dans la cohabitation entre la librairie, la bibliothèque et l'école d'une part – les espaces où les savoirs sont sauvegardés et dispensés – et les établissements commerciaux où se réalise l'exploitation coloniale, la balance penche du côté des derniers[56].

Associé aux nombreux livres soustraits à la perspicacité de l'Africain, le regard porté sur lui le tient à une distance infranchissable du territoire de l'universel. Il n'y prend part que comme la face externe, le projet inachevé qui consacre une modernité qui s'arroge le droit de le décrire et de le maintenir à la périphérie, imposant un regard spécial sur le monde colonisé, l'Afrique et ses hommes, par exemple. Ce choix impérial détaille l'originalité de l'Africain, « […] l'homme nu ; son génie, […] la femme à plateau. Dans quelle intention s'entête-t-on à populariser cette vue schématique de l'Afrique noire ? Est-ce pour nous dire de retourner à nos sources, de ne point nous laisser déraciner, de nous accrocher à nos traditions[57] ? ».

Le récit de Dadié subvertit l'universalisme occidental en dévoilant ses instruments et procédures, et surtout sa technologie répressive (la prison et le commandement), ses réseaux d'exploitation économique (l'impôt et autres réquisitions de produits et force de travail). Deux symboles, la *chéchia* et la *chicotte*, en témoignent[58]. En quelque sorte, une défense de la civilisation, de l'ordre, du droit et de la liberté à coups de canon et de bombes, qui revendique le recours systématique à la force[59], sans se préoccuper de la justice[60]. « "Que seraient les Blancs sans leurs canons ?" se demandent les Africains. Leur civilisation est si fragile, si précaire, qu'ils doivent la protéger, la défendre[61]. » Contre la barbarie coloniale et sa production essentialiste du colonisé, Dadié revendique l'assimilation dans le projet universaliste, « le droit de beaucoup lire, peut-être plus qu'aucun autre peuple au monde parce que nous sommes à la croisée des chemins[62] ».

À la différence « de nos ancêtres qui se battaient pour un point d'eau, un lopin de terre, des vivres et des richesses… » se demande-t-il[63]. Sa démarche rejoint les positions d'Aimé Césaire et s'écarte du questionnement angoissé et tragique de *L'Aventure ambiguë* de Cheikh Hamidou Kane. Oscillant entre la condamnation de la brutalité de la domination coloniale et la quête de l'inclusion dans l'économie politique du républicanisme universaliste ; tous ces intellectuels noirs expriment de manière éclatante l'« ambiguïté de la dépendance[64] ». Césaire exprime ce dilemme avec une clarté désarmante dans sa *Lettre à Maurice Thorez*[65], en identifiant deux manières de se perdre : une ségrégation qui s'enferme dans l'autoch-tonie absolue (le particulier) ou qui s'enferme dans la célébration sans retenue de l'universel. En revendiquant une « présence afri-caine » dans l'universel conçu comme le « rendez-vous du donner et du recevoir »[66], la condition *sine qua non* (pour reprendre une expression chère à Léopold Sédar Senghor) de l'édification de la « civilisation de l'universel » et de « l'humanisme du vingtième siècle »[67], Césaire donnait une double signification à sa démission du Parti communiste français. Elle était, « outre une protestation contre l'alignement du PCF sur l'Union soviétique, le geste d'af-firmer la réalité d'un particulier dont le destin n'est pas de se fondre dans l'universel mais de s'y retrouver ; dans le sens de l'expression, […] [qui résulte de] […] sa qualité d'homme de couleur […] d'une situation qui ne se confond avec nulle autre, […] de problèmes qui ne se ramènent à nul autre problème, […] d'une histoire coupée de terribles avatars qui n'appartient qu'à elle[68] ».

Aimé Césaire, tout comme C. L. R. James, Richard Wright et James Baldwin, s'inscrivent ainsi dans la longue tradition ouverte par la Révolution haïtienne. Cette tradition donne une dimension atlantique aux débats internes à la communauté noire sur la race et ses différentes figures dans la construction de l'identité et de la modernité noire. Elle se poursuit aujourd'hui, autour des théma-tiques contradictoires des afrocentrismes et des proclamations, « *race matters*[69] » et autres « *Against Race*[70] ». La Révolution haïtienne ouvrit l'une des frontières indigènes explosives de l'universalité, repoussant jusqu'à ses derniers retranchements la modernité des Lumières que ni la Révolution américaine (contre la domination coloniale), ni la Révolution française (pour la justice sociale) n'avaient voulu ou pu résoudre. Révolution des droits de l'homme, au-delà de la race, du territoire, elle a ébauché des contours universalistes et cosmo-polites, défié les préjudices et préjugés qui ont accompagné la mise en place de l'économie-monde atlantique et remis en cause l'ordre économique et social établi par la plantation esclavagiste[71]. C'est par exemple dans cette optique que Césaire propose, avant son *Toussaint Louverture et la Révolution haïtienne*[72] où la Négritude se met debout pour la première fois, une admirable lecture de l'imagination caribéenne en termes de «radicalisme universel» dans *Cahier d'un retour au pays natal*[73]. Comme pour renforcer la lecture de Césaire, Frantz Fanon jette un regard du côté de ceux qui ont combattu Toussaint Louverture, et maintenu l'esclavage et son essentialisme scientifique et moral pour dénoncer le «grand mirage du discours colonialiste» que constitue l'idée que la France impérialiste est l'unique porteuse des valeurs universelles, et Victor Schœlcher, son symbole le plus éclatant. Il mettait ainsi le doigt dans la plaie de l'appropriation ethnocentrique de l'universalisme par l'Europe impériale[74]. Dans ce même registre, il est tentant de noter que la seule étude menée pour contrer minutieusement *De l'inégalité des races* du comte de Gobineau est le travail d'un Haïtien, Firmin Anténor, *De l'égalité des races humaines* (1885). Il propose une conception non essentialiste de l'universel, refuse d'expliquer la différence culturelle de manière innée ou génétique et se fait l'avocat d'une modernité hybride qui rend la différence raciale obsolète[75].

En situations africaines, l'œuvre de l'écrivain sénégalais Ousmane Socé Diop témoigne des mêmes manœuvres d'inclusion de l'Africain dans le récit universaliste. Dans son roman, *Karim*, il narre avec une délectation gourmande les métamorphoses du personnage central, Karim, qui se drape de ses multiples identités, d'agent comptable formé à l'école française, de saint-louisien musulman éduqué dans les traditions de l'islam et des valeurs aristocratiques wolof, de danseur et de charmeur sensible aux opportunités urbaines et occasions coloniales. À chaque identité semblent correspondre un habillement, des pas de danse, une façon d'être et d'agir qui superposent avec une grande attention des leçons et formules esthétiques et rythmiques, vestimentaires, amoureuses et érotiques, françaises, africaines et musulmanes.

Karim est la célébration d'une hybridité refusant le choix draconien aux conséquences mortelles de *L'Aventure ambiguë*[76].

La démarche de Socé Diop est partagée par les « traducteurs de la modernité coloniale » analysés par Simon Gikandi[77]. Son approche, d'une élégante perspicacité, dévoile leur obsession qui consiste « à s'installer dans l'économie politique et culturelle de l'*Englishness* pour faire de la colonisation une source d'autorité morale, culturelle et politique[78] ». Ensuite, il décrit magnifiquement, d'une part, le dilemme de la construction d'une culture indigène qui s'inscrit simultanément à l'intérieur et à l'extérieur de l'économie politique coloniale et, d'autre part, il interroge la production de la modernité coloniale dans la négociation permanente entre le désir de maintenir l'intégrité et l'autonomie des sociétés colonisées face au désir, à la volonté et/ou à l'impérieuse nécessité de faire face à la présence européenne et à son économie politique[79]. S'appuyant sur le cas du Buganda, il montre, à la suite de D. A. Low[80], comment l'adoption de l'islam, de son écriture, son instruction et ses connaissances, a été un instrument d'adaptation de l'élite du royaume à l'économie émergente de l'océan Indien et de l'Afrique de l'Est à laquelle elle voulait participer et tirer profit. Cette même élite reprit la même démarche face au christianisme, qui est, selon Gikandi, un élément central dans leur élaboration d'une certaine modernité, conçue comme une inscription dans la culture coloniale. Pareilles caractéristiques décelées et analysées par Gikandi, à partir du récit de voyage de Ham Mukasa, se retrouvent dans l'œuvre ethnographique et religieuse de l'abbé David Boilat. Le titre de son livre, *Esquisses sénégalaises*[81], révèle la direction du regard du premier prêtre métis, la formation d'une identité métisse sous la dictée du christianisme dans les Quatre Communes du Sénégal[82]. Plus proche de nous, un autre prêtre sénégalais, l'abbé Augustin Diamacoune Senghor[83], le défunt leader du mouvement indépendantiste de la Casamance (la région sud du Sénégal) procède de la même manière, utilisant la culture coloniale comme un révélateur – au sens photographique du terme – des valeurs morales et croyances religieuses indigènes.

Dans ces différentes figures, les acteurs en cause s'intéressent à réorienter les modes d'expression et de satisfaction de leurs désirs vers des finalités indigènes. Ils essaient en quelque sorte d'altérer la nature même de la «librairie coloniale» et de son universalisme, en y introduisant leurs voix, passions et malaises pour y être présents non comme des objets de l'invention européenne, mais des sujets de leur propre destinée culturelle[84]. Leur présence à l'intersection des sociétés coloniales et indigènes légitime leurs revendications d'agents les plus efficaces de la propagation de la culture coloniale de la modernité qui se décline en civilité, ordre, droit, justice, accès aux infrastructures sociales, culturelles et économiques, à la santé et à l'éducation, notamment. Dans le cas de Cheikh Hamidou Kane[85], le caractère ambigu de l'aventure[86] est le thème central du roman. La Grande Royale qui plaide pour la scolarisation des jeunes du royaume des Diallobés contre le roi, son frère, et contre le guide religieux de la communauté, avance deux raisons : comprendre pourquoi les colonisateurs ont pu emporter la victoire contre les Diallobés sans avoir raison d'une part et, apprendre d'eux à «lier les fagots», c'est-à-dire la compétence technique, d'autre part. Dans sa lecture, ni la morale ni les valeurs d'authenticité ne suffisent à préserver l'autonomie de la communauté. L'aventure scolaire et universitaire de Samba Diallo, le personnage central, sa fréquentation du Coran et des philosophes européens, notamment ceux de Lumières, ne lui ouvrent d'autres portes que celles de la solitude et de la mort qui sanctionnent l'échec, et de l'assimilation et de l'hybridation. Cheikh Hamidou Kane est encore plus explicite dans sa contribution à une conférence organisée par la revue française *Esprit* en 1960. Selon lui, «l'évidence du sentiment interne que nous avons de nos cultures ne résistera pas à notre entrée dans le cycle du progrès technique ; il faudra, avant de revêtir le bleu de chauffe du mécanicien, que nous mettions notre âme en lieu sûr[87]... ». En considérant «[...] qu'une culture de l'oralité [qui] ne peut être prise au sérieux dans un monde où ni le temps ni la distance ne constituent plus d'obstacles à la communication [constitue] un

handicap grave dans notre mouvement d'appréhension du monde»,
Kane fermait la porte à toute possibilité de conversion défendue par
les avocats de l'inclusion dans l'universel, soit par assimilation, soit
par hybridation, avec une clé, l'écriture[88].

Les engagements multiples des sociétés non européennes avec
l'Europe, dans sa phase de conquête de la terre et d'établissement de
son hégémonie culturelle et économique, ont, semble-t-il, produit
des récits plus ou moins structurés opposés à son universalisme et à
ses attributs. Et, dans certains cas, malgré l'hégémonie européenne,
les empreintes profondes d'un universalisme précolonial ou prémoderne se sont maintenues. Ce qui rejoint une intuition senghorienne
que «[c]haque civilisation a pensé à la mesure de l'universel»[89]. Une
intuition largement confirmée par les travaux plus historiques, littéraires et philosophiques de principaux animateurs de l'École
indienne des Subaltern Studies, de Sheldon Pollock, Sugata Bose et
la verve romanesque de Bernard Dadié. Il tourne le dos aux deux
éminents historiens, le Nigérian J. F. A. Ajayi[90] et le Burkinabé Joseph
Ki-Zerbo[91] qui assurent que l'entreprise coloniale a échoué dans son
désir d'effacer le passé africain. Elle n'a réussi à altérer ni la continuité
historique africaine[92] ni la force et la prévalence de l'initiative africaine[93]. Il raconte autrement le théâtre colonial, les dispositions et
l'état d'esprit des acteurs, identifiant avec une précision lyrique les
enjeux, les opportunités et contraintes de la domination coloniale,
réduisant la mission civilisatrice à une rhétorique vaine et des pratiques défensives. «Je viens de comprendre, écrit-il, que tout chez
l'Européen, dans ce pays, est un réflexe d'autodéfense : autodéfense
contre le climat, d'abord, ensuite contre les hommes, les manœuvres,
l'intellectuel, l'enfant qui part à l'école, et plus encore les tam-tams
[…]. Mais le tam-tam. Cherchant notre cœur, notre esprit, notre âme,
afin de réaliser une assimilation totale, il se dit, "comment puis-je
dominer ce continent, ces hommes, lorsque le tam-tam tous les soirs
leur tient le langage ancestral, les relie au passé ?". Tam-tams ronds,

tam-tams jumelés, tam-tams de toutes les formes et de tous les tons, qui chaque soir sonnez le ralliement en transmettant les messages plus vite que le télégraphe, nouvelles essaimées par les villages des morts et les villages des enfants. Il est certain que les jeunes gens ne comprennent pas votre langage. D'instinct ils répondent "Présent!". Vous faites partie de la communauté. Et vos notes font vibrer plus d'une corde. Tam-tams des funérailles et tam-tams des jours de fêtes. Vous avez beau jouer le 14 Juillet, et le 11 Novembre, vous avez beau répéter les refrains émaillés de mots français, vous demeurez spécifiquement africains et retenez les gens au bord de l'abîme sans fond de la dépersonnalisation[94]. »

Deux interrogations persistent. Elles doivent alimenter la réouverture du débat sur la pensée «africaine» et la présence africaine dans le monde. Doit-on se contenter de réaménager la généalogie de la rationalité de la philosophie des Lumières et de sa modernité, même dans son inachèvement[95] et ses multiples contestations philosophiques, pour y insérer vigoureusement l'Afrique et en revendiquer la paternité/maternité (Cheikh Anta Diop et ses disciples néopharaonistes) ou réorienter les flux de la production des connaissances contemporaines en sciences sociales et dans les humanités et proposer de nouvelles ressources épistémologiques (Jean et John Comaroff[96]) – un retournement spectaculaire pour les Africains exclus de la condition humaine et dont pareille exclusion permettait de penser l'humain – ou encore exhumer une «rationalité africaine» produisant des connaissances scientifiques et techniques hors de la dictée européenne (Clapperton Mavhunga[97])? Ne doit-on pas comprendre, dans cette perspective, l'invitation de Senghor qui proclame que «l'émotion [la raison intuitive] est nègre *comme* la raison [discursive] est hellène[98]», la célébration d'une fusion cosmique des êtres (humains, animaux, végétaux et minéraux) chantée dans le royaume d'enfance[99] et la poésie de Birago Diop[100]? Le souci de l'anthropocène avant qu'il ne devienne l'affiche de notre contemporanéité.

Notes

1. Rafia Zafar (ed.), « Home to Harlem », *Harlem Renaissance. Five Novels of the 1920*, New York, The Library of America, 2011 (137-295) p. 251.

2. Cheikh Anta Diop, principalement, *Nations nègres et culture : de l'antiquité nègre égyptienne aux problèmes culturels de l'Afrique noire*, Paris, Présence africaine, 1954 ; *Antériorité des civilisations nègres. Mythe ou vérité historique ?*, Paris, Présence africaine, 1967 ; *Civilisation ou barbarie ? Anthropologie sans complaisance*, Paris, Présence africaine, 1981.

3. Aimé Césaire, *Discours sur le colonialisme*, Paris, Présence africaine, 1955.

4. Voir la série des « Liberté », notamment *Liberté I. Négritude et humanisme*, Paris, Le Seuil, 1964 et *Liberté III. Négritude et civilisation de l'universel*, Paris, Le Seuil, 1977.

5. Ranajit Guha, *History at the Limit of World History*, New York, Columbia University Press, 2002.

6. Karl Marx, *Le Capital. Critique de l'économie politique*. Livre 1, 1867 ; livre 2, 1885 et livre 3, 1894. Les trois livres sont disponibles aux Éditions sociales.

7. Max Weber, *L'Éthique protestante et l'esprit du capitalisme* (traduction de Jacques Chavy), Paris, Gallimard, 2003 [1905].

8. Max Weber, *Économie et Société*. Vol. 1. *Les Catégories de la sociologie* et Vol. 2. *L'Organisation et les puissances de la société dans leur rapport avec l'économie*, Paris, Pocket, 2003 [1921].

9. Le chapitre 5 de *History at the Limit of World-History, op. cit.*, « Epilogue : the Poverty of Historiography – a Poet's Reproach », analyse la critique de l'historiographie et l'appel au retour à l'historicité (*historicality*) de Tagore. Ce dernier dénonce l'obsession de l'historiographie universitaire avec l'État et les affaires publiques, son incapacité à interroger la créativité et à envisager l'histoire comme un récit qui s'intéresse à la vie quotidienne (*history as a narrative concerned with the everyday world*), p. 75.

10. Sur les thèses tocquevilliennes et sur leur mise à l'épreuve en situation indienne, se reporter à Sudipata Kaviraj, « The Empire of Democracy : Reading Indian Politics through Tocqueville », Partha Chatterjee and Ira Katznelson (eds), *Anxieties of Democracy. Tocquevillean Reflections on India and the United States*, Oxford, Oxford University Press, 2012. Il précise que, lorsque Tocqueville utilise la notion de « transition démocratique », il se réfère à deux processus de changement politique totalement (*entirely*) différents. Il s'agit « d'abord du passage de systèmes totalitaires de gouvernement à des systèmes démocratiques. Il peut aussi se référer à une transition historique plus lente, plus aléatoire (*problematical*) de formes prémodernes d'organisation sociale à une société définie

totalement ou partiellement par un imaginaire social démocratique» (p. 21). Cette distinction forme la base de la distinction entre des «institutions démocratiques» mises en place par les régimes issus des transitions démocratiques des années 1990 et l'impossible démocratisation de sociétés africaines alimentant les multiples crises qui remettent en cause leur survie et la perte totale de confiance en un avenir possible, sur le continent, par l'énorme majorité des jeunes Africains. Plutôt que de rester, ne risquent-ils pas leur vie en mer et dans le désert?

11. Karl Marx, *Capital*, livre 1, «Sur le mode de production asiatique».

12. Édouard Delruelle trace une généalogie très précise de ce qu'il appelle la «querelle de l'humanisme» dans «Humanisme pratique et antihumanisme théorique», *Espace de Libertés*, avril 2012, citant tour à tour Louis Althusser, «L'antihumanisme théorique était le seul à autoriser un réel humanisme pratique», *L'avenir dure longtemps*, Imec, 1992, p. 209; Martin Heidegger, «Cet étant que nous sommes chaque fois nous-mêmes et qui a, entre autres possibilités d'être, celle de questionner, nous lui faisons place dans notre terminologie sous le nom de Dasein» (*Être et Temps*, Paris, Gallimard, 1986, p. 30); le personnage Roquentin dans *La Nausée* de Jean-Paul Sartre confie: «Je ne commettrai pas la sottise de me dire "antihumaniste". Je ne suis pas humaniste, voilà tout» (Paris, Gallimard, 1938, p. 167); et enfin Michel Foucault note: «De nos jours, on ne peut plus penser que dans le vide de l'homme disparu. Car ce vide ne creuse pas un manque; il ne prescrit pas une lacune à combler. Il n'est rien de plus, rien de moins, que le dépli d'un espace où il est enfin à nouveau possible de penser» («Qu'est-ce que les Lumières?», *Dits et Écrits*, vol. 2, texte n° 339, p. 1394).

13. Richard Wright, «Tradition and Industrialization», *Black Power: Three Books From Exile: Black Power; The Color of People; and White Man Listen*, New York, Harper Perennial, 2008, p. 723.

14. Henry L. Gates, «Third World of Theory: Enlightenment's Esau», *Critical Inquiry*, 34, S2 (Winter 2008).

15. Gates accuse Wright non seulement d'avoir conscience de la violence épistémique de la colonisation (reprenant Gayatri Spivak), mais de l'acclamer. (*Ibid.*, p. 192.)

16. Manthia Diawara, *In Search of African*, Cambridge, Harvard University Press, 1998.

17. Eric Havelock, *Preface to Plato*, Cambridge, The Belknap Press of Harvard University Press, 1963. Selon lui, les caractéristiques principales de la poésie qui est la langue (p. 165) de l'«encyclopédie tribale» («*the fountain head of all social convention*» [244] et «la "bibliothèque" des traditions, des us et coutumes et des métiers [165])» sont «l'appareil rythmique et visuel (*imagistic*)» à

la disposition du poète (p. 20) et «le style de la composition et les effets qu'il produit» (*ibid.*). À ceux-ci, Platon oppose la langue descriptive de la raison philosophique, pour mettre le doigt sur «le fossé entre la vérité comprise par la raison et les illusions produites par la poésie» (p. 30). Voir aussi Marcel Détienne, *L'Invention de la mythologie*, Paris, Gallimard, 1981.

18. Marc Augé, *Le Génie du paganisme*, Paris, Gallimard, coll. «Folio essais», 2008 [1982].

19. *Ibid.*, p. 19.

20. Une belle leçon que les hommes politiques sénégalais, toujours prêts à mettre en place des coalitions pour jouir du pouvoir et des privilèges, devraient méditer.

21. *Ibid.*, p. 19-20. Le même malentendu est entretenu avec certaines formules islamiques lorsque l'accommodement réciproque est remis en cause.

22. La première est l'espace dans lequel les communautés primaires, les liens et les sentiments qui unissent leurs membres, ont une forte influence sur l'individu et déterminent ses interventions publiques. La seconde est historiquement associée à l'administration coloniale; elle est devenue l'espace des activités politiques dans l'Afrique postcoloniale avec son armée, son administration, sa police, etc. Ekeh établit une séparation rigide entre « *The primordial public is moral and operates on the same moral imperatives as the private realm*» et « *The civic public in Africa is amoral and lacks the generalized moral imperatives operative in the private realm and in the primordial public*» (les italiques sont d'Ekeh). «Colonialism and the Two Publics in Africa: A Theoretical Statement», *Comparative Studies in Society and History*, vol. 17, janv. 1975, p. 92.

23. Catherine Coquery-Vidrovitch, «À propos des racines historiques du pouvoir: "Chefferie" et "Tribalisme"», *Pouvoirs*, 25, 1983, p. 51. On retrouve le même examen, historique, anthropologique et théorique d'une historicité politique propre aux sociétés africaines dans le travail de l'historien anglais John Lonsdale. Voir en particulier ses deux articles devenus classiques, «Moral Ethnicity and Political Tribalism», Occasional Paper series by International Development Studies (IDS) at Roskilde University (sans date) et John Lonsdale, «The Moral Economy of Mau Mau : Wealth, Poverty and Civic Virtue in Kikuyu Political Thought», Bruce Berman, John Lonsdale (eds), *Unhappy Valley Conflict in Kenya and Africa*, vol. II, Londres, James Currey, 1992.

24. Al Schwartz, *Le Tiers-Monde et sa modernité de seconde main*, Natal (Brésil), Fundaçao Jose Augusto, 1992.

25. Jean-Pierre Chrétien, Gérard Prunier (dir.), *Les ethnies ont une histoire*, Paris, Karthala, 1989. Voir aussi, Jean-Loup Amselle, Elikia Mbokolo (dir.), *Au cœur de l'ethnie. Ethnies, tribalisme et État en Afrique*, Paris, La Découverte/ Maspero, 1985.

26. Aristide R. Zolberg, *Creating Political Order. The Party-States of West Africa*, Chicago, Rand Mc Nally Company, 1966, p. 1.

27. *Ibid.*, p. 3.

28. David Apter, « Ghana is, for all intents and purposes, a one-party democracy », *ibid.*, p. 5. La démocratie d'un système à parti unique renvoie à la distinction faite, selon Zolberg, entre des variantes qui tentent d'imposer un contrôle total sur la société et d'autres où le parti dominant restreint son champ d'intervention, assurant ainsi le respect de la loi et de certaines formes d'opposition et d'activités associative, *ibid.*, p. 5.

29. *Ibid.* p. 4.

30. Edward Said, *Orientalism*, New York, Pantheon Books, 1978 ; *Culture and Imperialism*, Londres, Chatto and Windus, 1993.

31. Terence Ranger, « The Invention of Tradition in Colonial Africa », in Eric Hobsbawn, Terence Ranger, *The Invention of Tradition*, Cambridge, Cambridge University Press, 1981.

32. Valentin-Yves Mudimbe, *The Invention of Africa. Gnosis, Philosophy and the Order of Things*, Bloomington, Indiana University Press, 1988.

33. Rajat Kanta Ray, « Asian Capital in the Age of European Expansion : The Rise of Bazaar, 1800-1914 », *Modern Asian Studies*, 29, 1, 1995. Ray s'intéresse en particulier à montrer la résistance de l'économie et du système-monde de l'océan Indien alors que S. Bose, *A Hundred Horizons. The Indian Ocean in the Age of Global Empire* (Cambridge, Harvard University Press, 2006), propose une histoire qui met l'accent sur une conception et une projection de l'empire, de la modernité et de l'universalisme alternatives à celles mises en œuvre dans le monde atlantique. Sur la singularité du système de l'océan Indien, sa « convivialité » plurielle et universaliste qui contraste fortement avec la violence du déploiement de l'universalité des Lumières, on peut se référer aussi aux superbes romans d'Amitav Ghosh, *In an Antique Land*, New Delhi, Ravi Dayal, 1992 et à la trilogie *Sea of Poppies*, Londres, John Murray (Publishers), 2009 ; *River of Smoke*, Londres, John Murray (Publishers), 2011 et *Flood of Fire*, Londres, John Murray (Publishers), 2015.

34. Rajat Kanta Ray, art. cité, p. 553-554.

35. James de Vere Allen, « A Proposal for Indian Ocean Studies », *Historical Relations across the Indian Ocean*, Paris, Unesco, 1980, p. 137-151.

36. Fernand Braudel, *The Mediterranean and the Mediterranean World in the Age of Philip II*, Berkeley, University of California Press, 1995, en particulier le volume 1.

37. Kirti N. Chaudhuri, *Asia before Europe : Economy and Civilisation of the Indian Ocean from the Rise of Islam to 1750*, Cambridge, Cambridge University Press, 1990. p. 36. Voir en particulier le chapitre 5.

38. Sheldon Pollock, «Empire and Imagination», Communication à la confé-rence *Lessons of Empire*, New York, Social Science Research Council, sept. 2003.

39. Sheldon Pollock, *The Ends of Man at the End of Premodernity*, Amster-dam, Royal Netherlands Academy of Arts and Sciences, 2005, p. 78.

40. *Ibid.*, p. 84.

41. Akeel Bilgrami, «Occidentalism, the very idea: an essay on enlighten-ment and enchantment», *Critical Inquiry*, 32, 3 (Spring 2006), p. 381-404; Margaret Jacob, *The Radical Enlightenment: Pantheists, Freemasons, and Republi-cans*, Londres, George Allen & Unwin, 1981. Voir aussi, Ian Buruma, Avishai Margalit, *Occcidentalism. The West in the Eyes of Its Enemies*, New York, Penguin, 2004.

42. Benjamin Schwartz, *China and Other Matters*, Cambridge, Harvard University Press, 1996, p. 15.

43. *Ibid.*, p. 54.

44. Sheldon Pollock, *The Ends of Man at the End of Premodernity, op. cit.*, p. 6-7.

45. *Ibid.*, p. 7.

46. *Ibid.*, p. 8.

47. Bernard Dadié, *Un Nègre à Paris*, Paris, Présence africaine, 1959, p. 12.

48. Bernard Dadié, *Climbié. Légendes et Poèmes. Afrique Debout. Climbié. La ronde des jours*, Paris, Seghers, 1966, p. 217.

49. Bernard Cohn, *Colonialism and Its Forms of Knowledge: The British in India*, Princeton, Princeton University Press, 1996; Gyan Prakash, *Another Rea-son: Science and the Imagination of Modern India*, Princeton, Princeton Univer-sity Press, 1999; Nicholas Dirks, *Castes of Mind: Colonialism and the Making of Modern India*, Princeton, Princeton University Press, 2001; Dipesh Chakra-barty, *Habitations of Modernity: Essays in the Wake of Subaltern Studies*, Chicago, University of Chicago Press, 2002.

50. Edward Said, *Orientalism & Culture and Imperialism, op. cit.*; Valentin-Yves Mudimbe, *op. cit.*, et Eric Hobsbawm, Terence Ranger, *op. cit.*

51. Sheldon Pollock, *The Language of the Gods in the World of Men. Sanskrit, Culture, and Power in Premodern India*, Berkeley, University of California Press, 2006; «The New Intellectuals in Seventeenth Century India», *Indian Economic and Social History Review* 38, 1 (2001): 3-31 et (dir.), *Literary Cultures in History: Reconstructions from South Asia*, Berkeley, University of California Press, 2003.

52. Sheldon Pollock, *The Ends of Man..., op. cit.*, p. 7.

53. *Ibid.*, p. 86-87.

54. Mahmood Mamdani, *Citizen and Subject. Contemporary Africa and the Legacy of Late Colonialism*, Princeton, Princeton University Press, 1996. Voir aussi Partha Chatterjee, *The Nation and Its Fragments. Colonial and Postcolonial*

Histories, Princeton, Princeton University Press, 1993, et Jane Burbank, Frederick Cooper, *Empires in World History. Power and the Politics of Difference*, Princeton, Princeton University Press, 2011.

55. Partha Chatterjee, *Our Modernity*, Dakar/Amsterdam, Codesria/Sephis, 1997, p. 13. Voir aussi Ranajit Guha, *Dominance without Hegemony. History and Power in Colonial India*, Cambridge, Harvard University Press, 1997, et Partha Chatterjee, *The Nation and Its Fragments, op. cit.*

56. Bernard Dadié, *Climbié, op. cit.*, p. 135.

57. *Ibid.*, p. 137.

58. *Ibid.*, p. 152.

59. *Ibid.*, p. 170-171.

60. *Ibid.*, p. 190.

61. *Ibid.*, p. 170.

62. *Ibid.*, p. 175.

63. *Ibid.*, p. 175.

64. Shula Marks, *The Ambiguities of Dependence in South Africa: Class, Nationalism and the State in Twentieth Century Natal*, Baltimore/Londres, The Johns Hopkins University Press, 1986.

65. Aimé Césaire, *Lettre à Maurice Thorez*, Paris, Présence africaine, 1957.

66. Léopold Sédar Senghor, *Liberté I. Négritude et humanisme*, Paris, Le Seuil, 1964, p. 22-38. Voir aussi « Hommage à Teilhard de Chardin », *Liberté V. Le dialogue des cultures*, Paris, Le Seuil, 1993, p. 13-14.

67. Les deux expressions, largement popularisées, sont empruntées aux écrits du Père Pierre Teilhard de Chardin, en particulier *Le Phénomène humain*, Paris, Le Seuil, 1955, et *L'Énergie humaine*, Paris, Le Seuil, 1962. Voir Léopold Sédar Senghor, « Ce que l'homme noir apporte », *Liberté I, op. cit.*

68. Souleymane Bachir Diagne, *L'Art africain comme philosophie*. Manuscrit, 2007, p. 14.

69. Cornel West, *Race Matters*, Boston, Beacon Press, 1993.

70. Paul Gilroy, *Against Race. Imagining Political Culture beyond the Color Line*, Cambridge, Harvard University Press, 2000.

71. C. L. James, *Black Jacobins: Toussaint Louverture and the San Domingo Revolution*, Londres, Secker & Warburg, 1938/New York, Vintage, 1989 ; Michel-Rolph Trouillot, *Silencing the Past. Power and the Production of History*, Boston, Beacon Press, 1995 ; Susan Buck-Morss, « Hegel and Haiti (Critical Essay) », *Critical Inquiry*, 26, 4, 2000 ; J. Michael Dash, « The Theater Revolution/The Revolution as a Theater », *Small Axe*, sept. 9, 2, 2005.

72. Aimé Césaire, *Toussaint Louverture*, Paris, Présence africaine, 1981.

73. Aimé Césaire, *Cahier d'un retour au pays natal*, Paris, Présence africaine, 1947.

74. J. Michael Dash, «The Theater Revolution/The Revolution as a Theater», *op. cit.*, p. 17.

75. *Ibid.*, p. 19.

76. Cheikh Hamidou Kane, *L'Aventure ambiguë*, Paris, Julliard, 1961.

77. Simon Gikandi, *Uganda's Katikiro in England by Ham Mukasa*, Manchester, Manchester University Press, 1998 ; *Maps of Englishness. Writing Identity in the Culture of Colonialism*, New York, Columbia University Press, 1996.

78. *Ibid.* p. 5.

79. *Ibid.*, p. 23-41.

80. Donald Anthony Low (ed.), *The Mind of Buganda. Documents of the Modern History of an African Kingdom*, Londres, Heinemann, 1971.

81. David Boilat, *Esquisses sénégalaises*, Paris, Bertrand, 1853 ; réédition, Paris, Karthala, 1984.

82. Voir Mamadou Diouf, «The French colonial Policy of Assimilation and the Civility of the Originaires of the Four Communes (Senegal). A Nineteenth Century globalization Project», B. Meyer & P. Geschiere (eds), *Globalization and Identity. Dialectics of Flow and Closure*, Londres, Blackwell, p. 71-96.

83. Il est mort en 2007.

84. Simon Gikandi, *Uganda's Katikiro, op. cit.*, p. 21.

85. Cheikh Hamidou Kane, *L'Aventure ambiguë, op. cit.* Voir aussi, dans le même registre, Camara Laye, l'auteur de *L'Enfant noir*, Paris, Plon, 1953 ; *Dramouss*, Paris, Plon, 1966.

86. Cheikh Hamidou Kane, *L'Aventure ambiguë, op. cit.*

87. Cheikh Hamidou Kane, «Comme si nous nous étions donné rendez-vous». Communication au colloque de la revue *Esprit* publiée par *L'Unité africaine* (organe de l'Union progressiste sénégalaise), décembre 1961.

88. Selon Simon Gikandi, «If the superiority of Englishness depended on its mastery of the written word, as colonial subjects were often made to believe, then the colonised had, by infiltrating this form, claimed its authority», *Maps of Englishness, op. cit.*, p. 21.

89. Leopold Sédar Senghor, «La voie africaine du socialisme. Nouvel essai de définition», *Négritude et voie africaine du socialisme*, Paris, Le Seuil, 1971.

90. Consulter son célèbre article, Jacob Festus Adeniyi Ajayi, «Colonialism : An episode in African History», P. Duignan & L. H. Gann (eds), *Colonialism in Africa*, Cambridge, Cambridge University Press, 1969. Repris dans T. Falola (ed.), *Tradition and Change in Africa. The Essays of J. F. Ade Ayayi*, Trenton, Africa World Press, 2000.

91. Joseph Ki-Zerbo, *La Natte des autres. Pour un développement endogène en Afrique*, Dakar, Codesria, 1992.

92. Jacob Festus Adeniyi Ajayi, « Colonialism : An episode in African History », art. cité, p. 67.

93. *Ibid.* p. 171-172.

94. Bernard Dadié, *Climbié, op. cit.*, p. 222.

95. Jürgen Habermas, *Le Discours philosophique de la modernité. Douze conférences* (traduction de Christian Bouchindhomme et Rainer Rochlitz), Paris, Gallimard, [1985] 1988. Pour définir la modernité, il se retourne vers Hegel. Celle-ci trouve en elle-même ses propres garanties et sa propre normativité. Habermas conçoit la raison comme un processus absolu d'autoréférence de l'esprit.

96. Jean et John Comaroff, *Theory from the South : Or, How Euro-America is Evolving toward Africa*, New York, Routledge, 2016 [Paradigm, 2012].

97. Clapperton Chakanetsa Mavhunga, *Transient Workspaces : Technologies of Everyday Innovation in Zimbabwe*, Cambridge, MA, MIT Press, 2014, et sous sa direction *What Do Science, Technology, and Innovation Mean from Africa ?* Boston, The MIT Press (à paraître, 2017). Prenant le contrepoint de Jean et John Comaroff, il introduit le second ouvrage ainsi : « For this book, the only requirement was that all of these many pairs of eyes should concentrate on African ways of looking, meaning-making, and creating and should take Africans as intellectual agents whose perspectives constitute authoritative knowledge and whose actions constitute strategic deployment of endogenous and inbound things » (ix).

98. Les précisions entre crochets sont du président-poète.

99. Léopold Sédar Senghor, *Œuvre poétique* (*Chants d'ombre, Hosties noires, éthiopiques, Nocturnes, Lettres d'hivernage, élégies majeures*), Paris, Le Seuil, 1990.

100. Birago Diop, *Leurres et Lueurs*, Paris, Présence africaine, 1960, et « Souffles », publié dans l'*Anthologie de la nouvelle poésie nègre et malgache* de Léopold Sédar Senghor, Paris, PUF, 1948.

LÆTITIA AFRICANA
PHILOSOPHIE, DÉCOLONISATION ET MÉLANCOLIE

Nadia Yala Kisukidi

« …le regard de convoitise solaire
qu'échangent les danseurs »

Suzanne Césaire

Nadia Yala Kisukidi est maîtresse de conférences en philosophie à l'université Paris VIII Vincennes-Saint-Denis, membre du Laboratoire d'études et de recherches sur les logiques contemporaines de la philosophie (LLCP). Elle a été vice-présidente du Collège international de philosophie (2014-2016) et mène, en tant que directrice de Programme au CIPh, un séminaire sur la philosophie *africana*. Elle a dirigé le dossier «Négritude et philosophie» pour la revue *Rue Descartes* (2014), a publié *Bergson ou l'humanité créatrice* (Paris, CNRS, 2013), et elle prépare actuellement un livre sur les reprises du problème théologico-politique dans les écritures de l'Atlantique noir.

Les noms de la philosophie

La chose est connue. Pourquoi la rappeler ?

La philosophie possède un corps, une couleur, un lieu[1]. Elle manifeste un désir, celui de s'abstraire de ses visages, de ses peaux et de ses lieux. Ce mouvement d'abstraction porte un nom : c'est le mouvement de l'universel. Non de ce qui est produit hors lieu, mais de ce qui, s'écrivant depuis un lieu, apparaît valable pour tout lieu, sans exception. Les conditions terrestres, matérielles de production de l'universel ne semblent ainsi en rien le déterminer.

Les lieux, les visages, les corps qui façonnent la philosophie sont ainsi des accidents. Contenus et formes du discours sont en droit appropriables par tous et font signe vers tous. Après tout, la mythologie subsiste. La question du « propre » forme le cœur de l'utopie portée par le nom « philosophie »[2] : propre de l'homme, signe attestant l'excellence d'une humanité pensante. Où le corps et ses sauvageries ne sont qu'un accident. Cette conception du « propre » semble étonnamment déjouer la logique administrative qui lui donne sa pleine signification – celle des titres, des héritages, des testaments, des droits de propriété qui assurent au particulier la pleine jouissance de son bien.

Cette mythologie portée par le nom « philosophie » est désirable. Elle soutient un vœu réel, minimal, d'émancipation. Les sujets de la philosophie sont des corps indifférents. Ou mieux, ils sont morts à leur propre corps. Participer à son discours, c'est entrer dans un Royaume – celui de l'égalité réelle. Rien de ce que subit le corps, à savoir l'histoire, les stigmates, les marques de la domination, n'affecte la vie de l'esprit. Elle s'épanouit réellement, une fois affranchie de ce qui, dans le monde, l'entrave, et introduit violence et distinction.

Dire cela, c'est certainement rappeler une vieillerie. Elle s'est écroulée sous les coups des théories critiques contemporaines (poststructuralismes, féminismes, critical race theory, postcolonial/decolonial studies, etc.). Le corps du philosophe – si spiritualisé soit-il – n'est pas un corps indifférent. Pour faire vite : il est masculin, blanc, bourgeois, européen, habite les centres[3]. C'est le corps du dominant.

La critique aura démasqué sans mal le mensonge et le faux universel. Mais, dans son mouvement, elle aura peut-être parfois laissé intact le désir de philosophie. Un désir qui surgit pourtant au sein d'une bibliothèque philosophique qui demeure scindée. La scission révèle une première bibliothèque qui n'est pas honteuse, et qui, même, rappelle l'excédent utopique qui traverse le nom « philosophie » : celui d'une raison souveraine, héroïque, qui jamais ne déraisonne[4], et prend en charge, contre le pouvoir et les théologies, l'émancipation intellectuelle et politique du genre humain. La seconde bibliothèque, c'est la bibliothèque des pages arrachées – celles que déchire rageusement celui qui, au fil de ses lectures, se découvre pris pour cible. Quand il apprend qu'il est sans histoire, sans civilisation, sans rationalité, sans bâtisse. À la fois nègre, femme et enfant, et beaucoup plus encore.

Dans l'économie des sciences humaines, la philosophie ne fait certainement pas exception. Toutefois, elle semble toujours garder intacte son utopie, qu'il s'agit de reconfigurer en l'adaptant aux circonstances, aux voix revendicatives qui rappellent que son discours se construit sur des gestes d'exclusion, des marquages de territoire. Contre les corps dominants de la philosophie, il faudra pouvoir revendiquer un «droit à la philosophie[5]» selon les mots de Derrida – ou mieux pratiquer la philosophie depuis les «marges». Énumérer les propriétés manquantes, les subjectivités exclues pour leur faire enfin place; éclater les géographies de la raison philosophique; pluraliser ses significations sans renoncer à l'unique désir que son nom recouvre et suscite – participer à la communauté élargie du savoir et des esprits.

Ce désir de philosophie et la revendication du droit à la philosophie ont été au cœur de la querelle de la philosophie africaine au milieu du XXe siècle, comme le montre F. Eboussi Boulaga. Toutefois, il ressurgit quelque peu transformé aujourd'hui: il s'agit de prendre au sérieux les réclamations de ceux que la philosophie a parfois pris pour cibles et sur lesquels son discours a exercé une violence symbolique. Le travail critique qui se construit désormais ne se soucie plus du devenir *en soi* de la philosophie. Bien au contraire, il s'agit de se demander si la pratique de la philosophie vaut la peine, une fois qu'on a sapé les mystifications et les fabulations qu'elle a pu produire. L'enjeu consiste, surtout, à donner un contenu à un impératif: celui de la décolonisation de la philosophie.

Que reste-t-il de la philosophie si elle n'est plus la propriété exclusive des corps dominants qui la pratiquent? Ses contenus, son projet s'en trouvent-ils affectés? Son utopie ruinée?

Au-delà de la philosophie, l'exigence de «décolonisation épistémique» traverse depuis plus d'un demi-siècle de nombreux écrits *africana*, ce que rappelle bell hooks dans *Teaching Critical Theory*[6]. Ils sont parfois directement issus de pratiques de lutte ou le résultat d'opérations critiques théoriques interrogeant les modalités de production du savoir. Cette exigence a été au cœur de toute une tradition critique *africana*, impliquant les écritures africaines et diasporiques, depuis les années 1960 et traversant les disciplines. Cet impératif de «décolonisation» est directement connecté à l'histoire singulière de corps s'emparant de savoirs à l'intérieur desquels ils furent contraints, dans un premier temps, de se penser et qui les constituèrent et les constituent parfois encore comme problèmes. L'impératif de «décolonisation» est lié, plus particulièrement chez bell hooks, à une pratique personnelle de lecture et d'enseignement. Il s'épaissit à l'intérieur d'analyses littéraires de Twain ou de Faulkner[7]. Il donne corps à un questionnement clair, incisif, situé : que faire d'une bibliothèque raciste, misogyne... quand elle constitue ses propres lecteurs en objets honnis ? Que faire d'auteurs décevants mais pourtant profondément aimés[8] ?

L'exigence de « décolonisation épistémique » prend une forme tout à fait singulière quand elle se rapporte à la philosophie. S'« il n'y a pas [...] de plus grande controverse en philosophie que sa définition[9] », cette controverse se rejoue, peut-être indéfiniment, sous l'injonction à la décolonisation. Cette injonction, puissante, resignifie la critique de la neutralité axiologique sous le concept de la « différence coloniale ». Ce concept analytique est au cœur de la pensée de Walter Mignolo. Il désigne les formes systématiques de disqualification de toutes les expressions de l'existence des colonisés (leurs savoirs, leurs cultures, leur être même) par la « matrice coloniale du pouvoir » – soit un « modèle colonial du pouvoir »[10]. La différence coloniale décrit une hiérarchie qui sanctionne l'infériorité des peuples appartenant aux territoires dits « découverts » ; elle repose sur une pratique de pouvoir, opère l'invalidation des productions symboliques des colonisés, fabrique la négation de leur être même. Cette triple dimension de la différence coloniale (pouvoir, savoir, être) est également analysée, dès le milieu du XXe siècle, dans les écritures diasporiques de la négritude[11].

La décolonisation épistémique aurait ainsi deux tâches précises : développer des épistémologies alternatives qui ne reconduisent ni les normes des savoirs préconstitués et imposés dans/par la violence coloniale, ni leurs modalités d'institutionnalisation et d'inscription dans des universités qui ne sont pas soumises à un principe d'inconditionnalité[12]. Décoloniser le savoir, c'est inventer d'autres formes de vie du savoir qui ne prolifèrent pas sur la *différence coloniale* et y mettent un terme. Tel est le sens de la désobéissance épistémique, telle que la conçoit Walter Mignolo dans ses écrits[13]. Il ne s'agit peut-être pas tant d'une méthode fixée que d'une opération critique qui reste peu spécifiée sur le plan normatif et qui est constamment à reprendre.

La constance d'une telle reprise invite à interroger les formes que peuvent revêtir des décolonisations effectives de la philosophie, de manière plus spécifique. S'il s'agit bien de lutter contre un ensemble d'arrogances épistémiques, la décolonisation de la philosophie n'est pas indifférente à ses lieux d'effectuation.

Quel pourrait être l'objet d'une telle décolonisation dans les mondes européens et plus largement occidentaux, par exemple? Quel type de pratique théorique invite-t-elle à promouvoir dans les universités des Nords? Certains sujets sont-ils exclus de droit de telles opérations critiques? Quelles pratiques de la décolonisation peuvent être mises en œuvre, plus spécifiquement, par les consciences *africaines* diasporiques, dans leur pluralité et leur hétérogénéité?

Les mondes africains sont déprovincialisés. Dans les Nords, l'exigence de décolonisation des savoirs traverse certaines voix de la diaspora qui, parfois mais pas toujours, rappellent leur lien à une histoire traumatique qui a saisi, selon des modalités différentes, le continent africain. Déportations transatlantiques/esclavage, colonisations, néocolonisations. Ces trois moments n'apparaissent pas comme des « objets phobiques[14] » ; ils permettent de formuler des hypothèses à partir desquelles une analyse rationnelle des formes structurelles de violences sont reconduites sur des populations dans les Nords qui portent avec elles des signifiants (peau, langues, cultures…), rappelant à tort ou à raison la mémoire des Suds. Sur le plan épistémique, ils permettent de saisir comment les savoirs se sont développés historiquement à l'intérieur de disciplines codées axiologiquement. L'historicisation de la philosophie comme discipline[15], en France particulièrement, opère une différenciation du Beau, du Vrai, du Bien qui repose sur une cartographie précise de la raison.

Quelles pourraient alors être les formes effectives d'un projet de « décolonisation de la philosophie » effectué dans les Nords et soutenu par les écritures diasporiques? Et mieux : quel pourrait être un tel projet qui se situerait en France – où la philosophie, depuis la fin du XIXe siècle et aujourd'hui peut-être encore, apparaît comme une passion intellectuelle[16] constitutive d'une dimension du récit républicain[17] ?

Avant même de donner un contenu positif à l'impératif de décolonisation de la philosophie, il faudra immédiatement rappeler les deux écueils qu'il peut rencontrer dans les universités des Nords : celui de n'être qu'une injonction vide, ou encore de rejouer avec nostalgie des luttes matérielles, héroïques qui n'ont pas été vécues et qui ne pourront désormais être mimées que sur une scène symbolique.

Toutefois, l'entreprise d'une décolonisation de la philosophie doit surtout affronter les ruses de la colonialité. La colonialité désigne, dans le langage de la critique décoloniale, un dispositif de pouvoir né avec le colonialisme historique, mais dont la forme se perpétue au-delà des décolonisations politiques ; ce dispositif de pouvoir repose sur la différence coloniale et l'alimente. Les ruses de la colonialité décrivent les manières dont des expressions structurelles de la différence coloniale peuvent ressurgir au cœur de pratiques critiques visant son abolition. Elles assaillent, malgré eux, les corps et le cœur de leurs désirs ; elles traversent la production d'un savoir qui se veut libre dans les universités à l'échelle globale.

Dans l'optique d'une décolonisation de la philosophie, ces ruses prennent essentiellement deux formes.

Depuis la perspective des corps dominés – c'est-à-dire des corps exclus, la décolonisation de la philosophie devient une bataille pour la propriété du nom, soutenue, souvent, par un désir tacite de reconnaissance verticale. Elle produit alors ce que Fabien Eboussi Boulaga nommait déjà au moment de la querelle de la philosophie africaine la « synthèse du pauvre et de l'aliéné[18] ». En ciblant les écritures ethnophilosophiques et celles de la négritude (senghorienne), Boulaga revient sur les arguments du « dosage », des « mélanges », des « hybridations » et des « métissages » autour desquels les sujets subalternisés, le *Muntu*, justifient leur pratique de la philosophie. Il s'agit de mettre en œuvre le grand rendez-vous[19], où chacun montre effectivement qu'il a contribué à l'enrichissement d'un paradigme qui apparaît fondamentalement tronqué s'il n'est appréhendé qu'à travers sa seule version européenne. Sous la rhétorique de la contribution se rejoue, de façon souterraine, celle de la défaite et du manque : il y a eu contribution à des discours que les subalternes n'ont pas eu l'initiative de créer et devant lesquels, encore, ils courbent l'échine. Dans ce cadre, les perturbations des normes du discours philosophique dans les écritures diasporiques n'ont rien d'une décolonisation ; elles font signe, une fois de plus, vers une rhétorique de la privation, de la pauvreté – celle de ceux, rappelle à l'envi la prose du colon, qui n'ont rien inventé[20].

Dans le contexte néolibéral de la marchandisation du savoir qui façonne les universités, le projet de décolonisation doit faire face, également, aux ruses de la colonialité. La défense de projets de décolonisation de la philosophie menés à l'intérieur du monde universitaire peut être entourée de soupçon. Ces projets sont directement confrontés à des formes culturelles et économiques d'anthropophagie[21] : absorber, assimiler de nouvelles chairs fraîches pour renouveler des paradigmes théoriques qu'on juge épuisés. La reconnaissance et la légitimation des savoirs subalternes répond à une injonction marchande, frénétique, à la création. Il s'agit de sauver un nom, celui de « philosophie », de le rendre de nouveau attractif, monnayable, appropriable sur le marché de la connaissance. Le principe de la « marge », dedans/dehors, facilite l'entreprise : il trace une ligne entre l'assimilable et le non-assimilable. Le non-assimilable compose une réserve – soit la possibilité de s'assurer le surgissement sans fin de nouveaux événements, de nouveaux émois théoriques, de constructions conceptuelles désirables et compétitives. La marge constituant le fond d'un plan d'épargne sur l'avenir.

Cette seconde ruse déplace le sens de la relation coloniale. Elle ne se réduit pas à l'analyse du rapport entre le soi et un autre. Mais, d'une manière plus métaphorique peut-être, elle décrit des formes d'appropriations matérielles, prédatrices, qui sont des neutralisations et des dépossessions.

Que devient l'impératif de «décolonisation de la philosophie» quand il ne nourrit pas subrepticement un désir sans fin et vertical de reconnaissance? Quand il n'est plus pris au piège d'une économie de la connaissance qui mine ses radicalités critiques?

Futurs, défaite et mélancolie

Les formes que prennent les tentatives de décolonisation de la philosophie mettent en lumière les difficultés, les contradictions que rencontrent les subjectivités afro-diasporiques dans les pratiques de démontage de savoirs axiologiquement codés. Elles rappellent, surtout, que la défaite a été totale – en ce que, sur le plan strict des savoirs, il faut constamment démonter les ruses de la colonialité, reconnaître les multiples visages de ses métamorphoses.

Dès lors, la décolonisation des savoirs et de la philosophie ne s'identifie-t-elle pas exclusivement à une pratique commémorative – celle du rappel constant de la profondeur de la blessure infligée? Pratique commémorative qui se donnerait pour objet de détraquer, sans fin, les mystifications du «grand récit européen de la modernité»?

Le travail de la décolonisation de la philosophie possède une dimension réparatrice. Sur les plans politico-institutionnel et symbolique, il vise à briser les formes d'injustices épistémiques[22] qui soutiennent une axiologie culturelle et des pratiques institutionnelles fondamentalement classistes, genrées et racialisées. Sur le plan clinique, il soutient les pratiques affirmatives de subjectivités confrontées aux multiples formes que prennent l'effacement de leurs mémoires et l'oblitération de leurs souffrances.

Le projet critique porté par l'impératif de décolonisation s'écrit à partir de l'expérience de la violence infligée[23]. Il décrit des subjectivités affectées par la blessure coloniale, sur le mode de l'écartèlement, de la scission, de la perte[24]. Écartèlement qui marque l'impossibilité de se dire autrement que dans la langue majeure qui exerce une domination. Scission qui marque l'impossibilité pour le sujet de coïncider avec lui-même – les univers symboliques et mémoriels dans lesquels désormais il évolue lui signifient constamment son inadéquation, son étrangeté[25]. Perte – ce qui a été détruit par la violence coloniale a définitivement disparu[26].

Ces figures du sujet indiquent qu'une pratique de décolonisation épistémique fait nécessairement face à ce que l'on pourrait nommer de l'«indécolonisable». L'indécolonisable, sur un plan subjectif, décrit une expérience de la perte irrémédiable – soit ce qui a disparu sous les coups d'une violence coloniale totale et vers quoi il est impossible de faire retour[27]. L'indécolonisable, sur un plan épistémique, désigne ce qui ne peut être passé au crible d'une critique décolonisatrice précisément parce qu'il forme la condition de possibilité de la décolonisation comme opération critique. Il constitue la limite de tout projet de décolonisation épistémique dès lors qu'il s'effectue sur le site institutionnel de l'université et demeure solidaire[28] des normes de connaissance qui y sont mises en œuvre. Ces normes, dont l'histoire est connectée au développement moderne d'une certaine idée de la critique et de l'émancipation, se métamorphosent et se reconfigurent de façon clandestine à l'intérieur des projets théoriques qui les mettent en tension et les questionnent. Le constat de cette limite ne fournit pas pour autant des éléments pour tracer une «politique du désespoir» (Dipesh Chakrabarty)[29] : il ne conduit pas à l'idée d'une impossibilité intrinsèque de tout projet de décolonisation épistémique. Il rappelle toutefois qu'il s'énonce depuis des lieux qui le conditionnent et le contraignent – restreignant les satisfactions théoriques qu'on pourrait, sur un mode visionnaire, en attendre.

Les mutilations ont été définitives et tapissent le fond de la subjectivité. Elles fournissent la trame narrative d'une grande partie de ce qu'Achille Mbembe[30] nomme les «écritures africaines de soi» de la seconde moitié du XXe siècle. Les subjectivités afro-diasporiques se rapportent à elles-mêmes à partir de langages qui leur apparaissent désirables en raison des utopies qu'ils nourrissent, mais qui se révèlent également inappropriables en ce qu'ils ont participé à leur altérisation, c'est-à-dire à leur constitution comme «autre», autre de l'humanité et de la civilisation. La décolonisation de la philosophie se place sur ce point de tension.

On comprendra qu'en fin de compte la décolonisation de la philosophie n'a que faire de la philosophie. Qu'elle demeure – expurgée une fois pour toutes des démons engendrés par l'activité diurne de la raison[31] – ou qu'elle succombe sous les coups de la critique, la tâche de la décolonisation de la philosophie ne concerne le devenir du nom «philosophie» que de manière secondaire. Et précisément, une fois qu'on interroge ses visées, ses objectifs, sans pour autant se décaler de la perspective subjective des vies blessées, l'impératif d'une décolonisation épistémique, tel qu'il pourrait circuler, au XXIe siècle, au sein des écritures *africana* diasporiques revêt un sens singulier.

Au-delà de l'écartèlement, de la scission ou de la perte, c'est avant tout une double expérience subjective qui est révélée dans les pratiques de décolonisation des savoirs. Elle renvoie, d'une part, à la vie du sujet en tant qu'elle est pleinement constituée par la relation. Elle décrit, d'autre part, les violences matérielles et politiques irrémédiables qui l'affectent concrètement. Ces deux expériences dessinent deux formes de «dépossession». Athanassiou et Butler invitent à penser sous ce terme une philosophie du sujet et les formes de brutalisations, matérielles, sociales, qui enserrent sa vie.

Le sujet n'est pas autosuffisant et imperméable du fait «de la dépendance et de la relationnalité violentes et pourtant encapacitantes[32]» dans lesquelles il est pris. De manière originelle, le sujet se pense sous les modalités d'une double perte, d'une double dépossession. La dépossession définit une subjectivité essentiellement constituée comme disponibilité. Ce qui inaugure la constitution du sujet, c'est une exposition à l'extériorité: l'épaisseur de notre existence ne vient pas de nous.

Une autre expérience de la dépossession, matérielle, politique, ne peut être éludée. Elle renvoie aux faits de dépouillements, aux «interpellations policières», à la «violence infligée» (Athanassiou). Cette expérience de la dépossession, sociale, économique, matérielle, symbolique, enraye la possibilité de la relation, dans ses multiples dimensions, personnelles et politiques[33]. La peau noire, les corps *queer*, ceux des femmes voilées/dévoilées, la nudité des vies soumises aux violences néolibérales/coloniales, aux exils imposés…

Penser la décolonisation comme opération critique, c'est penser au cœur de cette tension où se lient deux expériences de la «dépossession» (Butler/Athanassiou). La vie subjective est relationnelle, toujours déjà reconfigurée par ce qui est extérieur à elle. Elle est parfois soumise à des formes de violences structurelles qui la diminuent ou la détruisent : *nous advenons comme sujets disponibles dans un monde qui ne nous soutient pas.*

L'opération critique de décolonisation se spécifie nettement : il s'agit de construire, de produire, d'imaginer sur le plan théorique les soubassements d'un monde qui peut s'offrir comme soutien. Quelles que soient les formes de ces pratiques théoriques (littéraires, sociologiques, anthropologiques, philosophiques, théologiques…), quelles que soient les traditions de pensée à partir desquelles elles construisent leur lexique, leur grammaire, il s'agit de reprendre en charge la question de l'unité du monde, en rompant avec le souci, douteux[34], de l'universel. Unité d'un monde où les doubles expériences d'exposition à l'extériorité et de violence, toujours hétérogènes et localisées, sont en droit partageables et souvent partagées.

Cette compréhension de la subjectivité comme disponibilité ouvre un type de pratique critique qui démonte les récits identitaires et nationaux alimentant l'idée d'une vie culturelle substantielle authentique, produite selon des stratégies politiques distinctes (domination ou réparation) par des sujets/corps politiques différents (États-nations, partis, associations…) dans les mondes européens et africains. La substantialisation des identités sous l'idée d'un propre, d'une vie nationale authentique appartient à une histoire de brutalisation du monde social. Toutefois, les faits de dépossessions violentes réengagent la formation de collectifs, sur le plan politique, qui s'opposent aux privations et aux injustices systématiques dont ils font l'objet.

À ce titre, l'opération critique de la décolonisation épistémique tend à rompre avec un type de production théorique, centrée autour d'un affect, celui de la mélancolie. Les luttes anticoloniales, les décolonisations, les combats antiracistes menés dans les mondes africains diasporiques, ont produit une mémoire de luttes, qui est aussi une mémoire longue de défaites. Cette mémoire des défaites fait signe vers plusieurs expériences traumatiques du manque et de la disparition. Intériorisation subjective des rhétoriques de la déficience qui se logent sous l'injure raciale. Effacement des cultures et brutalisation des corps. Fin des grandes luttes révolutionnaires qui n'ont pas su construire de futurs réels ou produire des imaginaires, des horizons d'avenir.

Nathalie Etoke, dans son livre *Melancholia africana*, décrit ces écritures de la mélancolie sur un mode dialectique ; elles « [reflètent] la vulnérabilité essentielle d'une humanité écroulée qui se reconstitue sur le site de son effondrement[35] ». La mélancolie n'a pas de dimension pathologique ; elle renvoie à une disposition de l'esprit, un état d'âme qui reste connecté à la manière dont la douleur façonne la conscience diasporique[36]. Soit à la manière dont les vies tendent à échapper à la menace constante de leur possible mise à mort, et se rendent capables d'endurer la constance d'une telle menace.

C'est donc bien le passé, sous le mode fantasmé et nostalgique du paradis perdu, mais aussi comme mémoire des cruautés et histoire des échecs de la lutte qui apparaît de manière frontale aux consciences diasporiques. La mélancolie se déploie à l'intérieur de ces multiples rapports à la perte, mais elle dit aussi une incapacité à surmonter la perte, précisément parce que le présent « apparaît comme un héritage de souffrances, de blessures toujours ouvertes[37] ». La disposition mélancolique signale au sujet qu'il est toujours vivant, mais les défaites et les privations qui le façonnent le rendent incapables d'insérer son action dans la longue visée d'un à-venir. L'investissement affectif du futur est entouré de soupçon – en ce qu'il réactive systématiquement le souvenir d'enthousiasmes brisés. La mémoire de la mise en œuvre des grands projets de libération reste sidérée devant ses hécatombes, ses tombeaux et ses morts[38].

La disposition mélancolique demeure attachée aux pratiques critiques de décolonisation – en ce que ces dernières convoquent la remémoration de multiples histoires, hétérogènes, localisées, mais également connectées, de la perte. Le risque de telles remémorations est de transformer subrepticement les histoires de défaite en ontologie. Elles entraînent la réification du geste critique à l'intérieur de pratiques répétitives et indéfinies de démontage du « grand récit moderne » qui a fabriqué des êtres manquants et déficients, des non-humanités.

Or l'enjeu est d'opérer la conversion affective de ces pratiques théoriques. Non de refouler un passé de violences et de promouvoir une philosophie vigoureuse de l'oubli qui seule permettrait de se reconstruire. Il s'agit, bien plutôt, de *forcer* l'éclosion d'autres dispositions affectives – affirmatives et fécondantes. Si les pratiques théoriques *africana* se concentrent à raison sur la réparation des subjectivités blessées, le geste de réparation – qu'il soit matériel ou symbolique – couve une utopie qui n'a pas renoncé à prendre en charge la question des devenirs du monde.

Décoloniser, c'est produire une version du monde qui, malgré les ruses de la colonialité, ne repose pas sur la différence coloniale. Et s'il faut penser une méthode souple : elle consiste à opérer une lecture stratégique du passé à partir de ce futur, qui demeure éminemment désirable. Les contours de ces futurs politiques restent nécessairement flous : ils se dessinent à l'intérieur d'un monde où les projets de changement de la société et de lutte contre les dominations ont souvent échoué. Ces échecs ne signent pas la ruine de toute conscience utopique, ils indiquent bien plutôt qu'il faut consentir à la formuler – au moins temporairement – sur un mode négatif.

Si on interroge les objectifs des décolonisations épistémiques, il semblerait qu'on puisse les resignifier autour d'une telle conscience utopique. On pourra alors appeler sous le terme *Lætitia africana* des tentatives théoriques, au sein des diasporas, qui essaient de produire des versions décolonisées du monde. Qui secouent, en acte, les nuits néocoloniales. *Lætitia* pour dire, en s'éloignant des fixations mélancoliques, une activité créatrice dont les manifestations affectives sont joyeuses. Non pas l'obscénité du grand rire qu'une littérature raciste et coloniale a collé sur les mâchoires nègres. Mais ce signe qui accompagne, comme le dirait Bergson, tout geste de création surgissant dès lors qu'un intérêt vital est en jeu[39].

La *Lætitia africana* définit la décolonisation épistémique comme une opération critique affirmative, prise en charge par les écritures diasporiques. Elle n'a rien d'un gai savoir nietzschéen, au sens où elle ne renonce pas à être accusatrice, et ne succombe pas aux séductions de l'*amor fati*. Le refus de l'oubli du passé n'alimente pas nécessairement une aspiration conservatrice de retour aux origines, ni une pathologie du ressassement bloquée sur des affects réactifs. *More, more, more… future,* scande le chorégraphe Faustin Linyekula qui porte, sur une scène dansée, la jeunesse de Kinshasa confrontée aux permanences de la dévastation coloniale et à l'univers ruiné des violences néocoloniales.

Forcer l'éclosion du futur contre la nuit. Tel serait, métaphoriquement, le sens d'une pratique de décolonisation sur le plan théorique. Si elle part d'un questionnement sur les disciplines ou s'inscrit de prime abord à l'intérieur de leurs routines (ne suis-je pas partie de la philosophie ?), son résultat reste indifférent à leur devenir. Sa fin est d'ouvrir une politique. Quelles que soient ses formes textuelles et théoriques, quelle que soit l'intensité libératrice de ses effets matériels et sociaux – son aspiration est claire : mettre fin à des politiques de la jouissance (socio-économiques, institutionnelles, esthétiques, scientifiques, etc.) qui se nourrissent de la brutalisation et de l'effacement répétés de corps et de mémoires mutilés.

Notes

1. Lucius Outlaw, *Race and Philosophy*, New York/Londres, Routledge, 1996.
2. Fabien Eboussi Boulaga, *La Crise du Muntu*, Paris, Présence africaine, 1977, p. 12-13.
3. bell hooks, *Teaching Critical Theory*, New York/Londres, Routledge, 2010 – on se rapportera spécialement au chapitre « Black, female, and Academic », aux pages 95-102.
4. Lewis R. Gordon, *Existentia Africana*, New York, Routledge, 2000 ; Frantz Fanon, *Peau noire, masques blancs*, in *Œuvres*, Paris, La Découverte, 2011, p. 45-251.
5. Jacques Derrida, *Du droit à la philosophie*, Paris, Galilée, 1990, p. 9-108.
6. bell hooks, *Teaching Critical Theory*, *op. cit.*, p. 24-25. bell hooks évoque le travail de Freire, Fanon, Memmi, Cabral… Senghor.
7. *Ibid.*, p. 106-109.
8. *Ibid.*, p. 108 : « When we have favorite writers and thinkers whose work we love and learn from, but who are still wedded to dominator thinking in any form, however relative, it disappoints. »
9. Lewis R. Gordon, *Introduction to Africana Philosophy*, Cambridge, Cambridge University Press, 2008, p. 1.
10. Walter Mignolo, *La Désobéissance épistémique* (traduction de Yasmine Jouhari et Marc Maesschalck), Bruxelles, P.I.E. Peter Lang, 2015, p. 33.
11. Léopold Sédar Senghor, *Liberté I. Négritude et humanisme*, Paris, Le Seuil, 1964, p. 137 : « L'esclavage et la colonisation ont vidé le nègre de ses vertus, de sa substance pour faire de lui un "assimilé", ce négatif du Blanc où le paraître s'est substitué à l'être : un néant. » ; Aimé Césaire, *Toussaint Louverture*, Paris, Présence africaine, 1981, p. 33 : « Telle était la société coloniale : mieux qu'une hiérarchie, une ontologie : au sommet l'homme blanc – l'être au sens plein du terme – en bas, l'homme noir… la chose, autant dire rien. »
12. Jacques Derrida, *L'Université sans condition*, Paris, Galilée, 2001.
13. L'acte de décolonisation épistémique peut se déployer autour de trois gestes critiques : 1) « configurer d'autres espaces épistémiques – non européens – de la production du savoir » (Grosfoguel) ; 2) déterminer les rapports que les développements des savoirs non européens peuvent entretenir avec des

productions de connaissances essentiellement eurocentrées ; 3) questionner l'institutionnalisation de la production du savoir, à travers une analyse des processus de légitimation de cette production, et des inégalités ou asymétries culturelles qui les régissent.

14. Achille Mbembe, « À propos des écritures africaines de soi », *Politique africaine*, 2000/1 n° 77, p. 17.

15. On se rapportera aux actes à paraître du colloque international « Mort de l'enseignement philosophique ou épuisement du paradigme cousinien », organisé par l'université Paris VIII, le Collège international de philosophie, l'ENS de Paris, l'ENS de Lyon, les Archives nationales de France, sous le haut patronage de l'Inspection générale de philosophie, du 13 au 17 janvier 2017 à Cannes et à Paris (France).

16. Expression qui fait directement écho à l'ouvrage de l'historien Jean-François Sirinelli, *Intellectuels et passions françaises*, Paris, Gallimard, coll. « Folio », 1990.

17. Jean-Louis Fabiani, *Qu'est-ce qu'un philosophe français ?*, Paris, Éditions de l'EHESS, 2010, p. 140 : « L'intérêt du cas français réside principalement dans le caractère indissociable du processus de légitimation philosophique de la République et de l'institutionnalisation républicaine de la philosophie comme discipline centrale de l'organisation du savoir. Il existe une véritable demande philosophique républicaine : Gambetta commande ainsi au philosophe kantien Jules Barni un *Manuel républicain* en 1871, et l'appareil administratif de la Troisième République de nombreux philosophes. »

18. Fabien Eboussi Boulaga, *La Crise du Muntu, op. cit.*, p. 35 : « Le bon sens fait ses délices de dosages, des mélanges, des hybridations et des métissages. C'est la synthèse du pauvre et de l'aliéné. Ainsi vont les civilisations et les philosophies, progressant par d'heureux mélanges de sangs, d'humeurs et de valeurs, vers la concorde universelle. »

19. *Ibid.*, p. 35.

20. Aimé Césaire, *Cahier d'un retour au pays natal*, dans *La Poésie*, Paris, Le Seuil, 2006, p. 40.

21. Jacques Rancière, dans un entretien mené par Bertrand Ogilvie et Julia Christ, évoque le « cannibalisme de la culture dominante » – entretien à paraître dans *Les Cahiers philosophiques*, Paris, Hermann, 2017. Je remercie Stéphane Douailler d'avoir porté à ma connaissance cet entretien.

22. Rajeev Barghava, « Pour en finir avec l'injustice épistémique du colonialisme », revue *Socio*, n° 1, 2013.

23. Nelson Maldonado-Torres, « Actualité de la décolonisation et tournant décolonial », in Claude Bourguignon Rougier *et al.* (dir.), *Penser l'envers obscur de la modernité*, Limoges, PULIM, 2014, p. 48-49.

24. Achille Mbembe, «À propos des écritures africaines de soi», art. cité, p. 17-18.

25. Valentin-Yves Mudimbe, *L'Odeur du père*, Paris, Présence africaine, 1982.

26. Valentin-Yves Mudimbe, *Les Corps glorieux des mots et des êtres*, Paris/Montréal, Humanitas/Présence africaine, 1994.

27. Tel est le sens de l'écriture littéraire de Valentin Mudimbe, notamment dans ses romans *L'Écart*, ou encore *Entre les eaux*.

28. Une telle solidarité n'a pas besoin du site institutionnel de l'université pour se légitimer et se reconsolider.

29. Dipesh Chakrabarty, *Provincialiser l'Europe* (traduction d'Olivier Ruchet et Nicolas Vieillescazes), Paris, Éditions Amsterdam, 2009, p. 92.

30. Achille Mbembe, «À propos des écritures africaines de soi», art. cité.

31. Achille Mbembe, *Critique de la raison nègre*, Paris, La Découverte, 2013.

32. Judith Butler, Athena Athanassiou, *Dépossession* (traduction de Charlotte Nordmann), Paris, Diaphanes, 2016, p. 10.

33. On se rapportera également aux réflexions de bell hooks sur une culture de l'amour comme nouvelle politique de la relation dans *All About Love*, New York, HarperCollins, 2000.

34. Annamaria Rivera, *Les Dérives de l'universalisme* (traduction de Michaël Gasperoni, revue par Laurent Lévy), Paris, La Découverte, 2010.

35. Nathalie Etoke, *Melancholia africana*, Paris, Éditions du Cygne, 2010, p. 30.

36. *Ibid.*, p. 33 : «La conscience diasporique est flexible et ouverte. Elle intègre la douleur comme catalyseur de liberté et non comme facteur de victimisation.»

37. Enzo Traverso, *Mélancolie de gauche. La force d'une tradition cachée (XIXᵉ-XXIᵉ siècle)*, Paris, La Découverte, 2016, p. 16.

38. Jean-Marc Ela, *Le Cri de l'homme africain*, Paris, L'Harmattan, 1993, p. 70-100.

39. Henri Bergson, «La conscience et la vie», in *L'Énergie spirituelle*, Paris, PUF, coll. «Quadrige», 1982, p. 23.

Pour un universel vraiment universel

Souleymane Bachir Diagne

Souleymane Bachir Diagne est professeur de philosophie et d'études francophones à Columbia University, New York. Ses ouvrages les plus récents sont :

Bergson postcolonial. L'élan vital dans la pensée de Léopold Sédar Senghor et de Mohamed Iqbal, Paris, CNRS Éditions, 2011 ; *L'Encre des savants. Réflexions sur la philosophie en Afrique*, Paris, Présence africaine & Codesria, 2013 ; *Comment philosopher en islam*, Paris, Philippe Rey / Jimsaan, 2014 ; *Philosopher en islam et en christianisme* (avec Philippe Cappelle-Dumont), Paris, Cerf, 2016.

On ne célébrera jamais assez la conférence de Bandung, et l'année 2015 qui en a marqué le soixantième anniversaire aurait dû voir fleurir partout, avec des rencontres qui auraient enseigné aux élèves la signification de ce moment historique, des « places Bandung » pour se souvenir qu'en cette ville d'Indonésie a été affirmée la condamnation radicale de toute colonisation, pour quelque raison que ce soit. Aimé Césaire avait en son temps salué Bandung comme un *geste de culture*. C'était le mot, en effet, car en cette année 1955, en présence d'environ deux mille délégués et avec vingt-neuf pays d'Asie et d'Afrique représentés qui donnaient visage à un milliard et demi de personnes, des peuples colonisés se sont parlé directement, sans que les puissances impériales fussent présentes pour se donner la position d'un centre qui devait être interlocuteur obligé, pour commencer de mettre en chantier un nouvel universel, un universel vraiment universel, selon l'expression d'Immanuel Wallerstein.

Dans son numéro de juillet 1955 de la revue *Esprit*, Jean Rous a dit en ces termes ce qui lui apparaissait la signification de la Conférence : « L'unité d'action proposée par le continent à peine libéré [l'Asie] au continent encore colonisé aux trois quarts [l'Afrique] aura une répercussion à longue portée. Si l'Europe s'obstine à demeurer dans l'ornière colonialiste et à ne concevoir l'Eurafrique que sous la forme de l'exploitation, l'Asie prendra en main le sort de l'Afrique. L'attraction de l'exemple et de la ferveur nationaliste afro-asienne connaîtra dans les ans qui viennent une force accrue. »

On notera d'abord que comme par une pente naturelle le propos paternaliste est là, qui dit l'Afrique destinée à être prise en main et donc protégée par une Europe qui aurait appris à ne plus se présenter comme exploiteuse. On peut établir un parallèle avec le discours qui s'entend aujourd'hui à propos d'une présence chinoise en Afrique, qui a pourtant rappelé aux pays européens et américains que des parts de marché étaient à disputer avec de nouveaux acteurs (Inde, Turquie, Brésil et des pays africains aussi) sur un continent qui aujourd'hui demande des partenaires et non des tuteurs.

On notera également la notion de l'afro-asianité (auquel Jean Rous propose de vite mettre fin par la constitution de l'Eurafrique) en revenant sur le fait important qu'à Bandung ceux qui ne se voyaient plus déjà comme des sujets colonisés (le Liberia indépendant était là, mais également le pays qui allait devenir souverain deux ans plus tard sous le nom de Ghana) ont parlé entre eux et ont parlé des impérialismes sans s'adresser aux puissances impériales. Que la rencontre se soit déroulée en faisant de l'Europe un objet du discours et non le centre de celui-ci était alors une manière de commencer de projeter un monde qui n'aurait simplement plus de centre. Cette provincialisation de l'Europe dont on parle beaucoup en citant Chakrabarty, c'était Bandung, c'était le fait de dire : « Nous ne sommes pas une périphérie parce qu'il n'y a pas de centre. »

On s'arrêtera alors sur les conséquences philosophiques de l'avènement de ce monde postcolonial que l'on peut faire naître symboliquement à Bandung, un monde sur lequel ne pèserait plus une Europe faisant de l'universel son affaire, c'est-à-dire son état, sa destination et sa mission.

On peut tirer deux postures épistémologiques diamétralement opposées de l'affirmation que pose Bandung d'un monde postcolonial.

Toutes deux se tirent de la même prémisse que, si l'Europe n'est plus au centre, alors l'universel n'a plus de lieu et donc n'a plus lieu.

La première posture peut être identifiée, je l'ai souvent dit, à celle que manifeste Emmanuel Levinas dans *Humanisme de l'autre homme*. Où il dénonce le monde né de Bandung comme un monde qui avec la fin de la domination de l'Europe et ce qu'il considère, ailleurs, comme une irruption dans l'histoire des «masses afro-asiatiques» aura perdu le nord, sera devenu un monde «désorienté» parce que «désoccidentalisé». Cette dénonciation est menée au nom d'un universel qui pour lui ne peut être que vertical, s'imposant comme *logos* venu d'en haut et exigeant que sur lui s'alignent les cultures et les langues d'un monde certes pluriel, mais qui aura compris qu'il lui faut surmonter Babel en s'européanisant. Parce que l'Europe, naturellement, est, en ses langues et sa civilisation, l'incarnation du *logos*. La conclusion de Levinas est qu'il faut maintenant séparer culture et colonisation. Plus question de coloniser? Soit, mais il est plus que jamais nécessaire, estime-t-il, que soit reconnue à l'Europe, à l'universel, la mission de continuer de «cultiver» le monde.

La seconde posture est celle qui simplement identifie universel et domination, et cultive le relativisme comme une manière de toujours se défier de l'un et de l'autre. De la diversité du monde, dit cette posture, faisons principe. Et là où Levinas invitait à refuser un monde de fragments, «chacun ne se justifiant que de son contexte propre», demandons: «Et pourquoi pas?» Cultivons, mais chacun son jardin. Ce qui veut dire: mettons en chantier le projet de «décoloniser les savoirs» pour faire advenir des épistémologies différentes.

Nous en sommes d'accord: le monde dont Levinas exprime la nostalgie, où l'européanisation du monde au nom de l'universel allait de soi, Bandung l'a effacé. Il faut préciser que ce n'est pas que le monde ne s'européanise pas. C'est qu'il s'indianise aussi bien, et se sinise, il s'africanise aussi… bref, il se créolise: les «masses afro-asiatiques» dont celui qui est présenté comme «philosophe de l'autre» a parlé avec condescendance marquent leur présence.

Nous en sommes aussi d'accord : il faut continuer de décoloniser, et donc décoloniser les savoirs. Mais il faut examiner soigneusement ce que cela veut dire. Et se demander si cela signifie renoncer à l'universel. Ma position est que non. Que c'est précisément dans le monde d'après Bandung, quand la question n'est pas déjà décidée par une Europe qui se définit, entre toutes les provinces du monde, comme celle qui a la particularité de l'incarner que l'universel peut advenir. Quand il est devenu l'affaire de tous, également. Quand il s'agit de se donner, pour utiliser l'expression déjà citée d'Immanuel Wallerstein, « un universel vraiment universel ». Mais qu'est-ce à dire ?

Pour commencer de répondre à cette question, il faut d'abord tenir compte pleinement de deux avertissements qui nous viennent l'un de Césaire, l'autre d'Édouard Glissant. Césaire nous avertit dans sa lettre de 1956 à Maurice Thorez que, s'il faut se méfier de l'universalisme dans lequel on ne se retrouve pas dans son identité, fût-il celui qui déclare vouloir conduire « le monde à changer de base », il faut également ne pas s'enfermer dans sa particularité, ne pas se donner de son identité une conception carcérale. Césaire comme Senghor préviennent que « penser par nous-mêmes et pour nous-mêmes » n'est pas séparatisme, mais quelque chose qui s'effectue dans la visée d'une « civilisation de l'universel ». L'autre avertissement, celui qui nous vient de Glissant, est de toujours garder la pluralité ouverte, de ne pas s'empresser de faire de l'un, de tenir pleinement compte de l'« opacité » de ce qu'il s'agit de penser dans la relation sans le dissoudre dans l'impatience de sauter dans l'universel.

Pour conclure, en essayant de répondre à la question « que faire ? », je considérerai deux points.

Le premier point porte sur la notion d'une épistémè proprement africaine. Lorsque l'on voit qu'au nom de la nécessaire « décolonisation des savoirs » des étudiants de la prestigieuse School of Oriental and African Studies (Soas) à Londres estiment que des philosophes comme Platon, Descartes ou Emmanuel Kant devraient disparaître du curriculum parce que pour leurs études la majorité des philosophes au programme devraient venir d'Asie et d'Afrique, on voit dans quelles impasses ces expressions, slogans plus que concepts réfléchis, peuvent conduire. Évidemment qu'il faut repenser l'histoire de la philosophie contre la simplification opérée par le XIXᵉ siècle, et Hegel en particulier, pour en faire le propre de l'Europe. Il faut s'aviser que les philosophes d'Orient et d'Afrique doivent être au cœur du curriculum et il faut enseigner que la fameuse *translatio studiorum*, le transfert-traduction de la philosophie et des sciences grecques, n'a pas seulement été le trajet menant d'Athènes à Rome, puis au monde chrétien d'Occident : la trajectoire a été aussi bien celle d'Athènes à Bagdad, à Cordoue, à Fès, à Tombouctou… Comme la *translatio studiorum*, il faut « compliquer l'universel[1] », ce qui n'a rien à voir avec le fait de s'interdire de penser avec (c'est-à-dire aussi peut-être « contre ») Platon, avec Descartes, ou avec Kant[2].

De manière générale, penser par nous-mêmes et pour nous-mêmes n'est jamais s'interdire certains savoirs ou certains auteurs au nom du « propre ». En matière de savoirs, il n'y a pas de *propre*. Il faut penser les questions africaines depuis l'Afrique ? Certainement. Mais il faut s'aviser alors qu'il faut savoir partir de ces questions elles-mêmes et des exigences de méthode, de conceptualisation qui leur sont coextensives sans s'épuiser dans les préalables d'une définition introuvable du propre. Et s'aviser que, comme l'argument de notre rencontre l'indique bien, les questions africaines sont des questions planétaires.

Compliquer l'universel, cela nous ramène à la question de ce que pourrait être « un universel vraiment universel ». Revenons à Levinas pour qui l'universel ne pouvait se concevoir que dans la « verticalité », le surplomb du monde par l'Europe. Et il se gaussait alors d'une expression employée par Maurice Merleau-Ponty parlant d'explorer la signification d'un « universel latéral ». Il n'y aurait là, pour l'auteur d'*Humanisme de l'autre homme*, qu'un oxymore bien vide. Pourtant, ce que dit Merleau-Ponty ouvre l'horizon et permet de penser un nouvel universel requis par et pour le monde d'après Bandung. On ne peut plus, dans un monde postcolonial, dit Merleau-Ponty en substance, s'accrocher à un universel « de surplomb ». Il faut mettre en chantier un universel de la rencontre qui s'inscrit dans le fait du pluriel des langues en sachant apprendre d'autres langues à partir de celle dite « maternelle ». On le voit : l'universel latéral peut se comprendre comme l'horizon de cette négociation ouverte qu'est la traduction. Le monde de Bandung, c'est Babel ? Rien ne sert de se lamenter de la disparition de la langue adamique, celle descendue du ciel. C'est en partant du pluriel des langues que l'on visera la langue des langues. En comprenant que, comme dit Ngugi wa Thiong'o, cette langue des langues, c'est la traduction. Donner corps à un universel de la rencontre, un universel de la traduction, voilà me semble-t-il l'un des chantiers qui s'ouvrent pour nos « Ateliers ».

Notes

1. Barbara Cassin, *Éloge de la traduction. Compliquer l'universel*, Paris, Fayard, 2017.

2. Il semble que des formulations moins *separatists* des exigences des étudiants de Soas insistent sur le fait qu'il s'agit non pas tant d'éliminer des philosophes que d'approcher leur pensée depuis une perspective critique.

LES ÉCRIVAINS MIGRANTS : CONSTRUCTEURS D'UNE GLOBALISATION ÉQUILIBRÉE AFRIQUE/EUROPE

Benaouda Lebdai

Benaouda Lebdai est professeur des universités (Le Mans Université, France) et chroniqueur littéraire. Il est spécialiste de littératures africaines coloniales et postcoloniales. Il a publié une dizaine d'ouvrages et une cinquantaine d'articles sur des écrivains des deux rives du Sahara. Ses domaines de recherche portent sur les rapports entre littérature et histoire, littérature et mémoire, sur les questions de migrations, d'exil et de genre, ainsi que sur l'autobiographie. Il a organisé de nombreuses conférences internationales en France, aux États-Unis, en Tunisie, au Maroc et en Algérie.

La réflexion menée par les Ateliers de la pensée de Dakar et Saint-Louis porte sur la présence de l'Afrique et la place qu'elle doit occuper en ce début de XXIe siècle. Dans ce cadre, je propose d'analyser le rôle que jouent les migrants africains dans l'équilibre de globalisation du monde. «Déplacements d'un lieu à un autre, déportations, exils[1]», c'est ainsi que Jacques Lacarrière a défini les différentes migrations et les migrations africaines, car sur le plan historique on distingue un nomadisme interne, la traite des esclaves et l'exil postcolonial. Par ailleurs, Gilles Deleuze a qualifié les déplacements des migrants de «voyages sacrés[2]», ce qui renvoie à une possible poétique de l'exil, présente dans les littératures postcoloniales, celle par exemple d'une «prose sombre des réfugiés politiques et économiques[3]» et que je propose d'analyser. Les migrations sont une conséquence du fait colonial d'une part et des gabegies postcoloniales d'autre part; les enjeux politiques que posent les migrants sont sans aucun doute significatifs, et mon propos est de souligner l'importance des littératures de la migration pour la construction de la présence positive de l'Afrique dans le monde d'aujourd'hui. Ainsi, j'analyserai d'abord le rôle déterminant de la mémoire dans les textes postcoloniaux, puis j'aborderai une première question: celle des frontières que pose de manière explicite un monde qui se dit global et qui dans le même temps se referme. *In fine*, le cœur de ma réflexion montrera en quoi les écrivains de la diaspora africaine du nord et du sud du Sahara sont les annonciateurs, voire les précurseurs, d'un monde nouveau qui placerait l'Afrique au centre des enjeux de pouvoirs. La seconde question concernera les écrits des migrants, défis qui marqueraient la fin de l'ère postcoloniale et annonceraient le commencement d'une ère nouvelle dans les relations Afrique/Europe.

La mémoire reconstructrice

Les migrations africaines comportent une dimension tragique, telles les déportations de millions d'Africains vers les Amériques – la traite des esclaves reste un traumatisme toujours présent des deux côtés de l'Atlantique. Le fait colonial a forcé ses opposants à l'exil, à l'instar de l'émir Abdelkader en 1847, première figure historique africaine à avoir été exilée[4], ou du roi Behanzin, exilé du Dahomey en 1892 vers la Martinique, puis vers Blida en Algérie où il mourra en 1906. Les années de la postindépendance furent pour une multitude d'Africains celles de l'exil, provoqué par des raisons politiques ou économiques. Plusieurs écrivains mettent en scène la douleur des départs tragiques, non désirés. Des textes puissants dévoilent les fêlures intérieures, les blessures psychologiques, voire les traumas profonds qui s'expriment selon différents thèmes. La mémoire révèle justement ce mal-être, tout en jouant un rôle de catharsis, un rôle apaisant lorsque apparaissent la mémoire familiale et la mémoire culturelle du pays d'origine. Les sources ancestrales et la mémoire de l'enfance reviennent comme un boomerang à des moments clés dans le parcours des personnages migrants. L'ensemble des textes montre que le rôle de la mémoire des origines s'avère fondamental dans la structure des récits fictionnels ou autobiographiques comme ceux des esclaves affranchis, tel Olaudah Equiano, auteur de *The Interesting Narrative and Other Writings*, publié en 1789. Dans les récits d'esclaves et de migrants, la mémoire ancestrale et celle de l'enfance passent par l'utilisation d'un « je » qui aide à la reconstruction de soi et sa valorisation. L'enfance heureuse, l'arrachement à un espace familial paisible sont des leitmotivs. Olaudah Equiano se rappelle qu'il fut comme un « daim pourchassé[5] » par les marchands d'esclaves, et sa mémoire troublante ressuscite cette image de l'innocence et du mal. Ne pas perdre la raison, résister passe par les souvenirs de l'enfance auxquels l'adulte déporté s'accroche, qui jouent un rôle réparateur préservant l'intégrité que l'esclavage a abîmée. Les récits d'esclaves – *Racines* d'Alex Haley, *Two Thousand Seasons* d'Ayi Kwei Armah, *The Color Purple* d'Alice Walker, *Esclaves* de Kangni Alem ou *La Saison de l'ombre* de Léonora Miano –, démontrent que l'amnésie n'est pas le bon remède et que la reconstruction de soi passe par la mémoire émotionnelle, comme l'affirme la psychanalyste Cathy Caruth pour qui le trauma devient significatif lorsqu'il y a « une réponse, parfois différée, à un événement bouleversant[6] ». Ainsi, cela augmente « le stimuli de la mémoire de l'événement[7] ». C'est exactement ce qui se déroule dans les récits d'esclaves et d'exilés. Ainsi Helen Cooper raconte-t-elle son exil dans son autobiographie *The House at Sugar Beach*, où elle montre que sa réconciliation avec son « moi » ne s'est faite que grâce à la reconstruction de son enfance à Monravia qu'elle narre avec brio en « se promenant le long du chemin de la mémoire[8] ». Cette mémoire repousse la colère sourde que provoquent les difficultés rencontrées dans le pays d'accueil. Un processus identique se constate dans les textes de migrants postcoloniaux. La mémoire du paradis perdu est thérapeutique, comme le démontre le romancier Jamal Mahjoub dont l'œuvre revisite son enfance à Khartoum pour assumer pleinement sa dualité existentielle de migrant et de métis, africano-européen. Il me le confia lors d'un entretien que nous avons eu à Djanet en Algérie : « Je ressens le besoin de relever le défi des deux côtés de ces identités nationales. Je sens que si je ne me reconnaissais pas à moitié anglais, j'ignorerais la partie de l'histoire qui a fait que je suis né d'une mère anglaise et d'un père soudanais, c'est-à-dire que j'ignorerais l'histoire coloniale.

Je suis l'enfant d'un moment particulier de l'histoire qui me dit qui je suis, qui explique le contexte de l'écriture à laquelle j'ai décidé de me consacrer[9]. »

L'écrivain migrant postcolonial revendique ainsi le pays des origines, afin d'intégrer son statut d'être duel et de trouver la sérénité dans ses identités plurielles. Le même cas se pose pour les romancières Calixthe Beyala, Malka Mokeddem, Léonora Miano ou Nina Bouraoui. La migration transforme l'être. Ce qui est en jeu, c'est la revendication d'un nouveau cosmopolitisme et d'un nouveau rapport entre le lieu de départ et le lieu d'arrivée. À ce propos, l'écrivain haïtien Henri Lopez a longtemps tenté de gommer sa part blanche, provoquant un trauma qu'il n'a surmonté qu'en assumant les deux faces de sa mémoire – sa mémoire noire et sa mémoire blanche. La mémoire familiale haïtienne noire l'a aidé à accepter sa dualité issue de sa migration canadienne. La mémoire assumée est ainsi réparatrice de blessures. Accepter sa dualité rétablit le lien entre les pays, reliant les pays de l'être et conférant un sens positif à l'hybridité culturelle.

Une des réalités du XXIe siècle postcolonial est la perception d'une nouvelle géographie où le pays de départ et le pays d'arrivée deviennent un même et seul pays dans l'esprit du migrant et de l'écrivain migrant. Cette nouvelle perception de l'espace dans l'esprit et dans les textes apporte une autre dimension politique à l'état du monde. Des romanciers comme Nuruddin Farah, qui clame haut et fort qu'il « porte la Somalie dans son cœur quel que soit le lieu où il voyage[10] », ou Abdourahman Waberi, qui affirme que « l'Afrique l'habite toujours[11] » quel que soit le lieu où il réside, à Paris, Washington ou Berlin, sont de plus en plus nombreux à le démontrer par l'écriture et par les déplacements multiples. La force d'engagement de tous ces romanciers migrants africains est qu'ils portent en eux plusieurs mondes. Alain Mabanckou l'exprime brillamment et avec une grande pertinence dans *Le monde est mon langage*[12] ; quant à Helen Cooper, elle intègre dans *The House at Sugar Beach*[13] sa nouvelle identité multiculturelle en rétablissant les ponts entre l'Afrique et l'Amérique, car l'avion qui a traversé les frontières l'a engouffrée «dans son monde étranger[14]», délivrance par rapport à la guerre, mais en même temps arrachement au sol natal. De même, chez la Zimbabwéenne J. Nazipo Maraire, la mémoire a joué un rôle significatif dans l'acceptation de cet «ailleurs»: elle l'exprime dans *Zenzele*, un texte testament qui met en scène une mère africaine rappelant à sa fille de ne pas oublier la mémoire de l'enfance et donc de la culture du pays natal. Les repères identitaires sont revendiqués pour construire une identité afropolitaine. La culture source renaît, il se produit une récupération de soi dans l'exil, une échappée de la zone grise, celle qui consiste à n'être ni de «culture noire, ni vraiment de culture blanche[15]», pour devenir les deux à la fois. Les origines africaines restent présentes dans les mémoires, apaisent les traumas et permettent la création d'un nouvel être cosmopolite. Les récits des migrants conservent le lien charnel avec les lieux quittés: le Sénégal pour Fatou Diome, le Cameroun pour Éric Essono Tsimi ou Victor Bouadjio, le Congo pour Alain Mabanckou, l'Algérie pour Assia Djebar, le Sénégal pour Ken Bugul, l'Afrique du Sud pour Zoë Wicomb, le Cameroun pour Calixthe Beyala ou Léonora Miano. Les écrivains de l'exil revendiquent leur appartenance duelle, leur double vision du monde: l'Algérienne Nina Bouraoui tient à être romancière franco-algérienne, ni Française ni Algérienne, mais l'une et l'autre; Maïssa Bey le revendique aussi[16]. Ce mélange voulu est loin d'une démarche assimilationniste et c'est précisément dans ce sens que Homi Bhabha affirme que l'exil exprime de plus en plus «une articulation de l'hybridité culturelle[17]» à travers une mémoire salvatrice qui panse les plaies du départ et qui permet la reconstruction du «moi» dans un monde global, vers une nouvelle géographie humaine.

La déconstruction des frontières

La géographie physique est au cœur de la question dans la mesure où les frontières sont des problématiques postcoloniales et de critiques littéraires comme l'affirme Homi Bhabha : « la démographie du nouvel internationalisme est l'histoire de la migration postcoloniale[18] » et donc des passages de frontières. Cette nouvelle configuration perturbe les Occidentaux car elle déconstruit de manière subversive l'ère postcoloniale : les textes de la diaspora littéraire postcoloniale africaine prennent en charge le changement, en décrivant combien les frontières officielles sont niées, effacées, transgressées, vaincues par des passages forcés administrativement ou physiquement. Si l'Europe ferme ses frontières en utilisant un arsenal juridique impressionnant, en érigeant des murs et en installant des barbelés, les migrants des pays du Sud forcent les obstacles, souvent au détriment de leurs vies. Ainsi la carte du monde est-elle redessinée selon leur propre grille de lecture, qui déconstruit les frontières physiques et les frontières psychologiques. Les récits postcoloniaux ouvrent de façon fulgurante des interstices d'interprétations multiples dans la carte du monde, révélant les chemins de traverse et les capacités d'adaptation de l'être humain. Les écrivains migrants font naître des chemins de liberté pour leurs personnages en quête d'absolu, refusant les cloisonnements, rejetant la fatalité quand il n'y a plus d'espoir. Les migrants deviennent des « sujets actants », des « sujets courageux », qui brouillent les lignes, qui fissurent les frontières, comme la Nigériane Chimamanda Ngozi Adichie dans *Americanah*, Zoë Wicomb dans *The One That Got Away* ou Alain Mabanckou dans *Black Bazar* et *Le monde est mon langage*. Les départs volontaires transforment les frontières en ouvertures sur le monde et les exilés revendiquent avec force une carte géographique ouverte, dépourvue de lignes de démarcation. Dans *Le Patient anglais* de Michael Ondaatje, le personnage principal déclare : « Nous sommes les vrais pays et non pas ces frontières tracées sur des cartes portant le nom d'hommes puissants… Tout ce que je voulais, c'était me promener, dans un monde sans cartes[19]. » Les départs liés au désespoir et à la colère proclament le rejet des guerres, de la pauvreté et des fermetures des frontières pour les ex-colonisés. Le désir d'exil est une critique acerbe des guerres fratricides, des gouvernants africains, du

népotisme et un rejet sans équivoque des montées des fondamentalismes et de l'iniquité du monde actuel. Le désir d'exil est lié à un
instinct de survie qui défie toutes les peurs. C'est le rejet des enfer-
mements injustes. Les *boat people* hantent les esprits, ils occupent les
textes littéraires comme ceux de Boualem Sansal qui montre qu'un tel
afflux de «gens sans terre, les "harragas", ces brûleurs de route[20]» ne
cesse de grossir, et il décrit les itinéraires improbables qui font fi des
frontières, «les circuits de contrebande tissés en Afrique saharienne
et subsaharienne [...] zigzagant dans le no man's land, en Algérie
et au Maroc, de nuit plutôt que de jour et loin des routes carros-
sables, toujours vers le nord-ouest[21]». D'autres récits relatent cette
déconstruction des frontières, parfois avec ironie comme cet extrait
d'Éric Essono Tsimi, qui fait dire à un «harraga»: «Quand nous
interrogions les smartphones chinois [...] Google Maps reconnaissait
humblement qu'il lui était impossible de calculer l'itinéraire entre le
Cameroun et Paris[22].» Les migrants traversent les déserts et les mers
au péril de leur vie, ce qui augmente leur désespérance, mais aussi leur
courage décrits par Malika Mokeddem dans *La Désirante*, Yasmina
Khadra dans *L'Équation africaine*, Victor Bouadjio dans *Les Lucioles
noires* ou Hakan Günday dans *Encore*. Les romanciers parlent du
trafic des clandestins et dénoncent les passeurs de frontières sans foi
ni loi[23]. Fatou Diome exprime l'attraction de l'exil en accentuant la
négation des frontières, et dénonce les nouvelles routes de l'esclavage:

> Passeports, certificats d'hébergement, visas
> Et le reste qu'ils ne nous disent pas
> Sont les nouvelles chaînes de l'esclavage
> Relevé d'identité bancaire
> Adresse et origines
> Critères de l'apartheid modernes
> L'Afrique, mer rhizocarpée, nous donne le sein
> L'Occident pourrit nos envies
> Et ignore les cris de notre faim

Génération africaine de la mondialisation
Attirée, puis filtrée, parkée, rejetée, désolée
Nous sommes les Malgré-nous du voyage[24].

En dépit des réglementations frontalières, les « harragas » dérangent et bousculent le temps postcolonial, resté figé dans des frontières officielles décidées par le fait colonial en 1885 à Berlin. Les migrants crient leur existence et ils se dirigent là où se trouve la richesse, espérant une vie digne[25], dénonçant à leur manière la faillite des indépendances pour des catégories de populations oubliées. Des textes comme ceux de Salim Jay, *Tu ne traverseras pas le détroit*[26], de Youssouf Amine Elalamy, *Les Clandestins*[27] ou de Sadek Aïssat, *Je fais comme fait dans la mer le nageur*[28] racontent l'espoir et le désespoir des laissés-pour-compte. Éric Essono Tsimi narre avec humour qu'en Afrique « même les bananes s'en vont[29] », ce qui confirme la déconstruction des frontières. Le romancier Hamid Skif écrit sur la solitude de l'exil dans *La Géographie du danger*, où il explore la psychologie du migrant sans-papiers, donc hors frontières, en imaginant ses fantasmes, ses désirs, ses misères et ses frustrations sexuelles. Il oppose l'humanité du personnage au terme administratif « sans-papiers », qui fait de lui un paria, un terrorisé, un non-existant car il a brûlé la frontière officielle. Le risque d'être arrêté, emprisonné, voire tué, est omniprésent. Politiquement, Hamid Skif accuse les pays riches d'ignorer les nouvelles réalités humaines post-postcoloniales, surtout de ne pas dépasser l'histoire coloniale. Ces voyages migratoires écartent les barrières censées être infranchissables, comme le dit Fatou Diome dans *Celles qui attendent* : « On se servait de la volonté, comme d'un piquet, pour fixer l'envie de vivre. Et même si la vie n'était que sables mouvants, les kamikazes qui affrontaient la pauvreté s'y accrochent fermement[30]. » Les migrations transforment l'image des ex-colonisés qui proclament leur conception de la géographie du nouveau monde global. L'exilé redevient humain sous la plume de Mahi Binebine dans *Cannibales*[31], de Hicham Tahir dans *Jaabouk* avec cette bouleversante nouvelle intitulée « Mama Africa » dont le personnage principal dit : « Je me rendais bien compte que ça devenait plus qu'un choix, ou une envie. C'était une obligation, la vie me l'obligeait, me l'imposait, me l'exigeait. Quitter ma famille, mon village, mon pays, mon continent, ma vie. Ma vie ? Ma vie n'avait plus de raisons de se faire ici[32]. » La tragédie des exils est bouleversante, comme le signifie Aminata Traoré dans *L'Afrique humiliée* à travers les paroles d'un exilé qui déconstruit les frontières mais qui reste critique d'une telle situation : « Je ne souhaite à personne de connaître la peur que j'ai vécue face aux vagues avant l'embarquement et en pleine mer quand, dans la nuit noire et le froid, nous ramions sans savoir où nous allions. À présent, dans l'enfer de l'Eldorado, nous endurons toutes sortes de souffrances et d'humiliations[33]. » Les exilés sont en effet décrits comme des « zombies »[34]. Ces textes absorbent les tensions et les frustrations de l'exil postcolonial avec ses zones sombres et ses espoirs, tendant vers un monde global nouveau où les richesses et les cultures devraient être partagées, ce qui placerait l'Afrique enfin au centre du monde et non à sa marge.

Le rôle novateur des écrivains migrants africains

Les romanciers migrants écrivent à partir d'un double ancrage et c'est là que réside leur force convaincante. Ils développent l'idée de la liberté d'être dans le monde, à la fois en Occident et en Afrique, sans antagonisme ni mainmise d'un pays sur l'autre. Ils n'éludent pas la désillusion née du rejet dans les pays d'accueil, mais c'est dans ces dénonciations que leur rôle devient salutaire. Les récits de Rachid Boudjedra – *Topographie idéale pour une agression caractérisée* –, de Michael Ondaatje – *La Table des autres* –, d'Amma Darko – *Not without Flowers* – intègrent les traumas tout en revendiquant une nouvelle transculturalité qui casse les frontières binaires imposées par l'idéologie coloniale, qui perdure dans la « postcolonie » pour reprendre le titre d'Achille Mbembe[35]. Ces textes décalent le centre à la manière directe du Kenyan Ngugi wa Thiong'o[36], trouvent leur équilibre dans la déconstruction des lignes idéologiques et psychologiques grâce au «métissage» culturel revendiqué par Henri Lopez – «être métis est finalement une chance. Le mariage des cultures étant fécondant[37]», ou par Zoë Wicomb qui l'exprime avec finesse (*Une clairière dans le bush*). Les métissages culturels brouillent les frontières réelles et les frontières raciales. La revendication de l'hybridité et de la diversité culturelle débouche sur une proposition innovante: la place centrale de l'Afrique dans le monde. Dans cet esprit, les écrivains migrants encouragent la compréhension de l'autre, plaident pour la tolérance dans les deux continents, illustrées par leurs voyages culturels aller-retour Afrique/Europe – imaginaires ou réels, comme ceux d'Alain Mabanckou qui revendique son état d'«écrivain et oiseau migrateur»[38], mais toujours hanté par son village natal au Congo[39]. Le critique Derek Wright dit des textes sur l'exil et des textes de migrants qu'ils sont écrits dans «des zones de transit et des espaces entre deux mondes[40]». Les écrivains migrants se présentent comme multiples, à l'instar de Dany Laferrière qui affirme son appartenance au monde: «Je veux écouter la chanson du monde et je refuse les ghettos[41].» Ils rejettent les assignations à résidence, refusent les communautarismes, dénoncent la ghettoïsation, ils appellent à passer du désenchantement à l'enchantement qui repose sur des identités multiples, pour trouver un nouvel universalisme. L'identité plurielle et la transgression territoriale apportent un éclairage sur la psychologie des «Afropolitains», citoyens d'un monde sans frontières et qui le revendiquent pour un renouveau des relations Afrique/Occident.

L'hybridité culturelle, l'évolution vers un monde nouveau et différent se lisent dans ces textes forts, marqués par les séquelles traumatiques du colonialisme, du postcolonialisme et de l'exil. Les écrivains migrants s'emploient à entrelacer les cultures, et à placer l'Afrique au centre. De nouvelles identités transnationales, de nouvelles géographies s'installent, nées de la mémoire des origines et de la volonté de s'inscrire dans un monde global équilibré. Les écrivains de la diaspora appartiennent à une génération revendicatrice, à un nouvel ordre, et leurs textes œuvrent à changer les mentalités aussi bien en Afrique qu'en Europe. Les Européens, réceptifs à la création littéraire et aux nouvelles possibilités d'échanges, seraient plus inspirés d'en élargir la diffusion, car une dimension politique vaste et optimiste se perçoit dans ces textes, malgré les blessures. Si les récits racontent la mémoire du pays perdu, c'est pour mieux intégrer le présent permanent, en relation non interrompue avec l'Afrique. Les « migrants/restants » négocient les nouveaux espaces, entre exil et royaume, entre désenchantement et enchantement, dans la force d'un discours de changement pour une vision d'une Afrique positive, ils construisent des ponts et tissent des liens. Edward Said, Paul Gilroy, Achille Mbembe, Homi Bhabha, Boualem Sansal, Assia Djebar ou Felwine Sarr[42] nourrissent leurs études critiques de nouvelles visions de l'Afrique et du monde, et tous soulignent de manière explicite ou implicite que la « résidence longue durée » décloisonne les frontières nationales afin de créer des espaces « kaléidoscopes[43] », pour reprendre l'expression de la critique Julia Kristeva la migrante. Ils disent leur espoir de voir émerger une Afrique solide, en paix avec elle-même, car les potentialités sont là. Ils plaident pour une Europe ouverte, enfin débarrassée du complexe du colon. Le toutmonde, comme dit Édouard Glissant, est basé sur des identités multiples résolument affirmées car « la littérature n'a rien à voir avec l'adresse personnelle de l'écrivain[44] », qui intègre toutes ses adresses pour n'être en exil nulle part. Tel est le projet universel des intellectuels africains, où qu'ils soient, tel devrait être celui des intellectuels européens aussi, comme déjà J. M. G. Le Clézio. Les écrivains africains migrants contribuent grandement, j'en suis persuadé, à une visibilité et à une présence constructive de l'Afrique dans ce monde global.

Notes

1. Jacques Lacarrière, « Le bernard-l'hermite ou le treizième voyage », in *Pour une littérature voyageuse*, Paris, Complexes, 1999, p. 105-106.

2. Gilles Deleuze, *Les voyages d'immigrants sont des voyages sacrés*, http://www.oeuvresouvertes.net/spip.php?article3155

3. Homi Bhabha, *The Location of Culture*, Londres, Routledge, 1994, p. 6-7. Ma traduction de : « the poetics of exile, the grim prose of political and economic refugees ».

4. Parlant de son exil vers la France, puis vers la Syrie, l'émir Abdelkader a affirmé qu'il avait fait de lui « un homme mort », « L'Émir Abdelkader à Pau », in *Studia Islamica*, nouvelle édition 2, 2011, p. 149.

5. Olaudah Equiano, *The Interesting Narrative and Other Writings*, Londres, Penguin Books, 1995, p. 50 (ma traduction). Texte écrit en 1789.

6. Cathy Caruth, *Trauma, Exploration in Memory*, Baltimore, John Hopkins University Press, 1995.

7. *Ibid.*

8. Helen Cooper, *The House at Sugar Beach*, in *Search of a Lost Childhood*, New York, Simon & Schuster, 2008.

9. In Benaouda Lebdai, *Écrivains africains, entretiens*, Beaucouzé, Éditions Ebena, 2015, p. 73.

10. Salman Rushdie, *Joseph Anton*, New York, Random House, 2012, p. 483. Ma traduction : « carrying Somalia in his heart wherever he travelled ».

11. Abdourahman Waberi, in *Écrivains africains, op. cit.*, p. 140.

12. Alain Mabanckou, *Le monde est mon langage*, Paris, Grasset, 2016.

13. Helen Cooper, *The House at Sugar Beach, op. cit.*

14. *Ibid.*, p. 192 (ma traduction).

15. J. Nozipo Maraire, *Zenzele*, New York, Delta, 1996, p. 18 (ma traduction).

16. Voir Maïssa Bey, *L'Une et l'Autre*, La Tour-d'Aigues, Éditions de l'Aube, 2009.

17. Homi Bhabha, *The Location of Culture*, Londres, Routledge, 1994, p. 56 (ma traduction).

18. *Ibid.*, p. 6. Ma traduction de : « the demography of the new internationalism is the history of postcolonial migration ».

19. Michael Ondaatje, *Le Patient anglais*, voir citation : https://lasaveurdesjours. wordpress. com/2013/07/28/le-patient-anglais-a-minghella/

20. Boualem Sansal, *Harraga*, Paris, Gallimard, 2005, p. 219.

21. *Ibid.*, p. 219-220.

22. Éric Essono Tsimi, *Migrants Diaries*, Paris, Éditions Acoria, 2014, p. 11.

23. Hakan Günday, *Encore*, Paris, Galaade, 2015 (prix Medicis étranger 2015).

24. Fatou Diome, *Le Ventre de l'Atlantique*, Paris, Éditions Anne Carrière, 2003, p. 217.

25. Amnesty International alertait les autorités mondiales de la tragédie qui se jouait aux frontières dans un ouvrage, *Réfugiés, un scandale planétaire*, Paris, Autrement, 2012.

26. Salim Jay, *Tu ne traverseras pas le détroit*, Paris, Mille et Une Nuits, 2000.

27. Youssouf Amine Elalamy, *Les Clandestins*, Paris, Au diable vauvert, 2001.

28. Sadek Aïssat, *Je fais comme fait dans la mer le nageur*, Alger, Barzakh, 1999.

29. Éric Essono Tsimi, *Migrants Diaries*, *op. cit.*, p. 11.

30. Fatou Diome, *Celles qui attendent*, Paris, Flammarion, 2010, p. 100.

31. Mahi Binebine, *Cannibales*, Paris, Fayard, 1999.

32. Hicham Tahir, *Jaabouq*, Casablanca, Casa Express Éditions, 2012, p. 24.

33. Aminata Traoré, *L'Afrique humiliée*, Alger, Casbah Éditions, 2008, p. 262.

34. Fatou Diome, *Celles qui attendent*, *op. cit.*, p. 200.

35. Achille Mbembe, *De la postcolonie. Essai sur l'imagination politique dans l'Afrique contemporaine*, Paris, Karthala, 2000.

36. Ngugi wa Thiong'o, *Moving the Centre*, Londres, James Curry, 1993.

37. Henri Lopez, entretien avec Pascale Haubruge: «L'Afrique intérieure d'Henri Lopez. Retour à la case départ», *Le Soir*, 27 février 2002, p. 49.

38. Alain Mabanckou, «Les mots de Proust pour clore les assises du roman», *Le Monde des livres*, 2 juin 2011.

39. Voir son roman *Petit piment*, Paris, Le Seuil, 2015.

40. Derek Wright, «Pre and Post-Modernity in Recent West African Fiction», *Commonwealth*, vol. 21, n° 2, printemps 1999, p. 5 (ma traduction).

41. Dany Laferrière, propos recueillis par Jean-Luc Douin dans *Le Monde*, 3 février 2006.

42. Felwine Sarr, *Afrotopia*, Paris, Philippe Rey, 2016.

43. Julia Kristeva, *Étrangers à nous-mêmes*, Paris, Gallimard, 1988, p. 288.

44. Salman Rushdie, cité par Chinua Achebe dans *Home and Exile*, New York, Anchor Books, 2000, p. 105 (ma traduction).

Bibliographie

Chinua Achebe, *Home and Exile*, New York, Anchor Books, 2000.

Sadek Aïssat, *Je fais comme fait dans la mer le nageur*, Alger, Barzakh, 1999.

Amnesty International, *Réfugiés, un scandale planétaire*, Paris, Autrement, 2012.

Emilie Apter, *Against World Literature: on the politics of untranslatability*, Londres/New York, Verso, 2013.

Maïssa Bey, *L'Une et l'Autre*, La Tour-d'Aigues, Éditions de l'Aube, 2009.

Homi Bhabha, *The Location of Culture*, Londres, Routledge, 1994.

Mahi Binebine, *Cannibales*, Paris, Fayard, 1999.

Victor Bouadjio, *Les Lucioles noires*, Avin, Luce Wilquin, 2011.

Rachid Boudjedra, *Topographie idéale pour une agression caractérisée*, Paris, Gallimard, coll. «Folio», 1986.

Cathy Caruth, *Trauma, Exploration in Memory*, Baltimore, John Hopkins University Press, 1995.

Amma Darko, *Not without Flowers*, Ghana, Subsaharan publishers, 2007.

Fatou Diome, *Celles qui attendent*, Paris, Flammarion, 2010.

Olaudah Equiano, *The Interesting Narrative and Other Writings*, Londres, Penguin Books, 1995.

Éric Essono Tsimi, *Migrants Diaries*, Paris, Éditions Acoria, 2014.

Youssouf Amine Elalamy, *Les Clandestins*, Paris, Au diable vauvert, 2001.

Paul Gilroy, *Against Race. Imagining Political Culture beyond the Color Line*, Cambridge, Harvard University Press, 2000.

Hakan Günday, *Encore*, Paris, Galaade, 2015.

Salim Jay, *Tu ne traverseras pas le détroit*, Paris, Mille et Une Nuits, 2000.

Yasmina Khadra, *L'Équation africaine*, Paris, Julliard, 2011.

Julia Kristeva, *Étrangers à nous-mêmes*, Paris, Gallimard, 1988.

Jacques Lacarrière, «Le bernard-l'hermite ou le treizième voyage», in *Pour une littérature voyageuse*, Paris, Éditions Complexes, 1999.

Benaouda Lebdai, *Écrivains africains, entretiens*, Beaucouzé, Éditions Ebena, 2015.

Henri Lopez, entretien avec Pascale Haubruge: «L'Afrique intérieure d'Henri Lopez. Retour à la case départ», *Le Soir*, 27 février 2002.

Alain Mabanckou, *Black Bazar*, Paris, Le Seuil, 2009.

–, *Petit piment*, Paris, Le Seuil, 2015.

–, *Le monde est mon langage*, Paris, Grasset, 2016.

Achille Mbembe, *De la postcolonie. Essai sur l'imagination politique dans l'Afrique contemporaine*, Paris, Karthala, 2000.

Léonora Miano, *Habiter la frontière*, Paris, L'Arche Éditeur, 2012.

Malika Mokeddem, *La Désirante*, Paris, Grasset, 2011.

Chimamanda Ngozi Adichie, *Americanah*, Paris, Gallimard, 2015.

Carrie Noland et Barrett Watten, *Diasporic avant-gardes, Experimental poetics and cultural displacement*, New York, Palgrave Macmillan, 2009.

J. Nozipo Maraire, *Zenzele*, New York, Delta, 1996.

Michael Ondaatje, *Le Patient anglais* (traduction de Marie-Odile Fortier-Masek), Paris, L'Olivier, 1993.

–, *La Table des autres* (traduction Michel Lederer), Paris, L'Olivier, 2012.

Christophe Pradeau et Tiphaine Samoyault, *Où est la littérature mondiale?*, Paris, Presses universitaires de Vincennes, 2005.

Salman Rushdie, *Joseph Anton*, New York, Random House, 2012.

Edward Said, *Réflexions sur l'exil et autres essais*, Arles, Actes Sud, 2008.

Boualem Sansal, *Harraga*, Paris, Gallimard, 2005.

Felwine Sarr, *Afrotopia*, Paris, Philippe Rey, 2016.

Hamid Skif, *La Géographie du danger*, Paris, Naïve, 2006.

Hicham Tahir, *Jaabouq*, Casablanca, Casa Express Éditions, 2012.

Aminata Traoré, *L'Afrique humiliée*, Alger, Casbah Éditions, 2008.

Ngugi wa Thiong'o, *Moving the Centre*, Londres, James Curry, 1993.

Zoë Wicomb, *The One That Got Away*, New York, New Press, 2008.

—, *Une clairière dans le bush* (traduction de Lise Brossard), Paris, Le Serpent à plumes, 2000.

Catherine Wihtol de Wenden, *La Question migratoire au XXIᵉ siècle, migrants, réfugiés et relations internationales*, Paris, Presses de Sciences Po, 2010.

II

DE QUOI AFRIQUE EST-IL LE NOM ?

Léonora Miano

« Can't nothing heal without pain, you know. »
Toni Morrison, *Beloved.*

Née à Douala (Cameroun) en 1973, Léonora Miano vit en France depuis 1991. Depuis *L'Intérieur de la nuit*, son premier roman publié en 2005, Léonora Miano a accumulé les récompenses littéraires. À ce jour, quinze ouvrages – romans, nouvelles, théâtre, essais – ont paru sous sa signature. Son écriture s'attache à comprendre les expériences subsahariennes et afrodescendantes, pour les inscrire dans la conscience du monde. Léonora Miano a reçu le prix Goncourt des lycéens en 2006 pour *Contours du jour qui vient*, le prix Seligmann contre le racisme en 2012 pour *Écrits pour la parole*, le prix Femina en 2013 pour *La Saison de l'ombre*.

La question ne semble plus se poser de savoir ce que recouvre l'appellation de notre continent. La réponse est évidente et, si d'aventure elle ne l'était pas, nous pourrions examiner l'origine historique de cette désignation, consulter ensuite les cartes, pointer du doigt l'espace concerné, débattre, peut-être, de la fiabilité des éléments présentés. Ce n'est pas sur ce terrain-là que je souhaite nous entraîner aujourd'hui. La question ici est double. Elle est celle du contenu symbolique, elle est celle du projet. Les populations de notre continent ont assimilé plus qu'elles ne se sont approprié la dénomination choisie par d'autres pour les désigner. Depuis les berges du fleuve Sénégal jusqu'aux rives du Mississippi, nous sommes donc des *Africains*, et quoi que cela veuille dire, l'affaire est entendue. Un fossé sépare cependant assimilation et appropriation. La première, en tant qu'elle est une ingestion involontaire, impensée, n'a pas la valeur de la seconde qui est, quant à elle, l'actualisation d'un pouvoir.

L'élément ingéré dans le cas de l'assimilation est certes métabolisé par l'organisme qui l'a reçu, mais ce qu'il lui apporte est fonction de sa nature initiale, de sa qualité, de sa compatibilité avec les besoins du corps soumis à son action. L'appropriation, au contraire, est maîtrisée de façon à nourrir le projet de celui qui a non seulement choisi ce qu'il s'est approprié, mais qui a décidé des usages à en faire. Pour illustrer plus clairement cette proposition, nous dirons, par exemple, que les colonisés assimilèrent des éléments issus des cultures impérialistes sans se les approprier. Parce qu'ils ne choisirent ni leurs colons, ni ce que ceux-ci leur imposeraient. Parce que les apports furent, dans bien des cas, inconciliables avec les systèmes de pensée locaux. En revanche, nous assistons à des cas d'appropriation lorsque des éléments appartenant à des cultures minorées sont utilisés à des fins de divertissement ou de travestissement dans des environnements culturels hégémoniques où leur signification est méconnue, dévoyée ou moquée[1]. Les éléments culturels appropriés le sont souvent de façon temporaire et ludique. Ils ne remettent pas en question les fondements culturels de ceux qui s'en amusent un temps, n'y recourant que pour colorer leur ordinaire. Les éléments assimilés, à l'inverse, affectent en profondeur les sociétés concernées, qu'ils sont en mesure de dévitaliser. Cette dissymétrie mérite d'être remarquée.

L'assimilation, qui entérine la position de dominé, n'est donc pas sans poser question. Pourtant, divers éléments plaident en faveur du nom *Afrique*. D'abord, une donnée strictement pratique. En effet, l'appellation est désormais ancienne. Elle apparaît dans de nombreux ouvrages, dans des productions de tous ordres. Elle a forgé des courants militants, y compris les plus radicaux, depuis le panafricanisme jusqu'à l'afrocentricité et, si nul n'emploie le terme de blanco-africain, celui tout aussi curieux de négro-africain s'est quant à lui enraciné dans nos espaces. Revenir sur tout cela paraît inimaginable. Ensuite, le nom sous lequel notre terre est connue a une origine berbère, continentale donc. Peu importe que la plupart des Maghrébins vivant sur le continent réservent aux Subsahariens le nom d'*Africains*[2]. Pour finir, et ce point n'est pas le moindre, des mutations se sont produites dans nos contrées depuis le xvᵉ siècle, qui légitimeraient que nos identités soient désormais désignées de façon à rappeler non seulement la rencontre avec une Europe conquérante et prédatrice, mais son empreinte sur nos vécus, hier comme aujourd'hui. Car, c'est en partie cela que dit le nom *Afrique*, inconnu de nos ancêtres précoloniaux, et cependant devenu nôtre.

Les ancêtres ont fait la preuve de leur capacité de résilience, de leur incroyable adaptabilité et aptitude à intégrer des apports exogènes, même mal métabolisés. Ils ont survécu à bien des bouleversements et, alors qu'une Europe pervertie par sa propre avidité rayait des peuples entiers de la surface du globe, nous avons été engendrés. Nous avons vu le jour, ici, dans cette région du monde, et notre dernière heure n'est pas venue. Ne doutons pas que nos ancêtres soient en mesure de nous reconnaître, quel que soit notre nom, lorsqu'il nous faudra quitter cette vie et les rejoindre. D'ailleurs, il arrive qu'ils nous rendent visite. Ceux parmi nous qui sont des créateurs le savent : nos ancêtres sont où nous nous trouvons, les frontières spatiales et temporelles ne les impressionnent pas. Le monde, puisqu'ils l'ont peuplé, leur appartient. Les territoires où leur sueur et leur sang furent déversés nous appartiennent de droit, quoi que l'on dise ici et là.

Pourtant, je l'ai relevé, il y a bien un sujet, un trouble. L'assimilation soulignée plus tôt n'étant pas une appropriation, il arrive que nous percevions en nous une crispation, voire un rejet. Le besoin de retrouver leur nom, et avec lui le tracé de leur destinée, n'a cessé de traverser nos peuples, sur le continent autant que dans les diasporas. Ainsi, la terre ancestrale est-elle, pour certains : Alkebu-Lan, Katiopa, Farafina, Afuraka, TaMery, ou encore Kama – que l'on sait dérivé de Kemet –, et j'en oublie. Redécouverts, revisités ou inventés, ces différents noms donnés au sol ancestral, le fait qu'ils soient employés dans le quotidien de personnes ou de groupes qui les chérissent, attirent l'attention. Ces multiples dénominations révèlent que, de façon intuitive ou mûrement réfléchie, nombreux sont ceux qui comprennent ce que Toni Morrison fait dire à la voix narrative de son roman *Beloved* : « [...] definitions belonged to the definers – not the defined[3]. »

Sans doute est-ce une obsession d'écrivaine, que cette attention apportée aux désignations. Ce propos tiré de *Beloved* peut s'interpréter de deux manières utiles à notre réflexion. En premier lieu, on dira que les définitions appartiennent à ceux qui les énoncent, pas à ceux qu'elles désignent. Ces derniers auraient donc tout intérêt à trouver le moyen de préserver ce qu'ils sont au profond, de se connaître eux-mêmes autrement qu'à travers l'appellation imposée, le discours de l'autre sur soi. C'est à quoi invite la vieille Baby Suggs, personnage puissant de *Beloved*, dans les prêches profanes qu'elle offre à sa communauté, incitant au souci de soi, à l'amour de soi. C'est aussi cette appréhension autonome de soi qu'ont recherchée les Afrodescendants des Antilles françaises en instaurant la pratique du nom caché, lequel était chuchoté au nourrisson par sa mère, alors que le prêtre énonçait le nom de baptême[4]. Sacré, l'anthroponyme secret devait contenir la vérité de l'être, dans ces îles où le nom servit à rabaisser les individus, les familles. À ce sujet, Philippe Chanson indique: «[...] le nom secret signe à coup sûr la plus ancienne pratique de résistance à la dépersonnalisation coloniale [...] c'est dans ce nom-là, mystérieux, que réside, pense-t-on, la force imprenable, substantielle, de tout individu[5].»

Nous le savons, dans nos aires subsahariennes aussi, les individus eurent des noms multiples, certains ne pouvant être révélés au commun. Le nom changea selon l'évolution spirituelle ou sociale d'une personne. Toutefois, pour un sujet comme pour un groupe, il paraît malaisé de projeter, autour de soi, la puissance d'un nom dont la profération est quasiment proscrite. Avoir un nom pour soi qui ne soit pas celui communiqué à autrui n'a de validité que dans la mesure où l'on navigue entre les espaces, de telle sorte qu'il y en ait au moins un au sein duquel il soit permis d'habiter pleinement l'idée de soi la plus signifiante. Pour transcender leur condition en un lieu où la pratique du nom secret n'était pas connue, les enchaînés des États-Unis d'Amérique[6] dissocièrent le corps de l'âme, afin que soit créé «un domaine intérieur où s'exerce l'autorité d'une subjectivité en désaccord avec ladite condition». En Afrique subsaharienne, d'éminents territoires du nom légitime existent. Ce sont les communautés dans lesquelles on est bandjoun, duala, sérère ou muluba. Là,

l'être s'inscrit dans une filiation permettant de congédier l'appartenance forcée par l'Histoire. Cela relativise la portée du nom *Africain*.
Inopérant lorsqu'il est question de se définir pour soi-même, il devient
un nom pour autrui, un masque.

Hors des cercles intellectuels, loin des milieux militants, *Africain*,
pour une écrasante majorité de Subsahariens, est une appellation
secondaire, nonobstant les transformations dont elle est la marque.
La nationalité, qui fut parfois ignorée par ceux qu'elle désignait, dans
les zones rurales notamment, n'a été que tout récemment apprivoisée.
C'est lorsque l'on quitte les siens que les désignations héritées de l'ère
coloniale acquièrent un semblant de pertinence. Loin du continent,
Afrique vient soudain à soi comme un recours, une planche de salut.
Isolé parmi des personnes dont le phénotype et les codes diffèrent de
ceux que l'on connaît, ses éventuelles significations affleurent. Face
aux férocités de l'adversité, elles se consolident. *Afrique* devient alors
le nom à la fois de ce que l'on endure, et celui des ressources que l'on
oppose à l'hostilité. Il devient aussi le nom de fraternités nouvelles
entre Subsahariens, de proximités insoupçonnées, d'arts de vivre
souvent mieux partagés qu'ils ne le sont sur le Continent. Ce contexte
donne lieu à un mouvement spontané, sensible, qui n'est pas encore
de l'ordre de l'appropriation, mais qui en esquisse la possibilité. Il est
aussi le creuset dans lequel se forme l'identité afropéenne qui enlace
la diversité des cultures mises en relation.

Le propos de Morrison peut également s'entendre comme suit :
les définitions appartiennent à ceux qui les énoncent, mais pas ceux
qu'elles visent. Ainsi, ceux qui ont été définis demeurent leurs propres
possessions. Ils ne sont pas le bien de l'énonciateur, le pouvoir performatif du verbe se trouvant annihilé par ce que portent en eux
les groupes dont une définition avait voulu borner l'horizon. Cette
lecture intéresse, si l'on considère qu'il y a peu de chances pour que
l'appellation *Afrique* fasse prochainement l'objet d'une modification.
Il ne s'agit pas, en abordant cette question, de faire de l'Histoire
contrefactuelle, celle des possibles non advenus, en évoquant les

noms qu'aurait pu porter le continent si sa trajectoire historique avait été différente. Le propos ici n'est pas non plus de cajoler nos douleurs, d'établir la blessure comme caractéristique unique de l'expérience. Cependant, il importe de se souvenir que le langage, les mots, les désignations, ne sont pas neutres. Les langues, qui sont des systèmes de pensée, ont été des instruments d'assujettissement, les outils d'une pénétration par effraction au cœur de visions du monde qu'elles ont contribué à brouiller. Les mots qui constituent les langues ont servi à fracturer l'unité du genre humain, à expulser des peuples de la famille humaine. Ici, sur notre continent, des nations ont jugé nécessaire de se défaire d'appellations non conformes à leurs aspirations, comme elles allaient reprendre en main leur destinée. C'était une nécessité.

L'objectif n'est pas d'inviter à une modification du nom *Afrique*, bien qu'il s'absente de ma création littéraire, la plupart du temps. Il s'agit d'en interroger les significations pour nous-mêmes, de voir comment procéder pour y loger, par catachrèse, des métaphores nouvelles par lesquelles l'appropriation serait plus qu'un renversement du stigmate, et qui pourraient soutenir un projet de civilisation original, autonome. Ceux qui étudient les textes littéraires savent qu'au-delà de ce qu'expose un écrit sur le plan narratif, il recèle, tapi au fond de ses catalyses, un propos n'apparaissant qu'au terme d'une analyse méthodique. Tout texte est irrigué par le discours théorique qui l'a produit. Et il y en a toujours un, que l'auteur en ait ou non une claire conscience. Il en va de même en ce qui concerne l'appellation *Afrique*. Cette dernière ne peut être vue comme une simple désignation. *Afrique* est une narration, une histoire déjà multiséculaire dont il convient aujourd'hui de forger le sens afin de la posséder pleinement. Toute ambition panafricaine repose sur le contenu donné au nom *Afrique* par ceux qui entendent la réaliser.

Or les projets panafricains peuvent conforter ou aggraver la situation actuelle du continent, lorsqu'ils visent à asseoir l'hégémonie de puissances étrangères. Le texte *Afrique* recourt à des métalepses dont les significations s'illustrent par le traitement réservé au continent et à ses peuples, dans tous les domaines. Ce que revêt l'appellation *Afrique* pour le reste du monde n'est pas un mystère, nous n'avons pas à nous y attarder. Ce qui importe davantage, c'est ce que cela signifie pour nous. Puisqu'il semble que le nom se soit acclimaté sous nos latitudes, disons un mot de ce qu'il indique, pas tellement en ce qui concerne nos identités comme ailleurs mouvantes et en perpétuel inachèvement, mais s'agissant de notre situation, voire de notre condition. Car, se dire *Africain* – en *Afrique* subsaharienne – c'est énoncer un être au monde complexe qui fait de nos peuples des groupes humains quasiment sans homologues.

Les *Africains* subsahariens ne sont pas uniquement les habitants d'espaces géographiques et politiques nommés, puis bornés par d'autres. Ils cheminent le long d'une faille intime que l'on pourrait décrire comme étant à la fois la trace toujours plus évanescente d'un passé dont ils perçoivent en eux divers échos, et la vision encore brouillée d'un futur aux contours imprécis. Les *Africains* subsahariens siègent sur une zone d'inconfort, le site des agressions d'hier et souvent d'aujourd'hui devant aussi devenir celui de la réhabilitation, de l'épanouissement. Plus que le fait de devoir se redresser sur le lieu de la chute, la difficulté réside dans l'impression d'avoir à le faire en usant d'outils – langues, technoscience, système économique, structures politiques, etc. – ayant servi à la destruction. Il n'est pas aisé de se savoir enfanté à la fois par le violeur et par sa victime, de les abriter tous deux en soi, de ne pouvoir en renier un sans s'automutiler. D'autant qu'à l'inverse des populations descendantes de Subsahariens déportés aux Amériques, c'est sur le sol ancestral qu'il faut se confronter aux conséquences de la violence, apprendre à en arborer avec grâce les cicatrices.

Parce qu'il en est ainsi et parce que les exemples d'une telle situation sont rares à cette échelle, deux tentations aussi puissantes que contradictoires travaillent les sociétés subsahariennes. L'une propose le recours au passé pour retrouver une image de soi appréciable, souveraine et inviolée. L'autre envisage le futur comme une occidentalisation mieux aboutie, cette dernière étant, pour beaucoup, synonyme de modernité, de triomphe de la rationalité. Bien entendu, cette présentation des choses est schématique. En réalité, ces deux tendances ne sont pas parallèles mais conjointes, en permanence associées, ce qui nourrit une tension intérieure. Il ne semble pas que l'on puisse parler de véritable transversalité s'agissant de la définition de soi en *Afrique* subsaharienne. La transversalité n'est pas la négociation avec la tension, mais sa résolution, la pleine acceptation de la mutation. Afin de rendre effective cette acceptation, sans doute faut-il reconnaître, pour soi-même, que se dire *Africain*, dans nos contrées subsahariennes, c'est se savoir issu de profondes blessures.

Si la Déportation transatlantique des Subsahariens et la colonisation européenne ne signent pas l'acte de naissance de nos peuples, elles sont bel et bien les matrices de l'*africanité*. J'emploie ce mot au singulier, l'*africanité* pouvant se définir précisément comme ce qu'ont en commun nos différentes populations. Et cela, ce n'est pas la culture à première vue, mais l'expérience historique, la condition politique, les tourments d'un âge postcolonial dont on attend encore qu'il laisse place à une ère de pleine souveraineté. Dans son *Afrotopia* que nous avons tous lu avec enthousiasme et qui nous introduit à une démarche nouvelle, Felwine Sarr suggère, notamment, de faire place: « [...] aux formes coutumières et traditionnelles qui ont fait leurs preuves et qui continuent de le faire dans des domaines aussi divers que le règlement des conflits, la justice réparatrice, les formes de représentativité et de légitimité, etc.[7] ».

Mis en rapport avec nos différences culturelles, ce propos soulève la question d'une éventuelle harmonisation des choses dans les champs mentionnés. L'exemple de la justice réparatrice, telle que mise en œuvre au Rwanda, n'est probablement pas transposable, si l'on considère qu'elle ressortit à une catégorisation précise à la fois du crime et de la sanction qu'il appelle. La tradition qui a enfanté cela s'articule à l'expérience intime d'un peuple, et les faits concernés pourraient être jugés irréparables dans d'autres régions du Continent.

Si l'on se réfère aux fondements culturels de certaines sociétés sub-sahariennes[8], le crime de sang était sanctionné par le bannissement pur et simple, une sorte de déchéance de nationalité avant l'heure. Le cousinage à plaisanterie, lui aussi évoqué dans l'essai de Felwine Sarr, est proprement exotique pour ceux qui ne le pratiquent pas, et ils sont un certain nombre…

Ce que je tente de mettre au jour ici, ce n'est pas l'impossibilité de trouver dans les traditions du Continent des modalités de fonctionnement permettant à l'*africanité* de transcender l'expérience de la domination coloniale et des errements postcoloniaux, afin de s'imposer comme un modèle de civilisation original. Il apparaît simplement que les cultures en question sont parfois divergentes, et que le cheminement vers une *africanité* guérie de ses meurtrissures devra, sans nul doute, privilégier la créativité, le brassage de nos cultures subsahariennes qui se croisent sans nécessairement s'influencer. Sur le Continent, nous nous connaissons peu et n'avons guère pris l'habitude de nous emprunter mutuellement des pratiques, quelles qu'elles soient. Ce que nous partageons, ce qui nous rapproche, ce sont surtout les influences exogènes. Il s'agit pourtant de fonder l'avenir sur un socle commun qui ne soit plus celui du stigmate – ce qui est le cas actuellement –, mais celui de décisions prises de concert et en conscience.

C'est aussi de cette façon que s'envisage l'application à nos espaces d'une vision susceptible de conduire à la souveraineté. L'*Afrique* subsaharienne n'étant ni un grand Sahel, ni un grand Rwanda, mais une immensité dont ces deux entités ne sont que des éléments, c'est d'abord sur ses universaux qu'il lui faut prendre appui. Quels sont-ils ? Les réponses à cette question serviront de prolégomènes à une pensée d'*Afrique* renouvelée. Les universaux subsahariens qu'il faudrait mettre au jour se rapportent aux sensibilités, arts de vivre, philosophies et spiritualités sur lesquels se fondera le projet civilisationnel. Afin que la transposition de pratiques sociales soit acceptée, afin qu'il soit possible d'élaborer ensemble un projet, il importe de déceler ce que l'on a en partage, de révéler les liens culturels antérieurs aux chocs historiques, des traits de famille persistants, des caractères non récessifs. Une fois identifiés, ils seront examinés pour que seuls soient valorisés ceux dont l'utilité aura été prouvée. Ils pourront être transformés lorsque leur expression, devenue obsolète, devra trouver une forme méliorative qui en facilitera la sauvegarde. Ils seront aussi en mesure de ne servir que de points d'appui sur lesquels se dresser pour inventer quelque chose de neuf.

L'on devrait assez vite s'en apercevoir, la créativité se fera impérative pour renouveler l'*africanité*, la guider hors de la phase postcoloniale dans laquelle elle se trouve encore engluée. Sans abolir nos différences culturelles car nous sommes accoutumés à la vie en milieu multiculturel – ce qui est aussi une marque d'*africanité* –, nous pourrons faire des choix. Il sera possible de puiser dans nos patrimoines et expériences les éléments que nous souhaiterons propager sur le Continent. Et lorsque nous ne les tirerons pas de nos vécus concrets, ces éléments constitutifs émaneront de concertations au terme desquelles des aspirations auront été exprimées, partagées. Bien sûr, une telle démarche requiert la mise en place d'institutions, d'organismes transnationaux dévolus à ces tâches. Cela même nécessite que nous sachions nous soustraire aux ingérences, injonctions ou tentatives sonnantes et trébuchantes d'adultération du projet. Ces dernières ne manqueront pas. Le préalable, en tout cas, est de penser tout cela et, certainement, de sélectionner les premiers destinataires d'une pensée destinée à alimenter l'action libératrice. L'aménagement d'instances non mixtes[9] devrait apparaître nécessaire. Non pour reconduire ce goût du secret qui a pu fragiliser nos sociétés, la transmission du savoir étant réservée à des cercles restreints, ce qui a hâté la disparition de connaissances diverses. Toutefois, les difficultés des Subsahariens étant aussi de nature psychoaffective, l'on saura tenir compte de cet aspect. Hors de ces instances, les alliances, la camaraderie avec des partenaires divers auront toute leur place, tant il est vrai que la bataille qui nous concerne vise aussi à élever l'humain d'où qu'il soit, à nous libérer tous d'un modèle qui nous entrave, faisant reculer la fraternité.

Il n'est pas question de nier l'influence occidentale, mais d'en répudier l'hégémonie pour inventer un autre modèle. Là où la vision postcoloniale vise à énoncer un contre-discours, attitude qui confirme la centralité de ce à quoi l'on prétend s'opposer, il s'agit désormais de se déprendre même de cette confrontation-là, afin de se dire en ses propres termes, et d'abord à soi. C'est ce que nous tardons encore à faire. Il nous faut analyser notre expérience de façon à en tirer du sens pour nous-mêmes. Tant que cette tâche n'aura pas été entreprise, *Afrique* restera le nom de cette carence, un creux disposé à accueillir les projections de ceux qui lui donnèrent un nom. Avant les bouleversements que constituèrent la Déportation transatlantique des Subsahariens et la colonisation par l'Europe de l'Ouest, j'y insiste, il n'y avait personne, dans cette région du monde, qui se définisse comme *Africain*. C'est bien parce qu'il en est ainsi que les nôtres, sur le Continent ou dans les espaces de déportation et d'émigration, se cherchent d'autres noms, exhumant ou réinventant celui de la terre ancestrale.

La Déportation transatlantique des Subsahariens n'intervient pas, au début, dans la trajectoire de populations *africaines* qu'elle endeuille et mutile : c'est elle qui les crée, qui leur donne naissance. Ainsi, nous sommes certes les descendants de nos ancêtres, mais nous sommes surtout le fruit des violences qui leur furent infligées. Et s'il nous fallait mentionner tous nos ascendants, l'honnêteté voudrait que soient pris en considération ceux que nous ne nommons jamais, ceux que nous refusons de percevoir comme tels, parce qu'ils furent les opérateurs comme les bénéficiaires de la violence. Pourtant, en l'état actuel des choses, chaque fois que nous dirons être des *Africains*, nous clamerons ces deux appartenances. Elles sont inscrites dans la dénomination du Continent, qui mêle origine berbère et romaine, toutes deux revisitées par la vision européenne.

Une fois ces éléments posés, peut-être certains parmi nous seraient-ils prêts à considérer comme légèrement problématique l'assimilation par les Subsahariens des noms *Afrique* et *Africains*. Il ne s'agit pas d'en prôner la proscription, redisons-le ici, mais d'en pointer les significations profondes, de dire ce à quoi ces termes nous arriment, pour un moment encore. Chaque fois que nous appliquons ces désignations à ceux de nos ancêtres dont le quotidien n'avait pas encore été influencé par la rencontre avec l'Europe du XVe siècle, nous sommes dans l'erreur et même dans la falsification. Par manque de rigueur, peut-être aussi par paresse, nous n'avons pas donné de nom à ceux de nos ancêtres qui n'étaient pas des *Africains*, et nous empressons d'abolir d'un mot la distance qui nous en sépare. Force est pourtant de constater que les *Africains* subsahariens contemporains voient le jour, pour la plupart d'entre eux, dans des espaces desquels l'empreinte des réalisations de leurs aïeux est physiquement absente. Soit elle a été détruite, l'effacement de la mémoire étant un des premiers gestes de la domination. Soit les populations d'autrefois ont accordé peu d'importance à l'inscription durable de leur présence dans le monde matériel : souvent, leur souci aura été de transmettre de la parole. Les deux cas se sont présentés. Désormais, la descendance occidentalisée des anciens Subsahariens peut éprouver le besoin de détenir des archives, de visiter des vestiges, comme il en existe ailleurs.

Si les ancêtres sont en nous, s'ils nous accompagnent où que nous soyons, ils sont rarement autour de nous. Seule l'imagination permet de se les représenter dans le monde qui fut le leur. Ni les Chinois, ni les Indiens, ni même les Khmers, eux aussi habitants d'un continent baptisé par l'Europe, ne sont confrontés à cet effacement du patrimoine. En dehors de rassemblements à visée politique ou économique, ils ne se définissent pas comme Asiatiques, ni n'envisagent, à ma connaissance, quoi que ce soit qui ressemble à l'idéal panafricain. Celui-ci également prend sa source dans les fractures coloniales, dans les arrachements qui les précédèrent, dans la nécessité, en raison de cette histoire heurtée, de mettre en place une œuvre collective, transversale, qui nous renforce et nous permette d'occuper une place honorable dans un environnement désormais constitué de grands ensembles.

Afrique pourrait être le nom d'un projet de civilisation original et souverain. Il pourrait être celui d'un espace dont les populations ne seraient plus fédérées principalement par des éléments exogènes, mais par la volonté de marcher ensemble vers un horizon qu'elles se seraient donné. Les obstacles sont connus. Le plus fréquemment invoqué est la piètre qualité du *leadership*, sur le Continent. Ce que l'on relève peu, c'est que les gouvernants subsahariens de notre temps ne sont pas des créatures venues d'une autre galaxie. Ils ne sont pas seulement de chez nous, ils sont nous. Avant d'être en mesure de les remplacer valablement, il importe de comprendre quelle part d'*Afrique* trouve en eux son incarnation. Ce n'est pas le moindre des problèmes à élucider. Toutes les sociétés produisent à la fois leurs ombres et la lumière qui les dissipera. Mais la lumière est impuissante à chasser des ombres dont elle n'a pas pleinement identifié la nature, elle ne peut que les congédier de façon provisoire. En réalité, ceux qui nous gouvernent et l'environnement dans lequel ils font vivre les populations dont ils ont la charge, sont la figure d'*Afrique* telle que nous la concevons aujourd'hui. Autour de nous, le monde est une projection de ce que nous pensons de nous-mêmes, il reflète l'état d'une conscience de soi malmenée. Les forces d'anéantissement sont surtout celles auxquelles nous avons délégué notre puissance, soit par une accoutumance au malheur qui ne peut plus porter le nom d'endurance, soit par épuisement devant la récurrence des chocs : depuis un demi-millénaire environ, *Afrique* est le nom d'incessants combats.

La résilience dont les Subsahariens font malgré tout la démonstration n'efface pas les épreuves. Seule, elle ne mène à aucune destination. La résilience est un chemin à arpenter avec ce que l'on porte en soi. C'est couplée à d'autres outils qu'elle permet de se recréer. Autrement, elle n'aide qu'à la survie. Aussi, une pensée d'*Afrique* souveraine ne peut-elle s'en satisfaire. Le défi de la souveraineté, tel qu'il s'impose, nécessite de l'audace. La première est de reconnaître les multiples formes de perte dont on est constitué, tout en refusant tout déterminisme victimaire. Faire le deuil de ce qui n'est plus, c'est aussi se savoir vivant, c'est-à-dire dépositaire de possibles. Dans une déclaration désormais célèbre, Maya Angelou dit : «You may encounter defeat but you must not be defeated. In fact, it may be necessary to encounter the defeats so you can know who you are, what you can rise from, and how you can still come out of it[10]. »

Tel est l'état d'esprit qu'il convient d'adopter. Non pas comme une posture, mais parce qu'il est juste de le faire au regard de l'expérience subsaharienne, marquée par cette *melancholia africana* que Nathalie Etoke présente comme une aptitude à «résister au déclin, à révérer la vie contre tout ce qui s'évertue à la profaner[11]». Ressource essentielle, la *melancholia africana*, que je qualifie de mélancolie créatrice et lumineuse, sait non pas simplement survivre, mais créer au cœur du trouble. Et elle sait mettre en œuvre cela dans la joie qui, non seulement ne lui est pas étrangère, mais qui est l'une de ses manifestations les plus connues. Participant sans nul doute de ces universaux subsahariens et diasporiques à mieux circonscrire, la *melancholia africana* émane des forces spirituelles de peuples auxquels elle permet de se hisser au-dessus de la douleur. Elle doit à présent procéder à une extension du domaine de ses luttes, s'enrichir de compétences sociales et culturelles ancrées dans nos communautés, élire les sources extérieures auxquelles il lui semblera pertinent de s'abreuver dans le futur. Il nous incombe d'oser ne nous déterminer qu'en fonction de nos besoins et conceptions. La voie ne peut être indiquée par d'autres, elle n'est pas non plus perdue dans le fond des âges. À nous d'inventer un discours qui soit celui de notre langage, d'habiter un espace encore infréquenté de l'imaginaire depuis lequel donner corps à une réalité féconde.

Notes

1. Bien sûr, il ne s'agit pas de crier à l'appropriation culturelle chaque fois qu'un élément esthétique est emprunté. Aussi le port de pagnes ou de coiffures subsahariennes par des personnes étrangères au Continent n'est-il pas dérangeant en soi. Il le devient lorsque l'on s'aperçoit que ces éléments ne sont pas assumés en toutes circonstances, pour n'être arborés qu'incidemment, quand il n'y a pas de risque à le faire. Il est problématique de réduire au spectacle la culture d'autres qui ne peuvent en faire autant.

2. Seule la stratégie commerciale infléchit ces pratiques discursives, notamment lorsque des Marocains viennent faire des affaires en Afrique subsaharienne.

3. Toni Morrison, *Beloved*, New York, Vintage, 1997 (édition utilisée ici), p. 190.

4. Philippe Chanson, *La Blessure du nom, Une anthropologie d'une séquelle de l'esclavage aux Antilles-Guyane*, Bruxelles, Academia-Bruylant, 2008, p. 93.

5. *Ibid.*

6. Nathalie Etoke, *Melancholia Africana, L'indispensable dépassement de la condition noire*, Paris, Éditions du Cygne, 2010, p. 30.

7. Felwine Sarr, *Afrotopia*, Paris, Philippe Rey, 2016, p. 44.

8. Je pense à celle que je connais le mieux, la société duala du Cameroun, bien qu'il soit évident qu'elle ne vive plus en accord avec ses traditions ancestrales. Cela pose d'ailleurs la question de savoir, pour ce groupe comme pour d'autres, sur quel patrimoine culturel il conviendra de prendre appui...

9. Ouvertes aux seuls Subsahariens.

10. « Il se peut que vous connaissiez des défaites, mais vous ne devez pas être vaincus. En réalité, il peut être nécessaire de rencontrer ces défaites, afin de savoir qui vous êtes, de quoi vous êtes capable de vous relever, et comment vous pouvez encore vous en sortir. »

11. Nathalie Etoke, *Melancholia Africana, op. cit.*, p. 28.

Les impasses épistémologiques autour de l'objet Afrique

Les imprudences et impudences de l'exotisme vassalique et du narcissisme hyperbolique

Maurice Soudieck Dione

Maurice Soudieck Dione est enseignant-chercheur à l'université Gaston-Berger de Saint-Louis. Docteur en science politique de l'IEP de Bordeaux, il est également titulaire de deux Masters 2 Recherche, en philosophie, spécialité religions et sociétés, et en sciences de l'information et de la communication, obtenus à l'université Michel de Montaigne Bordeaux 3, et d'une maîtrise en droit public, option relations internationales, passée à l'université Cheikh Anta Diop de Dakar. Il a été ingénieur de recherche du CNRS au Centre d'étude d'Afrique noire (CEAN) à Bordeaux de 2001 à 2004.

Considérée souvent comme un objet scientifique exotique qui autorise toutes sortes d'excès caricaturaux, parés des atouts et atours, artifices et artefacts de la scientificité, il y a de réelles difficultés d'ordre épistémologique à projeter une pensée sur l'Afrique ou appréhender l'Afrique par la pensée. Car il subsiste des biais réflexifs et expressifs induits par l'existence et la persistance de rapports asymétriques de domination et d'exploitation avec l'Occident, et dont les jeux et enjeux cruciaux se prolongent, se déclinent et se perpétuent sur le terrain intellectuel et scientifique.

La pensée dominatrice et dominante semble être frappée de cécité et d'incapacité à saisir les logiques intrinsèques et dynamiques d'évolution propres au continent africain ; elle paraît entretenir et nourrir une volonté de pérennisation des rapports de pouvoir, fondée sur une perpétuelle dévalorisation de l'altérité.

Narcissisme hyperbolique et exotisme vassalique entretiennent alors une relation dialectique et circulaire. Car la survalorisation du modèle d'organisation politique, économique, culturel et social de l'Occident – au point d'en faire l'aune exclusif et excluant à partir duquel s'apprécient la qualité et les capacités, les aptitudes à être et à évoluer des sociétés humaines autres, extérieures et étrangères à lui, ainsi infériorisées et vassalisées –, entretient par un élan impétueux de restauration-revigoration de l'estime de soi, un mouvement ascendant de réplique, consistant à construire de manière dithyrambique une pensée exaltante pour l'Afrique.

Les tentatives de synthèse par le cosmopolitisme de la fraternité universelle et libertaire, dignitaire et égalitaire, plus philosophique, poétique et esthétique qu'historique, politique et sociologique, semblent souvent laisser en rade la réalité et la complexité des contradictions concrètes de pouvoir et d'intérêts.

Au détour de ces précisions liminaires, et à la lumière de tout ce qui précède, il convient d'examiner, d'une part, les pièges incontrôlables de la pensée universaliste et, d'autre part, les sièges inconfortables de la pensée relativiste.

Les pièges incontrôlables de la pensée universaliste

Les ruses hégémoniques autour du développementalisme

Échafaudées dans le contexte historique de la guerre froide, les théories développementalistes semblent obéir à une posture et un positionnement idéologiques de captation et capture, dans la sphère d'influence américaine, des États nouvellement indépendants, donc ceux d'Afrique, pour éviter qu'ils ne tombent dans le giron soviétique.

Les États-Unis, à travers l'institution universitaire dénommée Social Science Research Council, lancent un vaste programme de recherches sur la problématique du développement, avec comme sève nourricière le concept de modernisation, qui repose sur un ensemble de changements simultanés : de l'économie de subsistance à l'économie de marché, de la culture politique de sujétion à la culture politique de participation, de la famille élargie à la famille nucléaire, d'un système marqué par la primauté du religieux vers un système sécularisé. Les figures emblématiques de ce mouvement sont entre autres Gabriel Almond, Sydney Verba, David Apter, James Coleman,

Lucian Pye, Edward Shils, Daniel Lerner, Samuel Huntington, Seymour Martin Lipset[1].

À travers ces travaux, le modèle de développement des États-Unis est présenté comme le *nec plus ultra*, le summum de l'évolution uni-directionnelle et unilinéaire de toutes les sociétés humaines, aux plans politique et économique, culturel et social.

L'économique est généralement érigé en matrice essentielle, par exemple dans le modèle de Rostow[2], ou la corrélation établie par Lipset : plus le niveau de vie d'ensemble d'une nation est élevé, plus grandes sont les chances que s'instaure un régime démocratique[3].

En somme, pour les développementalistes, il n'y a pas une dif-férence de nature entre pays occidentaux et non occidentaux, mais simplement une différence de degré de développement économique, de différenciation et de complexité des structures politiques – le déve-loppement étant donc inscrit dans le code génétique et généalogique de chaque société.

Le développementalisme met l'accent sur l'universalité des concepts et pratiques, et relègue au second plan les dynamiques locales d'évolution des sociétés humaines, dans le temps et l'espace. Car, même repérées, les spécificités propres à chaque pays, en Afrique comme ailleurs, étaient appelées, avec la modernisation, à se rétrécir. Or l'universalisme ne résiste même pas à la comparaison entre pays européens, qui malgré des convergences et caractéristiques communes dans leurs trajectoires sociopolitiques, présentent également des par-ticularités irréductibles[4].

En Afrique, les théories développementalistes sont réceptionnées et instrumentalisées par beaucoup de régimes, autoritaires et sangui-naires, népotistes et néopatrimonialistes, négateurs et transgresseurs des droits et libertés au nom des finalités mythiques et mystiques de construction nationale et de développement[5] ; en plus de mobiliser des doctrines endogènes, comme l'authenticité au Zaïre ou au Togo[6], pour conforter politiquement et idéologiquement leurs dérives oppressives et corruptives. Au niveau institutionnel, s'effectue une décalcomanie frénétique et effrénée des structures et infrastructures de gouvernement des puissances coloniales[7].

Les soubassements politiques inavoués et inavouables du développementalisme sont mis à nu par l'école de la dépendance, qui entendait également jouer sa partition dans les luttes de puissance et de préséance dans le système international, traversée qu'elle a été par ailleurs par des logiques de récupération, notamment à travers l'idéologie socialiste qui la sous-tend.

Les ruses hégémoniques autour du dépendantisme

D'inspiration marxiste, le paradigme dépendantiste est né au milieu des années 1960 et exprime la continuation de la guerre froide au plan scientifique ; l'Afrique est alors un enjeu politique crucial des productions intellectuelles.

Le développementalisme est qualifié d'idéologie impérialiste, car les relations politiques et économiques fortement inégalitaires, structurelles et fonctionnelles entre le Nord, le Centre, et le Sud, la périphérie, entretiennent le développement du Nord, dont le corollaire est le sous-développement du Sud. Réduit dans la division internationale du travail à la production de matières premières commercialisées dans un système d'échange disproportionné, les efforts d'industrialisation du tiers-monde augmentent sa dépendance, en raison d'une économie extravertie.

Les dépendantistes modérés, notamment les économistes de la Cepal (Commission économique des Nations unies pour l'Amérique latine) dirigée de 1948 à 1962 par Raúl Prebisch[8], et animée avec d'autres auteurs comme Enzo Faletto et Fernando Henrique Cardoso[9], estiment que les gains de productivité étant plus élevés au Sud qu'au Nord, le cantonnement du Sud à l'exportation de produits primaires provoque une constante détérioration des termes de l'échange, qu'il faut corriger, notamment par une «industrialisation par substitution aux importations», activement organisée et coordonnée par l'État, dans le cadre d'une intégration régionale.

Pour les radicaux André Gunder Franck[10], Samir Amin[11] et Immanuel Wallerstein[12], les leviers de l'État sont contrôlés par une bourgeoisie périphérique, de connivence avec la bourgeoisie dominante du centre, à laquelle elle est liée par des intérêts capitalistes. En contrepartie d'une maigre portion des bénéfices que la classe dominante du centre prélève par cette dépendance, la bourgeoisie d'État en périphérie maintient le *statu quo* au moyen de l'autoritarisme, si nécessaire, avec pour objectif prétendu la modernisation de la société.

Franck prône une révolution socialiste, et Amin une déconnexion du système capitaliste mondial nécessitant l'instauration d'un système économique autoreproducteur, l'articulation des secteurs des biens de consommation et d'équipement, et la planification de l'État, dans le cadre de grands ensembles.

L'école de la dépendance apparaît ainsi telle une pensée réactive par rapport au paradigme développementaliste, et un prolongement des contradictions économiques et sociales de l'Europe industrialisée projetées sur l'Afrique, ayant pourtant d'autres réalités et des réalités autres, socioculturelles et historiques. En restant dans la perspective idéologique anti-impérialiste et anticapitaliste d'explication des problèmes politico-économiques des pays du Sud, l'école de la dépendance présente l'inconvénient majeur de se focaliser exclusivement sur les « dynamiques du dehors » au détriment des « dynamiques du dedans »[13], créant ainsi l'illusion d'une transformation analogue des sociétés. Comme s'il suffisait, sitôt le lien de dépendance capitaliste rompu, comme par enchantement, que les changements internes souhaités s'opérassent par eux-mêmes. L'explication de la dynamique des sociétés humaines ne saurait donc se fonder sur une surdétermination économiciste et mécaniciste, transhistorique, transculturelle et universelle. Car l'acte économique est d'abord un rapport social[14], et l'économie n'est pas conçue dans toutes les cultures de la même manière, ses imbrications avec le social et le politique ne sont pas universellement de même nature[15].

Par ailleurs, la matrice référentielle des théoriciens de la dépendance, le socialisme scientifique, a été réappropriée par les élites africaines, avec des efforts intellectuels de tropicalisation[16], pour construire un socialisme africain ou africanisé[17]. En ce sens, le socialisme senghorien est expurgé de la lutte des classes et de l'athéisme, et valorise les activités spirituelles à travers la religion et la création artistique[18]. Fondé sur le couplage du développement de l'administration et de l'administration du développement, il échoue en raison d'un clientélisme systémique et systématique, organisé autour des politiques, marabouts et hommes d'affaires[19], provoquant la faillite de l'État et sa mise sous tutelle économique et financière par les institutions de Bretton Woods[20].

Au-delà du développementalisme et du dépendantisme et de leurs réinterprétations et réappropriations à des finalités hégémoniques, impérialistes ou domestiques[21], les États africains, forts de l'afro-asiatisme de Bandoung, tentent une troisième voie par le truchement du mouvement des non-alignés ; elle débouche dans la plupart des cas sur un réalignement express ou tacite derrière les superpuissances, à travers la diplomatie de bascule : des effets d'annonce suivis ou non d'effet, quant à modifier des alliances politiquement et économiquement intéressées[22]. En plus, les mégapuissances, à travers l'équilibre de la terreur née de la dissuasion réciproque par l'arme nucléaire, sanctuarisent leurs territoires, et par clients interposés[23], transfèrent leurs rivalités dans le tiers-monde et en Afrique particulièrement, à travers une escalade contrôlée de la violence, pour éviter la confrontation directe entre Titans.

Pour surmonter ces contradictions, la pensée universaliste propose des solutions d'ordre philosophique, éthique et poétique dont la faisabilité est problématique, car situées en dehors des rapports de force, de puissance et d'intérêts, souvent déterminants et décisifs dans les relations interétatiques ; d'où l'insuccès des réclamations dans le cadre de l'Organisation des Nations unies, d'un nouvel ordre économique international (Noei)[24], d'un nouvel ordre mondial de l'information et de la communication (Nomic)[25] et d'un nouvel ordre culturel international (Noci). D'où également les difficultés à bâtir une universalité riche de toutes les particularités de l'Humanité, comme la Civilisation de l'Universel de Léopold Sédar Senghor, rendez-vous du donner et du recevoir[26], à distinguer de la civilisation universelle, résultante de l'universalisation hégémonique et appauvrissante d'une culture; sa construction nécessite une ouverture qui repose sur l'enracinement, qui implique donc une pensée culturelle relativiste, mais qui souffre elle aussi de certains travers.

Les sièges inconfortables de la pensée relativiste

La pensée relativiste dévaluante

Influencé par l'anthropologie, en réaction contre le déterminisme dépendantiste et développementaliste, et le formalisme de l'analyse juridico-institutionnelle[27], le paradigme du politique par le bas en Afrique subsaharienne est initié par divers spécialistes des sciences sociales: historiens, anthropologues, géographes, sociologues, linguistes, politologues…, réunis autour de Jean-François Bayart, Christian Coulon, Comi Toulabor et Achille Mbembe, inspirés par des auteurs comme Michel Foucault, Michel de Certeau, Georges Balandier et Antonio Gramsci.

Dans le contexte des années 1980 marqué par la généralisation des régimes autoritaires[28], les capacités d'innovation, de résistance et de contestation de l'ordre établi par les dominés[29] sont privilégiées, à travers les «Modes populaires d'action politique»[30] ou les Opni (Objets politiques non identifiés)[31], entre autres: musique, danse, théâtre, violence, réseaux économiques parallèles, religion, sorcellerie, sport, ruse, silence, escapisme, double jeu et dérision[32].

Cependant, malgré son attrait, ce paradigme, en s'éloignant des lieux de la science politique aristocratique[33], même sans le vouloir délibérément, produit l'effet pernicieux de marquer du sceau de l'exotisme et de la vassalité les études sur l'Afrique, en plus d'hypothéquer

substantiellement le passage au politique[34], en raison de la surin-
terprétation des faits ; d'où le risque de substituer la subjectivité du
chercheur à celle des acteurs, par la confusion des registres du comportement et de l'action[35] : des comportements politiquement tolérables
en situation autoritaire[36] et des actions politiquement subversives
nécessitant la planification d'une contre-élite[37], laquelle ne saurait
émerger sans éveiller les soupçons du pouvoir et induire la répression.

Or, aujourd'hui, il y a des dynamiques réelles de démocratisation
à l'œuvre dans le continent, avec des élections débouchant sur des
alternances comme au Sénégal, au Mali, au Bénin, au Ghana, au
Kenya…, de même que l'exercice effectif de certaines libertés démocratiques. Pourquoi alors demeurer exclusivement sur une posture
réflexive du «bas» pour étudier des phénomènes politiques qui
relèvent aussi et surtout du «haut» ? D'autant plus que le politique
par le bas pourrait être rapproché de la «politique ailleurs[38]» dans les
démocraties occidentales, qui n'exclut pas pour autant l'analyse des
institutions démocratiques et objets canoniques de la science politique, et alors même que la distinction entre politique d'en haut et
d'en bas semble artificielle, puisque les deux niveaux entretiennent
des interactions dialectiques[39]. Ils se complètent fructueusement au
regard du rôle joué par le rap avec des mouvements sociaux comme
Y'en a marre, ou le M 23 (Mouvement du 23 juin), dans le renforcement de la démocratie au Sénégal, pour freiner les abus du régime
du président Wade[40], à condition de filtrer les «Modes populaires
d'action politique», pour n'en retenir que ceux expressément et éminemment portés vers le combat politique.

Il reste que le paradigme ou la métaphore de la «politique du
ventre[41]» posée par Jean-François Bayart pour expliquer le politique
en Afrique, semble être dans l'incapacité à prendre en compte de
telles évolutions.

Reprenant l'idée braudélienne de continuité des civilisations[42],
cet auteur met en évidence, au-delà de ses formes particulières, la
manipulation de la domination occidentale par l'Afrique, d'où elle

tire des dividendes, liés à la perpétuation du régime de rente extérieure et de sous-développement interne : « Aujourd'hui comme hier, l'Afrique noire tend à exporter à l'état brut ses facteurs de production – force de travail, matières premières et capitaux – et les acteurs qui gèrent cette relation inégale avec le système économique international en tirent les ressources de leur domination domestique[43]. » Il rejette dans la foulée le « paradigme du joug » : joug des pays occidentaux sur les pays africains, et des despotes autochtones sur leurs peuples ; joug qu'imposent une nature inclémente et une tradition obtuse à un continent en déperdition[44].

L'État en Afrique n'est pas seulement une structure exogène, c'est un État-rhizome : « une multiplicité protéiforme de réseaux dont les tiges souterraines relient des points épars de la société[45] ». Le cachet baroque de l'hybridation culturelle du politique se confond avec la gouvernabilité de la manducation : la « politique du ventre », comme démonstration des attributs de la richesse et de la puissance, par l'accumulation et la redistribution économiques et symboliques, la magnificence et la munificence qui s'expriment par une corpulence de bon aloi et le marivaudage : le jeu des maîtresses ; elle est maintenue et perpétuée par ailleurs grâce à la maîtrise des forces de l'invisible, via la sorcellerie[46]. L'historicité de l'État en Afrique devient une « historicité dans l'extraversion[47] », ou une historicité de l'extraversion, confinée dans le carcan des relations d'échange inégal avec l'extérieur[48] : une simple excroissance de l'histoire de l'Occident.

Ainsi, Bayart, semble-t-il, ramène tout le politique à des considérations exclusivement sexuelles et matérielles, qui empêchent d'envisager sérieusement toute autre possibilité réelle d'évolution à travers l'hybridation, au-delà de la « politique du ventre » : « je broute, donc je suis », qui délimite très précisément les contours et pourtours du « champ du pensable politiquement »[49] dans les sociétés africaines postcoloniales.

Il n'en faut alors que très peu pour basculer dans les thèses du culturalisme déganté aux relents parfois pessimistes[50], souvent déterministes, comme le montrent les travaux de Patrick Chabal et Jean-Pascal Daloz, qui à travers le paradigme de l'« instrumentalisation du désordre »[51] font référence aux bénéfices à tirer de la confusion, de l'incertitude, voire du chaos qui règne dans la plupart des systèmes politiques africains[52], comme forme spécifique de modernité[53], où cohabitent en apothéose l'informel et l'infralégal, le non-codifié et le non-policé.

L'informalisation du politique se caractérise par la faiblesse structurelle de l'État, l'inexistence d'une société civile, le recyclage en vase clos du personnel politique, et la retraditionalisation de la société, par la communautarisation des rapports, l'ethnicité et la sorcellerie, l'africanisation de l'islam et du christianisme, amenant les Africains à opérer quasi simultanément sur les registres des plus modernes aux plus traditionnels. L'enrichissement par des activités criminelles illégales mais non illégitimes, la corruption bien comprise, nourrie par les fruits de l'échec économique et l'intérêt de la dépendance, expliquent l'insignifiance du développement.

En définitive, cinq points décisifs permettraient de décrypter le politique au sud du Sahara : 1) la subordination de l'individu au groupe ; 2) l'impératif de réciprocité dans l'échange ; 3) la relation inégalitaire fortement personnalisée ; 4) la conception de la réussite impliquant la générosité par la redistribution ciblée, plutôt que l'épargne productive ; 5) le primat du court sur le long terme : prévalence des intérêts immédiats, factionnels et concrets au détriment des perspectives supérieures macropolitiques[54].

La déconstruction de cette thèse, d'abord par rapport à la violence, renvoie à la difficulté à soutenir une globalisation des activités criminelles comme élément explicatif du politique[55], en dehors des pays en guerre. Car la criminalisation du politique est plus l'expression de l'effondrement ou de la déliquescence de l'État qu'une forme organisée de celui-ci. De plus, les conflits ethniques ne sont pas l'apanage de l'Afrique : la chute du communisme a nourri en Europe de l'Est, notamment en ex-Yougoslavie, de violentes confrontations identitaires[56].

L'argument d'une retraditionalisation du monde à partir de l'imbrication des répertoires du rationnel et de l'irrationnel est spécieux, puisque à l'instar de la tradition et de la modernité, ils sont en osmose permanente, y compris dans les pays du Nord, où les marabouts africains prospèrent avec une bonne partie européenne de leur clientèle[57], sans parler du développement débridé des sectes les plus fantaisistes, dont les gourous font de nombreuses victimes, sans oublier l'essor de la parapsychologie : horoscope, voyance, astrologie, etc.

Le politique ne saurait également se ramener exclusivement à des aspects informels, car les rôles, attributs officiels et règles formelles, comme supports de la domination, remplissent une fonction symbolique de légitimation du pouvoir[58], pas plus que la corruption ne saurait être érigée en une particularité africaine, puisqu'elle peut atteindre la plupart des systèmes politiques au monde, notamment européens[59].

En réalité, en posant des critères de spécification du politique en Afrique, Daloz et Chabal semblent avoir cristallisé leurs constats – parfois généralisés à tout le continent à partir d'un pays – en en faisant des éléments culturels à tout jamais fossilisés, alors que la culture est un produit social dynamique, elle est avant tout mouvante et changeante, et s'enrichit constamment des apports extérieurs fécondants.

Autrement, l'histoire ne serait qu'un éternel recommencement, si tant est qu'il puisse y en avoir une dans ces conditions. Car aucune marge de manœuvre ne serait alors laissée aux individus dans leurs capacités créatives ; ils ne seraient que des robots programmés par un logiciel culturel élaboré une fois pour toutes, objets passifs plutôt que sujets actifs et inventifs de leur devenir, dans un processus de transformation continue des contraintes en opportunités créatrices, qui est une matrice principielle dans l'évolution de toute société humaine.

Les individus ne sauraient donc être des agents écrasés par la structure culturelle et communautaire, car la monétarisation de l'économie, l'urbanisation, la scolarisation, les effets de démonstration et d'imitation des pays riches dans le domaine de la consommation, la crise économique, le développement des médias, etc., concourent à l'impulsion de processus d'individuation[60].

De cet ensemble d'idées, il ressort qu'une certaine pensée relativiste, à partir d'une supposée culture africaine, a tendance insidieusement à reproduire les clichés qu'elle est censée combattre, lorsque le particulier n'est pas une justification pour asseoir une intellection rabaissante ; d'où la nécessité et l'actualité d'une pensée tendant à restaurer l'équilibre, mais qui elle-même peut être biaisée dans son élan, en raison des enjeux identitaires et parfois passionnels qui la sous-tendent.

La pensée relativiste exaltante

C'est dans cette perspective qu'il faut inscrire et comprendre le mouvement culturel et littéraire de la négritude qui vit le jour dans les années 1930 en France, pour répondre, selon Mohamadou Kane, à « l'insolence de l'Europe qui prétendait avoir colonisé l'Afrique, terre de barbarie, et devoir combler un vide culturel par sa civilisation, sa foi et ses idéaux démocratiques et humanitaires[61] ». Dans une optique militante, il s'agissait de défendre et illustrer les valeurs de la civilisation nègre, et de permettre aux Africains de retrouver leurs dignité et fierté piétinées et bafouées par un Occident imbu de lui-même et de sa culture, afin de jeter les bases d'une prise en charge possible par les Africains de leur propre destin.

À cet effet, Aimé Césaire exemplifie le brio de la civilisation africaine à travers les empires soudanais du XIIe au XVIe siècle : Ghana, Mali et Sonrhaï[62], là où l'historien sénégalais Cheikh Anta Diop la fait remonter au foyer antique de l'Égypte pharaonique : l'Égypte nègre qui a civilisé le monde, et dont la matérialité de l'existence est indubitable, comme en attestent les pyramides, colonnes et colosses, les momies, stèles et sculptures... De ce fait, les valeurs et connaissances techniques et scientifiques ne sont pas des produits de l'Europe diffusés par la colonisation, puisqu'elles ont existé bien avant, en Égypte, berceau de la civilisation, où les savants grecs : Thalès de

Milet, Pythagore de Samos, Archimède de Sicile, Platon, Sabon… allaient chercher le savoir auprès des prêtres égyptiens[63].

Pour étayer sa thèse de l'Égypte nègre, Cheikh Anta Diop dégage des similitudes saisissantes, d'ordre linguistique et culturel, entre l'Égypte ancienne et les sociétés africaines : totémisme, circoncision, conception vitaliste de la royauté, parenté de l'égyptien avec les langues africaines au niveau lexical et grammatical, etc.[64]. Il se fonde également sur le témoignage unanime des anciens : Hérodote, Diodore, Strabon, Pline, Tacite, qui enseignent et renseignent que les Égyptiens avaient la peau noire et les cheveux crépus[65]. Pourtant Champollion de Figeac a estimé que ces traits ne suffisaient pas à caractériser un Noir. Mais alors aurait-on déjà vu des hommes à la peau noire et aux cheveux crépus, qui ne seraient pas des nègres ? En réalité, pour Cheikh Anta Diop, l'impérialisme a été l'infrastructure explicative de cette superstructure idéologique de falsification historique, à des fins de légitimation hégémonique, produite par des « savants » à l'honnêteté intellectuelle douteuse[66].

Dès lors, la libération de l'Africain passe, pour l'égyptologue sénégalais, par un travail de réécriture de l'histoire, car : « Le nègre ignore que ses ancêtres qui se sont adaptés aux conditions matérielles de la vallée du Nil sont les plus anciens guides de l'humanité dans la voie de la civilisation ; que ce sont eux qui ont créé les arts, la religion (en particulier le monothéisme), la littérature, les premiers systèmes philosophiques, l'écriture, les sciences exactes (physique, mathématique, mécanique, astronomie, calendrier…), la médecine, l'architecture, l'agriculture, etc. à une époque où le reste de la terre (Asie, Europe : Grèce et Rome…) était plongé dans la barbarie[67]. » L'inculcation de cette vérité historique devrait mettre fin au « flottement de la personnalité de l'Africain[68] », pour lui permettre « de retrouver la continuité de son histoire et la consistance de sa culture, en même temps que les moyens d'adapter celle-ci aux exigences modernes[69] » ; pour retrouver la confiance et la plénitude intérieures – différentes de la suffisance –, et sans lesquelles tout effort humain est hypothéqué[70]. Il s'agit donc de «cadavériser la vieille négritude[71]» faite de larbinisme et de complexe d'infériorité, dans un vécu de cul-de-basse-fosse de soi-même, pour s'engager résolument dans la conquête du monde, où il est place pour tous, car «aucune race ne possède le monopole de la beauté, de l'intelligence, de la force[72]». La seule arme qui vaille alors est la volonté ferme et inébranlable, puisée dans le fonds intarissable d'un moi retrouvé et réconcilié avec lui-même. Ce faisant, l'Afrique et les Africains, selon le poète martiniquais, devraient être les plus rigoureux et exigeants envers eux-mêmes, en raison des nombreuses difficultés du continent, et des souffrances indicibles endurées au cours de l'histoire[73].

En conclusion, la déconstruction de la production scientifique et intellectuelle, dans ses soubassements idéologiques et hégémoniques, est un impératif catégorique, car sa réappropriation insidieuse étouffe et confine l'Afrique dans une relation à l'Occident vassalique, infériorisante et dévalorisante.

Au demeurant, cette situation crée une démesure inverse de survalorisation du continent par la pensée, susceptibles d'être fondée sur des dénis de réalité, liés à l'exaltation d'une fierté identitaire de régénération et de revitalisation de l'estime de soi, si longtemps et constamment amochée du Continent. D'où la confrontation analytique de constructions idéelles concurrentes et croisées des sujets-pensants, tendant à s'éloigner et à s'autonomiser par rapport à l'intelligibilité profonde de l'objet à penser: l'Afrique.

La vastité, l'énormité et l'acuité des maux semblent exercer une coercition sur les mots de la pensée, au point qu'elle tombe parfois dans le catéchisme missionnaire de la civilisation solidaire et fraternitaire, à laquelle n'ont jamais cru, hier comme aujourd'hui, les porteurs jadis de la prétendue «mission civilisatrice».

Pour sortir de ces impasses, il faut une pensée africaine – non une manière africaine de penser, sinon on retombe dans les mêmes clichés –, mais une pensée des Africains sur l'Afrique, émancipée des postures idéologiques, éclairante, programmatique et pragmatique, qui part d'une analyse lucide et réaliste des problèmes du Continent et, pour résoudre ces impasses, d'élaborer des stratégies d'infusion et de diffusion de cette pensée aux niveaux élitaire et populaire, et mobiliser les divers acteurs politiques, sociaux, culturels et intellectuels intéressés, autour de son effectuation.

Notes

1. Lucian Pye, *Aspects of Political Development*, Boston, Little, Brown, 1966; Edward Shils, *Political Development in the New States*, S'Gravenhage, Mouton, 1962; Samuel Huntington, Myron Weiner, *Understanding Political Development. An Analytic Study*, Boston, Little Brown, 1987; Daniel Lerner, *The Passing of Traditional Society. Modernizing the Middle East*, Glencoe (III.), The Free Press, 1958; David Apter, *The Politics of Modernization*, Chicago, University of Chicago Press, 1965; Gabriel Almond, *Political Development: Essays in Heuristic Theory*, Boston, Little Brown, 1970; James Coleman, Dankwart Rustow, Gabriel Almond *et al.*, *The Politics of the Developing Areas*, Princeton, Princeton University Press, 1960.

2. Le modèle de Rostow est articulé autour de cinq étapes : la société traditionnelle, les conditions préalables au décollage, le décollage, la marche vers la maturité et l'ère de consommation de masse. Chaque stade correspond à un niveau progressivement plus important de développement politique. Le dernier stade coïncide avec l'état des démocraties développées auquel aspirent les pays du tiers-monde, situés généralement au deuxième stade, celui des conditions préalables au décollage. Walt Whitman Rostow, *Les Étapes de la croissance économique* (traduction de M. J. du Rouret), Paris, Le Seuil, 1960.

3. Les indicateurs utilisés sont : le niveau de PNB (Produit national brut) par habitant, l'industrialisation, l'urbanisation et l'éducation, tous plus élevés dans les pays démocratiques (Royaume-Uni, États-Unis, Australie, Canada) que dans les pays à tendance autoritaire (Cuba, Haïti, Paraguay). Seymour Martin Lipset, «Some Social Requisites for Democracy: Economic Development and Political Legitimacy», *American Political Science Review* (53), 1959.

4. Charles Tilly, *The Formation of National States in Western Europe*, Princeton, Princeton University Press, 1975; *Big Structures, Large Processes, Huge Comparison*, Russel Sage Foundation, 1974; Barrington Moore, *Les Origines sociales de la dictature et de la démocratie* (traduction de Pierre Clinquart), Paris, François Maspero, 1969; Perry Anderson, *L'État absolutiste* (traduction de Dominique Niemetz), 2 volumes, Paris, François Maspero, 1978; Bertrand Badie et Pierre Birnbaum, *Sociologie de l'État*, Paris, Grasset, 1979; Reinhart

Bendix, *Kings or People. Power and the Mandate to Rule*, Berkeley, University of California Press, 1978.

5. Samuel Huntington, *Political Order in Changing Societies*, New Haven/ Londres, Yale University Press, 1968, p. 7-8.

6. Mussia Kakama, «"Authenticité", un système lexical dans le discours politique au Zaïre», *Mots*, 6 (1), 1983 ; Comi Toulabor, *Le Togo sous Éyadéma*, Paris, Karthala, 1986.

7. Bertrand Badie, *L'État importé. L'occidentalisation de l'ordre politique*, Paris, Fayard, 1992.

8. Raúl Prebisch, *Le Développement économique de l'Amérique latine et ses principaux problèmes*, Nations unies,1950.

9. Fernando Henrique Cardoso, Enzo Faletto, *Dépendance et développement en Amérique latine* (traduction d'Annie Morvan), Paris, PUF, 1978.

10. André Gunder Franck, *Capitalisme et sous-développement en Amérique Latine*, Paris, Maspero, 1968.

11. Samir Amin, *L'Impérialisme et le développement inégal*, Paris, Minuit, 1976 ; *L'Accumulation à l'échelle mondiale : critique de la théorie du sous-développement*, Paris, Anthropos, 1971.

12. Immanuel Wallerstein, *Le Capitalisme historique*, Paris, La Découverte, 2002 ; *Capitalisme et économie-monde (1450-1640)*, Paris, Flammarion, 1980.

13. Georges Balandier, *Sens et Puissance*, Paris, PUF, 1971.

14. Felwine Sarr, *Afrotopia*, Paris, Philippe Rey, 2016, p. 66.

15. Max Weber, *L'Éthique protestante et l'esprit du capitalisme* (traduction de Jacques Chavy), Paris, Plon, 1967 ; Louis Dumont, *Homo aequalis. Genèse et épanouissement de l'idéologie économique*, Paris, Gallimard, 1977 ; Karl Polanyi, *La Grande Transformation* (traduction de Maurice Angeno et Catherine Malamoud), Paris, Gallimard, 1983 ; Goran Hyden, *Beyond Ujamaa in Tanzania, under-development and uncaptured peasantry*, Londres, Heinemann Educational Books, 1980 ; Emmanuel Seyni Ndione, *L'Économie urbaine en Afrique : le don et le recours*, Paris, Karthala, 1994.

16. Bernard Charles, «Le socialisme africain : mythes et réalités», *Revue française de science politique*, 15 (5), 1965.

17. Julius Nyerere, *Ujamaa. Essays on Socialism*, Londres, Oxford University Press, 1977.

18. Léopold Sédar Senghor, *Liberté II. Nation et voie africaine du socialisme*, Paris, Le Seuil, 1971 et *Liberté IV. Socialisme et planification*, Paris, Le Seuil, 1982.

19. Nim Casswell, «Autopsie de l'Oncad : la politique arachidière au Sénégal, 1966-1980», *Politique africaine* (14), 1984 ; Gellar Sheldon, *Senegal: An African Nation between Islam and the West*, Boulder, Colorado, Westview Press, 1986.

20. Momar-Coumba Diop, Mamadou Diouf, *Le Sénégal sous Abdou Diouf.*
État et société, Paris, Karthala, 1990 ; Momar-Coumba Diop (dir.), *Sénégal.*
Trajectoires d'un État, Paris/Dakar, Karthala/Codesria, 1992 ; Momar-Coumba
Diop (dir.), *Le Sénégal contemporain*, Paris, Karthala, 2002 ; Momar-Coumba
Diop (dir.), *Gouverner le Sénégal. Entre ajustement structurel et développement
durable*, Paris, Karthala, 2004.

21. Daniel Bourmaud, « Aux sources de l'autoritarisme en Afrique : des idéologies et des hommes », *Revue internationale de politique comparée*, 13 (4), 2006.

22. Daniel Bourmaud, *La Politique en Afrique*, Paris, Montchrestien, 1997.

23. Gérard Chalian, *L'Enjeu africain. Géostratégies des puissances*, Bruxelles,
Complexe, 1984 ; Antoine-Denis Ndimina-Mougala, « Les manifestations de
la guerre froide en Afrique centrale (1961-1989) », *Guerres mondiales et conflits
contemporains*, 1 (233), 2009 ; Jean Savoye, « Les guerres dissemblables d'Angola
et du Mozambique », *Relations internationales et stratégiques* (23), 1996.

24. William Loehr, John Powelson, *Les Pièges du nouvel ordre économique
international* (traduction de Bruno Baron-Renault), Paris, Economica, 1984.

25. Jeanne Lopis-Sylla et Charles Becker, *Amadou Mahtar Mbow. Le sourcier
du futur. Un combat pour l'Afrique, un destin pour l'humanité*, Paris, L'Harmattan, 2016, p. 211-255.

26. Léopold Sédar Senghor, *Liberté I. Négritude et humanisme*, Paris, Le
Seuil, 1964 ; *Liberté III. Négritude et civilisation de l'universel*, Paris, Le Seuil,
1977 ; *La Poésie de l'action. Conversations avec Mohamed Aziza*, Paris, Stock,
1980.

27. Jean-François Bayart, Achille Mbembe et Comi Toulabor, *Le Politique
par le bas en Afrique noire. Contributions à une problématique de la démocratie*,
Paris, Karthala, 1992, p. 15.

28. *Ibid.*, p. 13-14.

29. Jean-François Bayart, « L'énonciation du politique », *Revue française de
science politique*, 35 (3), 1985, p. 342.

30. Jean-François Bayart, « Le politique par le bas. Questions de méthode »,
in *Politique africaine* (1), janvier 1981, p. 57.

31. Denis Constant Martin, « À la quête des OPNI, comment traiter l'invention du politique ? », *Revue française de science politique*, 39 (6), 1989.

32. Comi Toulabor, « Jeux de mots, jeux de vilains. Lexique de la dérision
politique au Togo », in *Politique africaine* (3), 1981 ; « La dérision politique en
liberté », *Politique africaine* (43), 1991.

33. Christian Coulon, « La science politique et les modes populaires d'action politique : la descente aux Enfers comme voie de salut », *Journée d'étude du
groupe « Modes populaires d'action politique »*, Paris, 25 mars 1982, p. 1.

34. Jean-François Bayart, « L'énonciation du politique », art. cité, p. 368.

35. Daniel Bourmaud, *La Politique en Afrique, op. cit.*, p. 137.

36. Jean-François Bayart, «L'énonciation du politique», art. cité, p. 359.

37. *Ibid.*, p. 361.

38. Le «Bébête-show» et les «Guignols de l'info» ont d'un point de vue fonctionnaliste un caractère tribunicien et cathartique. Éric Darras, «Rire du pouvoir et pouvoir du rire. Remarques sur un succès politique, médiatique et mondain : les Guignols de l'info», p. 151-174, in Curapp (Centre universitaire de recherches administratives et politiques de Picardie), *La Politique ailleurs*, PUF, 1998.

39. Peter Geshiere, «Le politique en Afrique : le haut, le bas et le vertige», in *Politique africaine* (39), 1990, p. 157 ; Jean-François Médard, «Politics from Above, Politics from Below. The NFU conference, State and Locality», in Mette Masst, Thomas Hylland Eriksen and Jo Helle-Valle (eds.), University of Oslo, Center for Development and the Environment, 1994, p. 14-15 ; Luc Sindjoun, *L'État ailleurs. Entre noyau dur et case vide*, Paris, Economica, 2002.

40. Vieux Savane et Baye Makébé Sarr, *Y'en a marre. Radioscopie d'une jeunesse insurgée au Sénégal*, Paris, L'Harmattan, 2012 ; Yoro Ba, Amath Dansokho *et al.*, *M 23. Chronique d'une révolution citoyenne*, Dakar, Les Éditions de La Brousse, 2014 ; Alpha Amadou Sy, *Le 23 juin au Sénégal (ou la souveraineté reconquise)*, Paris, L'Harmattan, 2012.

41. Jean-François Bayart, *L'État en Afrique. La politique du ventre*, Paris, Fayard, 1989.

42. Fernand Braudel, «La longue durée», in *Écrits sur l'histoire*, Paris, Flammarion, 1985.

43. Jean-François Bayart, «L'historicité de l'État importé», in Jean-François Bayart (dir.), *La Greffe de l'État*, Paris, Karthala, 1996, p. 18.

44. Jean-François Bayart, *L'État en Afrique. La politique du ventre, op. cit.*, p. 24.

45. *Ibid.*, p. 272.

46. *Ibid.*, p. 12.

47. *Ibid.*, p. 41.

48. Jean-François Bayart, «L'Afrique dans le monde : une histoire d'extraversion», in *Critique internationale* (5), automne 1999, p. 105.

49. Jean-François Bayart, «L'historicité de l'État importé», art. cité, p. 33.

50. Tidiane Diakite, *L'Afrique malade d'elle-même*, Paris, Karthala, 1986 ; Axelle Kabou, *Et si l'Afrique refusait le développement*, Paris, L'Harmattan, 1991.

51. Jean-Pascal Daloz et Patrick Chabal, *L'Afrique est partie ! Du désordre comme instrument politique*, Paris, Karthala, 1999.

52. *Ibid.*, p. 6.

53. Jean-François Médard leur reproche de réduire la modernité à une simple contemporanéité, ce qui est aberrant. Car la modernité est intimement liée au développement. Par conséquent, il serait difficile d'admettre une modernité spécifique, qui se ferait en dehors d'un certain progrès. Jean-François Médard, « L'État et le politique en Afrique », *Revue française de science politique*, 50 (4-5), 2000, p. 853.

54. Jean-Pascal Daloz et Patrick Chabal, *L'Afrique est partie! Du désordre comme instrument politique, op. cit.*, p. 182-187.

55. Jean-François Bayart, Stephen Ellis et Béatrice Hibou, *La Criminalisation de l'État en Afrique*, Bruxelles, Complexe, 1997.

56. Hans Stark, *Les Balkans, le retour de la guerre en Europe*, Paris, Dunod, 1993 ; Gérard Baudson, *L'Europe des fous ou la destruction de la Yougoslavie*, Paris, Club privé des Communautés européennes, 1993 ; Claire Boulanger, Bernard Jacquemart, Philippe Grandjon, *L'Enfer yougoslave: les victimes de la guerre témoignent*, Paris, Belfond, 1994 ; Jacques Biollet, *Un génocide en toute liberté: la Bosnie à feu et à sang: essai*, Fribourg, Méandre/Walada, 1993.

57. Béatrice Borghino, *Clientèle européenne pour marabouts d'Afrique noire. Du magico-religieux dans une société moderne*, Paris, L'Harmattan, 1994.

58. Daniel Bourmaud, *La Politique en Afrique, op. cit.*, p. 143.

59. Yves Mény et Donatella Della Porta (dir.), *Démocratie et corruption en Europe*, Paris, La Découverte, 1995 ; Yves Mény, *La Corruption de la République*, Paris, Fayard, 1992.

60. Alain Marie (dir.), *L'Afrique des individus: itinéraires citadins dans l'Afrique contemporaine (Abidjan, Bamako, Dakar)*, Paris, Karthala, 1997 ; Alain Marie, François Leimdorfer, *L'Afrique des citadins: sociétés civiles en chantier (Abidjan, Dakar)*, Paris, Karthala, 2003.

61. Mohamadou Kane, « Négritude et littérature », in *Colloque sur la Négritude*, Dakar, 12-18 avril 1972, p. 62.

62. Aimé Césaire, *Cahier d'un retour au pays natal*, Paris, Présence africaine, 1956, p. 61.

63. Cheikh Anta Diop, *L'Unité culturelle de l'Afrique noire*, Paris, Présence africaine, 1959, p. 198.

64. Cheikh Anta Diop, *Nations nègres et culture*, t. I, Paris, Présence africaine, 1979, p. 204-287.

65. *Ibid.*, p. 31.

66. *Ibid.*, p. 28.

67. Cheikh Anta Diop, *Alerte sous les tropiques. Articles 1946-1960. Culture et développement en Afrique noire*, Paris, Présence africaine, 1990, p. 48.

68. *Ibid.*, p. 47.

69. *Ibid.*, p. 48.

70. *Ibid.*, p. 48.

71. *Ibid.*, p. 85.

72. *Ibid.*, p. 83.

73. Aimé Césaire, *La Tragédie du Roi Christophe*, Paris, Présence africaine, 1963, p. 59.

RÉINVENTER LA MODERNITÉ AFRICAINE !

Blondin Cissé

« Libère-toi d'un espace trop étroit.
Celui qui a échappé aux liens de toutes les dimensions
S'étend, comme le ciel, dans toutes les directions.
Le parfum de la rose, en se séparant d'elle,
S'enfuit et se répand dans le jardin.
Toi, resté paralysé dans un coin de la prairie,
Comme le rossignol, tu te contentes d'une seule rose[1] [...] »

Mohamed Iqbal

Dr Blondin Cissé est diplômé de l'université Paris Diderot-Paris VII en philosophie et science politique. Chercheur au Laboratoire du changement social et politique (LCSP) de Paris VII, il y a enseigné la philosophie politique de 2009 à 2012. Actuellement, il est maître-assistant à l'université Gaston-Berger de Saint-Louis-du-Sénégal, au Centre d'étude des religions (UFR Crac) où il coordonne l'Observatoire des sociétés civiles africaines du Laboratoire d'analyse des sociétés et pouvoirs Afrique/diaspora (Laspad).

Ousseynou Kane, ancien chef du département de philosophie de l'Ucad dans les années 1990-2000, avait un jour commencé sa communication en rappelant, devant un parterre de politiques, d'intellectuels…, les propos d'un éminent intellectuel africain, qui diagnostiquait, dans l'entame de sa communication, les maux dont souffrirait notre continent qui ont pour nom: *colloquite, table-rondite, conférencite* avant d'ajouter de façon ironique : « Les Asiatiques ne font pas trop de conférences ni de colloques, mais ils travaillent. »

C'est sûrement ce genre de considérations qui a influencé les politiques de l'émergence en Afrique, mettant jusqu'ici davantage l'accent sur l'économique que sur un élément fondamental du développement, la culture. De ce fait, il serait utile de rappeler la première énonciation du concept de culture tel que l'ont pensé les philosophes de l'Antiquité grecque, à travers la notion de *paideia* désignant à la fois l'enseignement des qualités humaines et l'ensemble des connaissances qu'un individu doit posséder pour s'élever au rang de citoyen grec. Cicéron emploie la première fois le mot culture, dans son essai *Cultura animi philosophia*[2], pour signifier toute activité servant au développement mental par laquelle les humains pourront accéder à la connaissance philosophique, scientifique, éthique et artistique. Cette perspective humaniste de la culture est amplifiée, voire dépassée, par le philosophe camerounais Fabien Eboussi Boulaga, qui inscrit la culture dans un processus dynamique d'émergence du soi, du devenir-personne, qui actualise les potentialités infinies de l'individu en tension permanente vers la recherche d'idéaux et l'expression totale de sa liberté; d'où ses propos dans *Christianisme sans fétiche*: «Le concept de culture est celui par lequel l'homme s'appréhende comme genèse, comme auto-production de soi à partir de ce qu'il n'est plus en direction de ce qu'il n'est pas encore [...][3]. »

En cela, notre démarche, ici, est celle d'une reconnexion à nos héritages éclatés, nos trésors perdus, et donc une reconstruction de notre rapport à la mémoire, car l'historiographie relève de l'art de la guerre surtout dans un contexte de défragmentation et de désin-tégration des cultures humaines au nom du phénomène de la mon-dialisation dont les prétentions hégémoniques se déploient sous le prétexte du développement, de la logique du progrès, de la croissance de l'humanité et du bien-être des peuples. Ce qui est en jeu dans cette opération est moins un déplacement des hommes, des outils et des savoirs qu'une déterritorialisation de la mémoire, une délocalisation des structures mentales[4].

S'il est fondamental de se démarquer de la vision européocentriste et impérialiste du développement, afin de trouver une voie africaine et originale qui intégrera toutes les dimensions de l'*être-au-monde-de-l'homo-africains* dans une logique de progrès politique, économique et socioculturel – tel que le proposait le socialisme africain –, notre développement intégral suppose aussi, pour parler comme Marcien Towa, la ferme «décision de soumettre notre héritage culturel à une critique sans complaisance[5] ».

Dans cette perspective, la modernité africaine ne se laisserait-elle pas saisir comme processus de sortie des clôtures de cette Afrique traditionnelle du fantasme – donc, comme un processus d'émergence d'«un sujet défini par sa participation à des contraires[6] », c'est-à-dire d'une identité qu'on pourrait qualifier de *désidentificatrice* dans la mesure où elle manifeste un *je* s'arrachant de son inscription identitaire pour s'exposer au-dehors?

Faudrait-il alors sonner l'oraison funèbre de la tradition africaine, c'est-à-dire refuser ce moment de la pétrification où l'a enfermée, parfois sans le vouloir, une certaine intelligentsia afin d'élaborer une autre gestion de la mémoire à la fois fidèle aux fondamentaux de la tradition et ouverte sur l'avenir?

La tradition africaine se positionnerait-elle alors comme la modernité africaine de demain, surtout si la modernité à laquelle elle a été habituée jusqu'ici procède d'une mémoire exogène imposant ses schémas politiques, économiques et culturels grâce à son infrastructure technoscientifique qui définit sa propre modernité[7]?

Comment ne pas penser alors aux propos de Cheikh Anta Diop dans *Civilisation ou barbarie*[8] mettant en exergue la nécessité pour l'Afrique de se (re)connecter à son passé – puisque la modernité est en fait une entreprise de déconnexion: « L'essentiel pour le peuple est de retrouver le fil conducteur qui le relie à son passé ancestral le plus lointain possible. Devant les agressions culturelles de toutes sortes, devant les facteurs désagrégeants du monde extérieur, l'arme culturelle la plus efficace dont puisse se doter un peuple est ce sentiment de continuité historique[9]. »

Dans cette perspective, si la condition de l'être-là-africain-dans-le-monde-actuel est dépendante de notre capacité à porter et à entretenir la flamme de la tradition, la véritable question est de savoir comment regarder cette tradition avec des yeux neufs qui ne se contentent pas de la chaleur que peuvent procurer encore les cendres, mais se font eux-mêmes étincelles pour rallumer d'autres flammes. C'est tout le sens de ces propos de Jaurès disant de la tradition qu'« elle ne consiste pas à la conservation des cendres, mais à l'attisement des flammes ».

Dans cette contribution, notre objectif est d'une part de restituer brièvement quelques trajectoires qui nous permettent de penser « une réinvention africaine de la modernité » *hic et nunc*, à partir des ressources propres à la littérature et à la philosophie africaine à travers les pensées du théoricien sénégalais de la négritude, Léopold S. Senghor, du philosophe ghanéen Kwame Nkrumah et du philosophe camerounais Marcien Towa, qui s'inscrivent toutes dans le dispositif des idéologies négro-africaines, produites essentiellement par l'intelligentsia négro-africaine à filiation occidentale, et axées sur le postulat d'une identité culturelle spécifique et d'une singularité sociale de l'Afrique noire.

Senghor et la philosophie de la complémentarité

La pensée de Senghor (1906-2001) se déploie à partir d'une *relecture africaine* du marxisme et de son modèle, le socialisme. Fondé sur le concept de *négritude* qu'il définit comme l'«ensemble des valeurs de civilisation du monde noir[10]», le socialisme de Senghor est une adaptation critique aux conditions de l'Afrique d'une expérience politique européenne. Mais, si le socialisme de Senghor trouve son fondement à la fois dans l'affirmation de l'homme noir et la libération de son continent, sa pensée se conçoit dans une *philosophie de la complémentarité* fonctionnant selon la double exigence de l'enracinement dans le *Nous*, c'est-à-dire les traditions négro-africaines, et de l'ouverture à la modernité qui est l'*Autre*. Dans *Nation et voie africaine du socialisme*, Senghor décline son projet : «Il s'agit d'insérer notre nation non seulement dans l'Afrique d'aujourd'hui, mais encore dans la civilisation de l'Universel qui est à édifier. Celle-ci sera une symbiose des éléments les plus féconds de toutes les civilisations[11].»

Selon Senghor, il s'agit de se développer et d'encourager le dialogue des nations afin de constituer la *civilisation panhumaine* dont la pertinence lui est conférée par la pluralité de ses composantes. Autrement dit, si cette visée cosmopolitique ne peut s'exprimer que sur le mode d'une adaptation des réalités négro-africaines aux exigences du monde moderne, la nécessaire intégration des apports politiques, économiques et sociaux de l'Europe demeure, selon Senghor, une exigence épistémologique du socialisme africain. C'est ainsi que, pour Senghor, une *redécouverte africaine du marxisme* suppose une réappropriation endogène de son modèle, le socialisme, en d'autres termes penser une voie du socialisme conçue par les Africains et qui s'enracinerait dans leurs valeurs. Senghor montre qu'un tel point de vue n'est pas en contradiction avec le marxisme, et il cite les propos de Marx lui-même dans le *Dix-huit Brumaire de Louis Bonaparte*: «Les hommes font leur propre histoire mais ils ne la font pas arbitrairement, dans les conditions choisies par eux-mêmes, mais dans les conditions directement données et héritées du passé[12].»

En définitive, le socialisme de Senghor est à la fois pensée et action, pensée qui est prise en charge de la réalité africaine, action qui vise le développement de l'Africain et son continent; d'où son déploiement à travers une véritable praxis sociale pensée à la lumière des réalités concrètes et spécifiques à l'Afrique. À ce propos, Senghor écrit: «Une révolution reste idéologique, partant inefficace, tant qu'elle ne se pratique pas dans une action concrète, qui, en transformant les structures, élève le niveau de vie et de culture des citoyens[13].»

Nkrumah ou la synthèse philosophique

Considérée comme l'un des moments les plus importants du socialisme africain, la pensée politique de Kwame Nkrumah (1909-1972), comme celle de Senghor, s'est proposé de faire une analyse critique du marxisme en le confrontant aux réalités africaines. Contrairement à l'analyse critique de Senghor prônant une *relecture africaine du marxisme*, celle de Nkrumah va déboucher sur une nouvelle idéologie pensée et fondée à partir de la nouvelle situation de l'Afrique, le *consciencisme*, car la mise en place de cette idéologie, pense-t-il, s'explique à la fois par la profonde mutation que connaît la société africaine et la présence d'éléments extérieurs à cette société. C'est ainsi que Nkrumah divise la société africaine en trois classes:

– Une classe très ancrée dans les valeurs africaines, fidèle à notre genre de vie traditionnel.

– Une classe représentant la présence en Afrique de la tradition musulmane.

– Enfin celle représentant la «tradition chrétienne et la civilisation de l'Europe occidentale […] ».

Par conséquent, le consciencisme aura alors pour tâche fondamentale de synthétiser l'histoire de l'Afrique traditionnelle à l'expérience musulmane et euro-chrétienne. En d'autres termes, il s'agit de fondre ces trois classes en une seule au cours du processus de transformation de la société africaine. Ce point est essentiel dans la pensée du philosophe ghanéen, puisque, selon lui, la séparation et l'opposition de ces trois classes conduisent inévitablement à une *schizophrénie sociale* aux antipodes de la libération et du développement de l'Afrique. C'est ainsi qu'il définit sa philosophie comme «l'ensemble, en termes intellectuels, de l'organisation des forces qui permettent à la société africaine d'assimiler les éléments occidentaux, musulmans et euro-chrétiens présents en Afrique et de les transformer de façon qu'ils s'insèrent dans la personnalité africaine[14] ». Autrement dit, la doctrine de Nkrumah peut être envisagée comme une philosophie de la praxis sociale qui permet aux Africains de prendre conscience de leur situation et qui intègre les éléments traditionnels, islamiques et chrétiens adaptés à la *personnalité africaine*. Une fois assimilés, ces différents éléments devraient être utilisés en vue de permettre le développement harmonieux de la société africaine sur la base d'une idéologie apte à rendre compte des nouvelles métaphores de cette société, d'où ces mots de Nkrumah dans *Le Consciencisme*: «Je propose d'appeler cette position conscience philosophique, car ce n'est pas là la philosophie qui nous donnera le fondement théorique dont le but sera de contenir à la fois l'expérience africaine de la présence musulmane et euro-chrétienne et celle de la société traditionnelle, et, par une sorte de gestation, de les utiliser au développement harmonieux de la société[15]. »

Apparaît ainsi la fonction du consciencisme, qui ne consiste pas seulement à doter l'Africain d'une doctrine apte à l'affirmer et à rendre compte de sa nouvelle situation, mais d'organiser sa société en y intégrant d'autres apports extérieurs de manière à favoriser son développement économique, social et culturel – d'où sa conception à la fois matérialiste et dialectique. Néanmoins, cette philosophie qui se présente comme un prolongement du marxisme est en réalité une contextualisation de cette doctrine par rapport aux superstructures idéologiques et aux nouvelles surdéterminations africaines. En d'autres termes, si le consciencisme philosophique trouve son ancrage dans le matérialisme dialectique, cela ne l'empêche guère d'épouser les contours de la société africaine. Mais, contrairement au marxisme, le matérialisme de Nkrumah reconnaît, certes, la primauté de la matière sur l'idée, mais demeure profondément enraciné dans l'univers des valeurs spirituelles et religieuses de l'Africain, ainsi qu'il le note : « Le consciencisme n'est pas nécessairement athée[16]. »

Towa et la théorie de l'aliénation

Amplifiant la perspective de Nkrumah qui s'énonce comme une manière de concilier les termes de la contradiction (nous/l'autre, tradition/modernité…) *dans un dépassement qui permet d'assumer*, Towa (1931-2014) réfléchit sur la situation de l'homme africain dans le monde moderne et constate son absence de liberté. Mais contrairement à ceux qui imputent la faute aux autres, il affirme que la servitude de l'Africain se pose uniquement dans son rapport avec lui-même et non dans son rapport avec l'autre. Se situant aux antipodes du *différentialisme*, Towa prône la théorie de la *ressemblance* dont la réalisation suppose que l'Africain sorte de sa particularité pour s'élever à l'*universel*. Si le dépassement du dilemme se règle en termes de *dépassement* et d'*altération*, l'enjeu de cette ressemblance à autrui s'inscrit dans une logique d'« appropriation de l'arme miraculeuse de l'Occident », en d'autres termes, il est question de dépasser notre *différentialisme* pour aller prendre chez l'Autre les secrets de sa victoire, voire lui ressembler afin de nous approprier la pensée scientifique et technique qui a permis à l'Occident de nous soumettre. Towa reste conscient que cette logique d'appropriation des « armes miraculeuses de l'autre » doit commencer par la renaissance philosophique qui est pensée de notre pensée, qui ne la restreigne pas à notre propre schéma culturel. L'enjeu de cette ressemblance à autrui est donc, selon Towa, de relever positivement le destin politique et économique de l'Afrique, de faire du continent noir une grande puissance – sachant que la puissance est fondatrice de la grandeur philosophique. Développant cette idée, Towa note que la Grèce elle-même, qui a donné au monde beaucoup de philosophes, est devenue stérile pour avoir perdu sa puissance et avec elle sa confiance en soi[17]. Précisons toutefois que chez Towa, la puissance est une condition nécessaire quoique non suffisante pour la philosophie. Indépendamment des critiques que suscitent ses points de vue, lesquelles ont d'ailleurs été avancées par des ethnophilosophes, cette position rejoint à maints égards celle défendue par les marxistes africains. En effet, ils reprochent aux théoriciens du socialisme africain[18] d'avoir rejeté le marxisme-léninisme au nom de leur différence et sous prétexte qu'il est issu d'une société donnée, à un moment donné de son évolution.

Devrions-nous nous démarquer, pensent-ils, de toute idéologie étrangère dont l'universalisme s'est matérialisé à travers les transformations multidimensionnelles qu'elle a entraînées dans différentes sociétés ? Pour eux, la seule question qui mériterait d'être posée est moins celle de la voie à emprunter pour le développement que celle du développement de l'Afrique, ce qui reste avant tout une exigence épistémologique et ontologique, ainsi qu'il apparaît dans ces propos de Stanislas Adotevi : « Pour l'Afrique, il n'y a pas d'autre issue que le développement [...] le choix n'est pas entre le socialisme et le capitalisme, le choix est entre la vie et la mort, et entre la vie et la mort il n'y a que de faux dilemmes : soit qu'on décide de vivre, soit qu'on décide de mourir. La forme que prend la vie est un autre aspect du problème[19]. »

Ces brèves lectures africaines allant de la théorie de la complémentarité à l'aliénation de soi sont plus ou moins inscrites au programme d'une philosophie de l'action et de la prospective, telle qu'elle se laisse saisir dans *Le Consciencisme* de Nkrumah où l'entreprise de réappropriation, loin de ressasser les valeurs négro-africaines, s'enfermant ainsi dans un particularisme culturel, s'effectue, au contraire, comme le dit le Ghanéen, dans et par une *philosophie de la synthèse intellectuelle* en acceptant la contribution de chaque système de pensée dans l'élaboration de la réflexion humaine.

Mais se réapproprier, n'est-ce pas aussi penser l'idéologie négro-africaine dans les termes d'une culture dont l'efficacité dépend de sa capacité à se construire, à se réinventer, à se déployer?

Se plaçant dans ce cadre, le marxiste Remo Cautoni notait: «Une culture qui ne veut modifier ni le monde, ni ses rapports extérieurs, ni ses conditions de vie, est une culture de musée, qui craint l'air frais de l'action[20].»

De ce fait, la question n'est plus de s'enfermer dans le dilemme de soi et de l'autre, d'épouser ou non les contours d'une modernité occidentale conquérante et aliénante[21], mais de déployer une véritable stratégie d'émancipation susceptible non seulement de nous permettre l'appropriation dynamique de la tradition, mais d'affronter ici et maintenant les tâches urgentes que pose notre développement, c'est-à-dire en s'inscrivant dans une philosophie de l'actualité et de la prospective et en se libérant du joug de son passé.

C'est la formulation d'une telle exigence que dévoile le philosophe camerounais Marcien Towa dans son *Essai sur la problématique philosophique en Afrique*: «L'interrogation sur notre dessein profond, sur la direction à donner à notre existence, doit être la grande affaire de notre effort intellectuel, philosophique, c'est elle qui doit précéder et dominer toute autre question, celle sur notre essence, sur notre originalité et notre passé comme celle sur la position à adopter à l'égard de la pensée européenne[22].»

Voilà un postulat qui se fonde sur le refus de tout discours passéiste en s'identifiant plutôt à un *discours vivant*, qui n'est pas la disqualification systématique du passé, mais son actualisation dans le présent ainsi qu'il apparaît dans le concept de *tradition vivante* qu'énonce le philosophe franco-sénégalais Gaston Berger en ces termes : « Elle n'est point la stérile évocation des choses mortes, mais la redécouverte d'un élan créateur qui se transmet à travers les générations et qui, à la fois, réchauffe et éclaire[23]. »

Réinventer la modernité africaine, c'est donc à la fois s'inscrire dans une philosophie de l'actualité et de la prospective afin, pour reprendre les mots de Marcien Towa, de parvenir à une saisie et une expression de l'être-de-l'homme-africain-dans-le-monde-actuel.

Mais, fondamentalement, c'est aussi avoir le courage de penser que la sortie de notre dépendance politique, économique, culturelle, redéployée par un Occident toujours adossé à l'universalité de sa civilisation en vertu de laquelle sont imposés ses paradigmes, dépend de notre capacité à envisager notre aliénation comme une autoaliénation.

C'est ce constat que posait déjà en 1958 Peter Abrahams, romancier sud-africain, par la bouche de son personnage Udomo, agitateur noir qui, après avoir lutté pour l'indépendance de son peuple, s'exile à Londres avant de revenir en Afrique du Sud, son pays natal, où il finit par être assassiné par un membre de son parti à cause de ses compromis politiques.

Tels sont nos trois ennemis : « Quand je suis arrivé ici, je croyais n'avoir à faire face qu'à un seul ennemi ; le Blanc. Mais dès l'instant où je me suis défait de lui, les autres ennemis me sont apparus plus grands, plus dangereux que le Blanc. À côté de ces deux-là le Blanc faisait presque figure d'un allié, qui lutte avec nous contre la misère [...]. Pourquoi croyez-vous que j'ai dépensé tant d'argent pour les envoyer à l'étranger ? Parce que j'ai besoin qu'ils se joignent à moi pour lutter contre notre troisième ennemi, le pire que nous ayons : le passé [...] Et vous, Sélina, et vous Adheboy que j'ai aimés autrefois comme un frère, vous êtes le passé. Je vous abattrai ! C'est vous qui faites obstacle à l'évolution de la grande Afrique [...][24]. »

Pour conclure : l'idéologie négro-africaine, une doctrine en crise

Poser la question de l'idéologie négro-africaine en termes de crise ne peut avoir de sens que si nous l'envisageons depuis son point d'énonciation jusqu'au bout de sa trajectoire. De sa constitution en discours différentialiste fondé sur la vivification de la culture de l'Afrique traditionnelle à sa formulation de la libération politique, économique et sociale du continent, la véritable question posée par l'idéologie négro-africaine a toujours été celle de l'*endogénéité* d'une réflexion philosophique en Afrique. Placée dans ce contexte, la philosophie devient alors un discours constitutif d'un type d'intelligibilité, dans les conditions de sa production, dans la pratique de ceux qui l'élaborent. Toutefois, il semblerait que toute production philosophique, toute pratique de la philosophie soient fonction de la place qu'occupent ceux qui la formulent à un moment précis de leur propre histoire. Par conséquent, la centralité d'un tel enjeu présent à l'intérieur de l'idéologie négro-africaine ne peut se lire qu'à partir de la détermination situationnelle – qui est en même temps saisie de la trajectoire – de l'*être-là-africain-dans-le-monde-concret*. Or comment prendre en charge ces préoccupations à l'intérieur d'un universalisme érigé comme horizon indépassable à la réalisation de toute culture humaine ?

Du coup, l'universalité dont il est question devient une perspective qui n'a d'unicité que parce que postulée ou imposée[25]. Se pose alors dans toute son actualité et son acuité la question de l'affirmation de l'Africain comme sujet actif qui s'autodéveloppe en tant que créateur et non plus comme simple bénéficiaire. C'est dans une telle perspective qu'Alioune Diop, dans son dernier message à l'Afrique et au monde, affirmait : « Ressusciter et animer le pouvoir et l'initiative intellectuelle de l'Africain (inséré dans son environnement naturel et socio-culturel), à fin de le mettre à même d'exercer sa responsabilité de juger directement à même les réalités nationales et internationales.

C'est la première condition à remplir pour assurer la correcte efficacité de notre développement intégral[26]. »

Mais il reste à savoir si la reprise de l'initiative intellectuelle et pratique – dont l'effectivité, précisons-le, se déploie à l'aune d'une philosophie de la responsabilité et de la prospective – ne peut être assumée à l'intérieur de ce qui a été jusqu'ici considéré comme étant l'idéologie négro-africaine. Or, s'il y a un constat à faire aujourd'hui dans toute approche objective de cette doctrine, celle-ci ne peut être envisagée qu'à travers une lecture symptomatique qui met en lumière sa faillite en tant que système philosophique, politique, social et culturel. Dès lors que le problème se pose en ces termes, il ne s'agira plus alors pour nous de revenir sur les mêmes et interminables critiques qui ont été formulées contre elle, mais plutôt d'avoir le courage de décréter le rejet systématique de cette idéologie. C'est un tel radicalisme que défend le philosophe camerounais Eboussi Boulaga dans *La Crise du Muntu* : « [...] Il faut rejeter une culture qui a fait lamentablement faillite et il serait immoral et au reste vain de vouloir la maintenir, la sauver [...]. De plus, dans le heurt des cultures, des combinaisons se révèlent moins stables et plus fragiles que d'autres ; elles succombent donc sous les coups de celles qui sont plus résistantes, plus adaptées au conflit[27]. »

Mais notons que ce constat, loin de signifier une capitulation ou un afro-pessimisme, pose l'urgence d'un renouveau dans le discours impliquant un changement paradigmatique – ce qui, du reste, n'est possible que par une prise de conscience posant comme prémisse l'effectuation d'une véritable catharsis intellectuelle et affective. La prise de conscience dont il s'agit est donc celle d'« une désaliénation possible qui découvre l'aliénation comme une auto-aliénation et non comme un pur fait, une fatalité[28] ». Et donc, à l'issue de cette prise de conscience qui n'est perceptible que dans une trajectoire qui va « de l'aliénation de soi-même par l'autre à l'aliénation du soi par soi-même », le seul impératif existentiel et épistémologique qui se dessine est celui que pose Frantz Fanon en des termes on ne peut plus clairs concluant *Les Damnés de la terre* : « Allons camarades, il vaut mieux décider dès maintenant de changer de bord. La grande nuit dans laquelle nous fûmes plongés, il nous faut la secouer et en sortir. Le jour qui se lève doit nous trouver fermes, avisés et résolus. Il nous faut quitter nos rêves, nos vieilles croyances d'avant la vie. Ne perdons pas de temps en stériles litanies ou en mimétismes nauséabonds[29]. »

Notes

1. Mohamed Iqbal, *Les Secrets du Soi. Les mystères du Non-Moi* (traduction de Djamchid Mortazavi et Eva de Vitray-Meyerovitch), Paris, Albin Michel, 1989, p. 181.

2. *La culture de l'âme, c'est la philosophie.*

3. Fabien Eboussi Boulaga, *Christianisme sans fétiche. Révélation et domination*, Paris, Présence africaine, 1981, p. 162.

4. Cf. Mamoussé Diagne, « Contribution à une critique du principe des paradigmes dominants », in Joseph Ki-Zerbo (dir.), *La Natte des autres*, Dakar, Codesria, 1992, p. 109.

5. Cf. Marcien Towa, *Essai sur la problématique philosophique en Afrique*, Paris, Éditions Clé, 1979.

6. Jacques Rancière, *Aux bords du politique*, Paris, Gallimard/La Fabrique, 1998.

7. De cette modernité, Guy Debord exprimait les méfaits sur l'être de l'homme occidental dans *La Société du spectacle* sur le mode de l'aliénation. Nous n'allons pas revenir ici sur les controverses de la modernité, sinon mentionner son contenu idéologique et rappeler l'avertissement de Charles Saint-Prot dans *La Tradition islamique de la réforme* : « Si la tradition ne doit pas être assimilée au conservatisme, et encore moins à la sclérose, la modernité ne peut être confondue avec le progrès », p. 13.

8. Cheikh Anta Diop, *Civilisation ou barbarie*, Paris, Présence africaine, 1981, p. 272.

9. *Ibid.* Déjà dans Cheikh Anta Diop, *Antériorité des civilisations nègres : mythe ou vérité historique?*, Paris, Présence africaine, 1967, p. 283.

10. « La négritude est un humanisme du XXᵉ siècle », *Liberté III. Négritude et civilisation de l'universel*, Paris, Le Seuil, 1977, p. 9.

11. Léopold Sédar Senghor, *Nation et voie africaine du socialisme*, Paris, Le Seuil, 1964, p. 107.

12. Léopold Sédar Senghor, « Pour une relecture africaine de Marx et d'Engels », in Discours, Tunis, 1975.

13. *Ibid.*, p. 74.

14. Kwame Nkrumah, *Le Consciencisme*, Paris, Présence africaine, 1972, p. 86.

15. *Ibid.*, p. 89.

16. *Ibid.*, p. 105.

17. Cf. Marcien Towa, *L'Idée d'une philosophie négro-africaine*, Paris, Éditions Clé, 1979.

18. Le désir des Africains d'œuvrer à trouver et à bâtir leur propre voie de développement remonte à la veille des indépendances africaines, et notamment à la conférence de Bandung, tenue en 1955 en Indonésie. Celle-ci a manifesté la volonté de l'intelligentsia africaine de se démarquer de toute forme de tutelle occidentale, capitaliste ou communiste : c'est la doctrine du non-alignement.

19. Cf. Stanislas Spero Adotevi, *Négritude et négrologues*, Yaoundé, Union générale d'édition, 1972.

20. Cité par Senghor in *Liberté I. Négritude et humanisme*, Paris, Le Seuil, 1964, p. 95-96.

21. Je vous renvoie aux débats entre *ethnophilosophie* – c'est-à-dire cette conception qui met en avant les traditions et civilisations africaines d'où découle une philosophie – et l'*europhilosophie*, laquelle, postulant une complémentarité, chez Senghor, ou un dépassement dans la ressemblance à autrui – puisqu'il s'agit de s'emparer de l'arme miraculeuse de l'Occident –, comme on le trouve chez Marcien Towa.

22. Marcien Towa, *Essai sur la problématique philosophique en Afrique*, *op. cit.*

23. Gaston Berger, *L'Homme moderne et son éducation*, Paris, PUF, 1962, p. 125.

24. Peter Abrahams, *Une couronne pour Udomo* (traduction de Pierre Singer), Paris, Stock, 1958.

25. Cf. Mamoussé Diagne, « Contribution à une critique… », *op. cit.*, p. 109.

26. Cité par Mamoussé Diagne, *ibid.*, p. 110.

27. Fabien Eboussi Boulaga, *La Crise du Muntu*, Paris, Présence africaine, 1977, p. 22.

28. *Ibid.*

29. Frantz Fanon, *Les Damnés de la terre*, Paris, Gallimard, 1996, p. 371.

Bibliographie

Peter Abrahams, *Anthologie africaine et malgache*, Paris, Seghers, 1966.

Stanislas Adotevi, *Négritude et négrologues*, Yaoundé, Union générale d'édition, 1972.

Louis Althusser, *Pour Marx*, Paris, La Découverte, 1986.

Samir Amin, *Impérialisme et développement inégal*, Paris, Minuit, 1976.

Gaston Berger, *L'Homme moderne et son éducation*, Paris, PUF, 1962.

Fabien Eboussi Boulaga, *La Crise du Muntu*, Paris, Présence africaine, 1977.

–, *Christianisme sans fétiche. Révélation et domination*, Paris, Présence africaine, 1981.

–, *L'Affaire de la Philosophie africaine*, Paris, Éditions Terroirs-Karthala, 2011.

Jean Buchmann, *L'Afrique noire indépendante*, Paris, Pichon et Durand-Auzias, 1962.

Mamadou Dia, *Réflexions sur l'économie de l'Afrique noire*, Dakar, NEA, 1961.

–, *Émancipation des économies captives*, Paris, Anthropos, 1976.

Pathé Diagne, *L'Europhilosophie face à la pensée du négro-africain*, Dakar, Sankoré, 1981.

Souleymane Bachir Diagne *et al.*, *Gaston Berger, introduction à une philosophie de l'avenir*, Paris, NEA, 1997.

Amdy Aly Dieng, *Hegel, Marx, Engels et l'Afrique noire*, Dakar, Sankoré, 1978.

Abdoulaye Dieng, *Crises d'identité et idéologies dans l'Afrique noire contemporaine*, thèse de Philosophie, Paris I, 1977.

–, *Économie : les règles du jeu*, Paris, Economica, 1984.

Cheikh Anta Diop, *Antériorité des civilisations nègres : mythe ou vérité historique ?*, Paris, Présence africaine, 1967.

–, *Civilisation ou barbarie*, Paris, Présence africaine, 1981.

Frantz Fanon, *Les Damnés de la terre*, Paris, Gallimard, 1996.

Pierre Fougeyrollas, *Le Destin historique des idéologies sociales en Afrique*, Kampala, NEA, 1966.

Paulin Hountondji, *Sur la philosophie africaine*, Paris, Maspero, 1977.

–, *Les Savoirs endogènes*, Paris, Karthala, 1994.

Mohamed Iqbal, *Les Secrets du Soi. Les mystères du Non-Moi* (traduction de Djamchid Mortazavi et Eva de Vitray-Meyerovitch), Paris, Albin Michel, 1989.

Jean-François Kahn, *La Pensée unique*, Paris, Fayard, 1995.

Joseph Ki Zerbo *et al.*, *La Natte des autres*, Dakar, Codesria, 1992.

Gérard Leclerc, *La Mondialisation culturelle*, Paris, PUF, 2000.

Lucien Lévy-Bruhl, *La Mentalité primitive*, Paris, Félix Alcan, 1922.

Claude Liauzu, *L'Enjeu tiers-mondiste*, Paris, L'Harmattan, 1987.

Karl Marx et Friederich Engels, *L'Idéologie allemande* (traduction de Gilbert Badia), Paris, Éditions sociales, 1982.

Achille Mbembe, *De la postcolonie*, Paris, Karthala, 2000.

–, *Sortir de la grande nuit*, Paris, La Découverte, 2013.

Albert Meister, *L'Afrique peut-elle partir?*, Paris, Le Seuil, 1966.

Alassane N'daw, *La Pensée africaine*, Paris, Présence africaine, 1976.

Kwame Nkrumah, *L'Afrique doit s'unir*, Paris, Présence africaine, 1964.

–, *Le Consciencisme*, Paris, Présence africaine, 1972.

–, *La Lutte des classes en Afrique*, Paris, Présence africaine, 1972.

–, *Le Néo-Colonialisme: dernier stade de l'impérialisme*, Paris, Présence africaine, 2009.

Jean-Pierre N'diaye, *Monde noir et destin politique*, Paris, Présence africaine, 1976.

Julius Nyerere, *Socialisme, Démocratie et unité africaine*, Paris, Présence africaine, 1970.

Jacques Rancière, *Aux bords du politique*, Paris, Gallimard/La Fabrique, 1998.

Charles Saint-Prot, *La Tradition islamique de la réforme*, Paris, Éditions CNRS, 2010.

Felwine Sarr, *Dahij*, Paris, L'Arpenteur, 2009.

–, *Afrotopia*, Paris, Philippe Rey, 2016.

Babacar Sine, *Impérialisme et théories sociologiques du développement*, Paris, Anthropos, 1972.

–, *Le Marxisme devant les sociétés africaines contemporaines*, Paris, Présence africaine, 1983.

Léopold Sédar Senghor, *Liberté I. Négritude et humanisme*, Paris, Le Seuil, 1964; *Liberté II. Nation et voie africaine du socialisme*, Paris, Le Seuil, 1971; *Liberté III. Négritude et civilisation de l'universel*, Paris, Le Seuil, 1977; *Liberté IV. Socialisme et planification*, Paris, Le Seuil, 1982.

Louis Vincent Thomas, *Les Idéologies négro-africaines d'aujourd'hui*, Dakar, FLSH, 1970.

–, *Le Socialisme et l'Afrique*, Paris, Présence africaine, t. 1 et t. 2, 1966.

Marcien Towa, *Essai sur la problématique philosophique en Afrique*, Paris, Éditions Clé, 1979.

Jean Ziegler, *La Victoire des vaincus*, Paris, Le Seuil, coll. «Points Actuels», 1988.

Qu'est-ce qu'un auteur postcolonial ?

Lydie Moudileno

> « It matters little whom the work was made for ; what we should learn from is the imagination that produced it. »
>
> Anthony Appiah[1]

Une bibliothèque qui déborde

Le début de ce millénaire a été un moment de grande visibilité pour la littérature africaine en France. L'activité continue des aînés, combinée à l'abondance de nouveaux auteurs d'origines de plus en plus diverses a confirmé au fil des décennies la place essentielle de la littérature dans la production de savoirs de l'Afrique, aux côtés d'autres arts dont les arts visuels et graphiques. Aujourd'hui encore, la fiction africaine s'affirme comme un genre majeur de la représentation, dans des proportions similaires à celle de ce qu'on a appelé dans les années 1950 l'«ère du roman africain». Mais les choses ont évidemment changé depuis l'émergence des premiers auteurs qui ont contribué à asseoir le champ de la littérature africaine : premièrement, le temps des pionniers a laissé la place à des singularités de plus en plus affirmées, dont l'écriture n'est plus systématiquement déterminée par le dévoilement ethnographique, l'urgence de la décolonisation, la re-culturation, la prise de conscience nationale ou la dénonciation des dérives postcoloniales. En d'autres termes, l'auteur contemporain s'est affranchi des injonctions qui pesaient sur les générations précédentes, telles qu'elles avaient pu être débattues, par exemple, dans les pages du *Congrès des écrivains et artistes noirs* de 1956, puis dans les pages de la revue *Présence africaine*.

Deuxièmement, la profusion actuelle d'auteurs (hommes et femmes) signifie que la présence d'écrivains africains fait désormais partie d'un paysage culturel national, continental et planétaire. Suivant une évolution démographique de la société en général, la « présence africaine » se banalise aussi en littérature, au point où la figure démultipliée de l'écrivain noir ne constitue plus une anomalie, en particulier sur la scène culturelle francophone. Au contraire, elle se décline sous des formes de plus en plus originales, présentant des individus, des histoires et des projets esthétiques qui se distinguent davantage par leur originalité que par leurs ressemblances.

Finalement, la visibilité de ces auteurs (ou en tout cas de certains) doit beaucoup à une prise en charge soutenue du monde éditorial, de la critique journalistique et des institutions culturelles françaises depuis le début du siècle. Le phénomène a d'ailleurs attiré l'attention des sociologues de la littérature, comme Claire Ducournau qui note « un intérêt plus marqué et plus systématique pour les auteur-e-s issu-e-s d'Afrique » chez les éditeurs, lecteurs et critiques à partir de la fin des années 1990[2]. Pour sa part, Sylvie Ducas situe en l'année 2000 la « pleine période d'explosion de la demande éditoriale en matière de littérature africaine » : « On peut réellement parler d'une nouvelle tendance lorsqu'on réalise qu'entre 1997 et 2000 mille deux cent cinquante nouveaux titres de littérature d'Afrique noire sont publiés en France, soit une production qui a doublé en dix ans. En dehors des maisons spécialisées comme Présence africaine, L'Harmattan, Le Serpent à plumes, les Éditions Karthala et Dapper, les éditeurs généralistes ont tous lancé leur collection[3]… ».

Ces travaux ont souligné le rôle essentiel des honneurs et récompenses dans les processus de reconnaissance des auteurs issus des anciennes colonies. À l'Académie française par exemple, après le cas isolé de Senghor en 1983, une vague d'élections d'auteurs francophones commence avec Assia Djebar en 2005. Parallèlement, l'obtention des prix littéraires les plus prestigieux s'accélère aussi, avec, par exemple le prix Renaudot qui ouvre le siècle en récompensant Ahmadou Kourouma en 2000 et en couronnant successivement Alain Mabanckou (2006), Tierno Monenembo (2008), Scholastique Mukasonga (2012) à quelques années d'intervalle.

L'ampleur et la diversité de la bibliothèque postcoloniale ne peuvent pas s'appréhender sans une prise en compte des lieux et mécanismes de visibilisation et, d'une manière générale, des processus de promotion du livre sur le marché global du livre. À ce propos, Gisèle Sapiro rappelle la fonction cruciale des pratiques de traduction dans la circulation globale des œuvres : la traduction en anglais, par exemple, ne fait pas qu'accroître le prestige d'un auteur des périphéries francophones, elle a aussi pour effet, en le déterritorialisant, de l'inscrire dans une économie globale qui dénationalise son rapport au centre parisien, tout en ouvrant le sens à de nouveaux publics[4]. Il va sans dire que la traduction participe de l'expansion des savoirs sur l'Afrique qui caractérise notre contemporain global. On pourra s'interroger aussi sur les nouveaux espaces de cette visibilité, comme les salons du livre, les colloques et les festivals. En l'année cinquantenaire du premier « Festival mondial des arts nègres » qui se tenait à Dakar en 1966, la question de ce qu'on appelle aujourd'hui la « festivalisation » de la culture se pose avec une acuité particulière concernant les modalités de la représentation de l'Afrique dans le monde.

Il y a très certainement de quoi se réjouir devant ce constat d'une bibliothèque postcoloniale en pleine expansion[5]. Et devant la présence accrue des auteurs d'origine africaine qui bénéficient d'une légitimité sinon acquise, en tout cas grandissante. À travers eux, l'Afrique y gagne en visibilité culturelle et confirme sa pertinence en tant que continent producteur de savoirs et engagé dans l'échange mondial des connaissances. Le phénomène doit donc s'interpréter positivement dans le sens d'innovations et de distinctions qu'il serait injuste de ramener uniquement à des stratégies éditoriales ou à des pratiques du *postcolonial exotic*[6]. Pour autant, il ne s'agit pas de « se réjouir naïvement que l'écrivain francophone trouve depuis quelques années dans les prix littéraires une autre tribune de son succès public[7] ». C'était, on s'en souvient, la position euphorique du manifeste « Pour une littérature-monde en français » publié dans les pages du *Monde* en 2006, dont les quarante-quatre signataires avaient voulu croire à l'avènement d'une véritable « révolution copernicienne » pour les lettres francophones[8]. À l'heure où il est indéniable que les cultures africaines contemporaines œuvrent pleinement à la présence planétaire de l'Afrique, il nous faut en rendre compte sans faire l'économie d'un regard exigent et critique sur les paradigmes qui régissent cette présence. Il se pourrait bien que pour la littérature aussi, comme l'écrit Felwine Sarr, le vent ait tourné et qu'une « rhétorique de l'euphorie et de l'optimisme a[it] vu le jour » dans le discours sur les arts comme en économie. Mais Felwine Sarr attire aussi l'attention sur le fait que l'« optimisme béat » quant au XXIe siècle africain ne serait que le « double inversé » de l'afropessimisme du siècle précédent[9].

Ce moment d'exceptionnelle visibilité qui laisse présager de beaux jours pour la littérature africaine dans les décennies à venir doit être aussi l'occasion d'un regard rétrospectif sur la manière dont nous la recevons, en tant que critiques, professeurs et commentateurs des productions culturelles de l'Afrique. Comment ces textes nous arrivent-ils ? Dans quelle mesure leur réception est-elle déterminée par des attentes spécifiques à une certaine conception de ce que l'écriture africaine doit accomplir ? Nos outils herméneutiques et nos méthodologies sont-ils encore adéquats pour faire sens de ces corpus de plus en plus hétérogènes ? Dans notre volonté de promouvoir l'accumulation de savoirs sur l'Afrique et de faire la démonstration de sa présence culturelle au monde, dans quels régimes de vérité les situons-nous ? Et bien sûr, l'ultime préoccupation que nous devons avoir à l'esprit se pose en termes d'exclusion : à bien des égards, la bibliothèque post-coloniale déborde, et c'est tant mieux. Mais dans le même temps, nous devons garder à l'esprit que dans nos efforts pour affirmer la légitimité de canons non occidentaux et pour déstabiliser le centre hégémonique grâce aux voix des soi-disant périphéries, nous avons créé d'autres marginalités et instauré de nouveaux centres. Nous savons par exemple que certains livres du *Global South* circulent moins que d'autres et que beaucoup ne parviennent pas jusqu'aux rayons des librairies des métropoles de l'Atlantique Nord par lesquelles passe la consécration. Il nous faudra évidemment ne pas perdre de vue les exclusions et les «pertes» qui procèdent de ces processus et de notre propre arbitraire. C'est avec ces questionnements à l'esprit qu'il me semble important de soumettre à l'examen la notion d'auteur telle qu'elle se déploie aujourd'hui comme élément essentiel de la culture. Et ce, non pas en tant qu'elle aiderait à assigner des identités ou à établir des taxonomies de l'origine, mais en tant que catégorie discursive permettant de repenser la production d'imaginaires de/sur l'Afrique en ayant conscience de ce qui les prend en charge et de qui continue à déterminer les modalités de leur circulation dans le monde au XXIᵉ siècle.

Qu'est-ce qu'un auteur postcolonial?

Telle qu'elle est posée et contrairement à ce qu'on pourrait croire, la question ne s'engage pas sur la voie d'une définition de ce que serait ici le «postcolonial». Il ne s'agira pas d'entrer dans des nuances définitionnelles pour chercher à savoir qui est postcolonial et qui ne l'est pas, qui l'est plus ou moins, ou faussement, ou mal, ou pas encore. Il est temps de clore le débat sur l'opérabilité ou non du qualificatif «postcolonial», en tout cas pour ce qui concerne la littérature, et d'assumer ici le choix heuristique du terme. En revanche, on ne s'est pas assez arrêté sur la catégorie de l'auteur, alors que c'est peut-être là – davantage que dans les adjectifs postcolonial, africain, etc. – que se nouent des interrogations essentielles sur la manière dont la littérature issue de l'Afrique circule et se conçoit dans le monde. Reformulons alors notre titre ainsi: «Qu'est-ce qu'un auteur, dans le contexte de la littérature francophone africaine/postcoloniale?» Il s'agira principalement de modalités de présence, et mes remarques porteront sur des auteurs dont la grande majorité publie en français dans des maisons d'édition parisiennes, quels que soient leur origine, citoyenneté ou lieu de résidence.

Les considérations d'ordre épistémologique concernant l'objet « Afrique » font débat depuis longtemps dans le domaine des sciences sociales et humaines. En sciences politiques, en économie ou en philosophie on pose régulièrement la question de la pertinence des paradigmes occidentaux pour l'appréhension des cultures africaines. Mais l'a-t-on fait aussi systématiquement pour le domaine littéraire ? Dans quelle mesure et à quel point le cadre de la théorie littéraire qui sert à l'analyse du domaine français s'est-il transposé, est-il transposable pour une critique du champ africain ?

Comme le rappelle Edward Said, le mouvement des idées et la circulation des théories sont indispensables à l'activité intellectuelle universelle. Ils doivent néanmoins s'accompagner d'une considération de ses conditions d'acceptation et de ses modalités d'appropriation lorsqu'elle migre vers une période, situation ou culture autres que celles de son origine[10].

Comment la notion d'auteur voyage-t-elle (ou non) du contexte français au contexte africain ? On remarquera avec Catherine Mazauric que c'est la figure moderne de l'auteur-auctor (celui qui génère et garantit le sens) qui s'est en quelque sorte « naturalisée » en Afrique, par le biais notamment de la pédagogie traditionnelle : « En Afrique, c'est la première conception occidentale de l'auteur qui a été, avec une certaine forme de littérature écrite, importée. Sous l'effet de sa corrélation avec l'enseignement de l'histoire littéraire, elle s'y est en quelque sorte naturalisée. Elle est cependant entrée en coalescence avec des contextes et des phénomènes spécifiques qui n'ont pu que contribuer à en redéfinir la portée[11]. »

La fin des années 1960 marque un tournant important à la fois pour la théorie française et pour la littérature francophone africaine. Elle se traduit par une divergence radicale entre les postulats de l'avant-garde française déterminée à remettre en question les paradigmes des générations précédentes, et les revendications d'une littérature qui vit son premier quart de siècle et qui obéit, à l'heure de la décolonisation, à des impératifs politico-culturels tout à fait différents. Les conséquences de cette divergence demeurent déterminantes à la fois pour la conception du champ littéraire africain, et pour l'idée même de la fonction de l'écrivain dans les sociétés postcoloniales (dont la France).

Rappelons pour commencer le contexte français de la fin des années 1960 : la question de l'auteur y est revisitée dans deux des textes considérés comme fondateurs de la critique postmoderne : « La mort de l'auteur » publié par Roland Barthes en 1968, et le texte de la conférence de Michel Foucault, « Qu'est-ce qu'un auteur ? », publié en 1969, dont le présent essai se veut l'écho. En 1968, comme on le sait, le moment est à la contestation des autorités, à la dénonciation des structures de pouvoir, apologie de l'affranchissement et libération de la parole. Dans la foulée, la vieille conception de l'auteur est soumise à un régime de contestation similaire : l'auteur ne doit plus se concevoir comme origine exclusive du sens et détenteur de la clé du texte, il faut au contraire lui retirer le privilège de la signification : « Donner un Auteur à un texte, écrit Barthes, c'est imposer à ce texte un cran d'arrêt, c'est le pourvoir d'un signifié dernier, c'est fermer l'écriture[12]. » Ainsi la mort symbolique (éloignement, distanciation, absence) de l'auteur s'impose-t-elle comme condition fondamentale de la naissance d'une véritable écriture dont l'ouverture sémantique revient au(x) lecteur(s).

De son côté, Michel Foucault prend acte de cette rupture épistémologique et remet en cause dans « Qu'est-ce qu'un auteur ? » la conception d'un texte comme pure expression de son auteur, dont il s'agirait dans un geste critique clôturant de dévoiler le message, les intentions ou le fond biographique. « Qu'importe, qui parle ? » déclare Foucault en 1969, réfutant le rapport d'antériorité de l'auteur au texte, « C'est dans cette indifférence, je crois, qu'il faut reconnaître un des principes éthiques fondamentaux de l'écriture contemporaine[13]. »

« Dans l'écriture, il n'y va pas de la manifestation ou de l'exaltation du geste d'écrire ; il ne s'agit pas de l'épinglage d'un sujet dans le langage, il est question de l'ouverture d'un espace où le sujet écrivant ne cesse de disparaître[14]. »

Or, ce qui se passe dans la littérature africaine présente une tout autre situation, et il est clair que l'« écriture contemporaine » à laquelle fait référence Foucault dans ces lignes n'inclut pas les écritures de cet Empire français en train de s'écrouler. En effet, depuis le « grand cri nègre » de Césaire trente ans plus tôt, une littérature issue de l'Afrique et écrite en français se fait entendre, et pour ces auteurs à la marge de l'Hexagone, il importe « qui parle ». « Ma bouche sera la bouche des malheurs qui n'ont point de bouche », écrivait Césaire dans le *Cahier d'un retour au pays natal*.

Dans l'histoire littéraire de l'Afrique, 1968 est l'année de la publication des *Soleils des indépendances* d'Ahmadou Kourouma, et du *Devoir de violence* de Yambo Ouologuem qui obtient le prix Renaudot. Il s'agit là des deux premiers grands textes postcoloniaux dans le sens chronologique du terme. Contemporains des théories postmodernes de Barthes et Foucault sur l'auteur, ils signalent un tournant d'un tout autre ordre : si, comme on l'a remarqué, 1968 marque une rupture épistémologique pour les lettres africaines[15], cette rupture tient au fait qu'une nouvelle écriture africaine prend forme, et avec elle une nouvelle conception de l'auteur.

Comme le constate Souleymane Bachir Diagne, « The crisis in African letters [in 1968] marked by *Le Devoir de violence* and *Les Soleils des indépendances* must be caracterized as the shift from the paradigm of transcription to that of writing[16] ». D'une certaine manière, c'est bien, en cette première décennie d'indépendance, de la naissance de deux *écrivains francophones postcoloniaux* qu'il s'agit, dans le sens où leurs textes sont reconnus comme étant le fruit d'une invention générée par des inspirations, des trajectoires et des projets esthétiques individuels. L'écart se creuse donc de manière spectaculaire entre d'un côté le désaveu de l'auteur par une certaine critique occidentale, et de l'autre l'émergence de sujets-écrivant plongés dans les réalités de la décolonisation, et qui somment les lecteurs occidentaux d'écouter leur voix venue d'espaces non hexagonaux. Kourouma, Ouloguem et les autres donnent à lire, en français, des récits complexes qui exigent cette fois l'abandon d'un autre privilège : le privilège occidental de spéculer (sur) l'autre. Leur exigence est que l'on reçoive leur «message» et que l'on prenne au sérieux le «sujet» qui s'y projette, bref, qu'on les reconnaisse comme auteurs (postcoloniaux). Autrement dit, ils se revendiquent symboliquement vivants.

L'Afrique littéraire de la fin du XXe siècle est en quête d'auteurs, comme elle l'est de grands récits, de figures héroïques, de mythes retrouvés et de conscience nationale, bref, elle vit sa modernité littéraire[17]. Ces termes vont définir la conception de l'«écrivain noir» pour longtemps, autant dans les injonctions qui ne cesseront de lui être faites de «représenter» son peuple – et cela bien au-delà des années postindépendances – que dans la manière dont la critique va recevoir ses textes. Ainsi, l'auteur postcolonial se trouve-t-il constamment réinvesti de son rôle d'*auctor* : par des écrivains qui ont des choses à dire sur le monde dans lequel ils vivent, et par une critique qui attend du récit africain qu'il soit le reflet de ce monde. Ce double «désir d'auteurs» détermine encore, me semble-t-il, la conception de la littérature africaine contemporaine.

Le manifeste «Pour une littérature-monde en français», qui a fait couler beaucoup d'encre en 2006, n'avait pas totalement tort de constater le retour de la référentialité dans les lettres francophones au début de ce siècle, ni d'en imputer la disparition à une certaine nouvelle critique hexagonale. «Le monde revient, écrivent-ils, et c'est la meilleure des nouvelles. N'aura-t-il pas été longtemps le grand absent de la littérature française ? Le monde, le sujet, le sens, l'histoire, le référent ; pendant des décennies ils auront été mis entre parenthèses par les maîtres-penseurs, inventeurs d'une littérature sans autre objet qu'elle-même, faisant, comme on le disait alors, sa propre critique dans le mouvement même de son énonciation.»

À bien y regarder, il faut dire que la littérature africaine et sa critique n'ont jamais vraiment quitté le monde, et force est de constater que l'auteur postcolonial n'a pas été soumis au même régime de disparition symbolique. Mais si les productions des marges francophones ont échappé pour une grande part aux axiomes de la critique postmoderne, elles se sont du même coup cristallisées dans d'autres types de lectures, où le statut de l'auteur est soumis à toutes sortes de tensions.

Désir d'auteur, déni de fiction et littérature en personne

Locha Mateso déplorait en 1983 la persistance de ce qu'il appelait la «théorie du reflet» dans la critique du texte africain : «La focalisation sur les hommes plutôt que sur leurs œuvres est une pratique courante dans la critique africaine. Il apparaît à l'évidence que la qualité d'écrivain noir et africain compte bien plus que la production littéraire. L'une des caractéristiques du discours critique consacré à la littérature africaine est la recherche de phénomènes extérieurs dont l'œuvre serait le reflet. Elle recherche les signes conventionnels qui permettent d'affirmer avec certitude que l'œuvre renvoie au monde extérieur[18]. »

Depuis, les présentations lansonnienne de «l'homme et l'œuvre» ont laissé la place à des commentaires plus subtils, mais on constate que la «théorie du reflet» continue de sévir sous d'autres formes. Pour commencer, on notera que le fait n'est pas uniquement dû à la réception des textes : s'il est clair qu'ils répondent à une demande voyeuriste, les témoignages et autres genres qui puisent explicitement dans une matière autobiographique (notamment les récits de traumatisme et de la violence postcoloniale comme des survivants de génocide, d'enfants-soldats ou de victimes de mutilations sexuelles) continuent de s'écrire et sont toujours en bonne place dans la littérature contemporaine. Le désir d'auteur (c'est-à-dire le désir légitime d'accéder aux vérités de celui/celle qui relate une expérience singulière) rend impossible dans ce cas ce que Michel Foucault appelait l'« indifférence» pour ces textes où il s'agit soit d'approcher l'altérité d'un contemporain, soit de trouver par le biais réaliste les bases d'une élucidation du monde postcolonial.

En revanche, ce désir d'auteur constitue une entrave à la liberté de l'écrivain lorsqu'il s'agit de la fiction africaine[19]. Je pense ici au cas relativement récent de la traduction du roman *L'Intérieur de la nuit* de Léonora Miano, paru en France chez Plon en 2005. Le texte est une fiction qui se passe en Afrique. Sur la base de son succès (le roman est acclamé par la critique), le texte est publié dans une traduction américaine aux réputées Presses universitaires du Nebraska[20]. Le roman paraît dans sa version anglaise sous un titre qui déclenche la fureur de l'auteure : *The Dark Heart of the Night*. L'écho au *Heart of Darkness* de Joseph Conrad semblait insupportable à l'auteure, car il orienterait la lecture dans le « mauvais sens ». La préface semble tellement erronée que Miano se fend d'une requête auprès de l'éditeur américain pour en exiger le retrait. Un rectificatif en sept points, concernant le rapport du texte au pays natal de l'auteur, la présence ou non d'éléments autobiographiques, le discours panafricain du roman ou encore le choix de la France comme pays de résidence, etc. accompagnent le rectificatif de l'auteure qui circule sur la Toile.

L'incident et la manière dont il est géré par l'auteure révèlent au moins deux choses : premièrement, que la théorie du reflet sévit au-delà des frontières hexagonales et sur le marché global du livre, confirmant en 2006 le désir occidental de retrouver dans le texte la trace de la personne empirique de l'auteur. Cela au prix d'un déni de fiction qui renvoie au statut d'une littérature africaine à laquelle la littérarité est régulièrement refusée, comme si le texte africain ne pouvait avoir de valeur (économique, symbolique et littéraire) que dans un rapport référentiel au réel : c'est cette non-reconnaissance de la capacité de l'auteur postcolonial à produire de la fiction qui provoque ici la fureur de l'écrivain(e). Deuxièmement, l'intervention médiatisée (notamment sur la Toile) de Léonora Miano à propos de la traduction de son texte signale l'*agency* de l'auteur au XXIe siècle dans la circulation de son image et de son texte. Car l'incident révèle,

169

paradoxalement, le retour de l'auteur en tant qu'individu physique déterminé à revendiquer « en personne » le droit à la fiction, en reprenant au commentateur occidental l'autorité sur la glose de son propre texte. L'auteur postcolonial est vivant, il a la capacité de répondre, et il participe non seulement à la production du sens, mais également à la construction de son identité littéraire. Le temps où le préfacier faisait autorité sur le récit du colonisé est définitivement révolu.

L'impossibilité de la disparition de l'auteur dans un contexte comme celui-ci nous ramène à Foucault. Dans le même texte où il prend acte de la mort de l'auteur, il propose de réfléchir à la persistance de ce qu'il appelle la « fonction-auteur », qui ne renvoie plus à la réalité empirique d'un individu, mais à une construction discursive inscrite dans une époque, et en cela caractéristique d'une épistémè spécifique. La fonction-auteur, écrit Foucault, « [e]st le résultat d'une opération complexe qui construit un certain être de raison qu'on appelle l'auteur… Mais en fait ce qui est désigné comme auteur (ou ce qui fait d'un individu un auteur) n'est que la projection, dans des termes toujours plus ou moins psychologisants, du traitement qu'on fait subir aux textes, des rapprochements qu'on opère, des traits qu'on établit comme pertinents, des continuités qu'on admet ou des exclusions qu'on pratique. Toutes ces opérations varient selon les époques et les types de discours. On ne construit pas un "auteur philosophique" comme un "poète"; et on ne construisait pas l'auteur d'une œuvre romanesque au XVIIIᵉ siècle comme de nos jours[21]. »

Il y a bien, dans le contexte contemporain, quelque chose qu'on pourrait appeler une « fonction-auteur postcoloniale ». Elle est le produit de siècles de discours sur l'Afrique et l'écriture provenant aussi bien de l'Occident que du monde panafricain. Portée par des textes aussi variés que *De la littérature des Nègres, ou Recherches sur leurs facultés intellectuelles, leurs qualités morales et leur littérature, suivies de notices sur la vie et les ouvrages des Nègres qui se sont distingués dans les sciences, les lettres et les arts,* publié par l'abbé Henri Grégoire en 1808, *Les Trois Volontés de Malik* d'Ahmadou Mapate Diagne (1920), *L'Enfant noir* de

Camara Laye (1956), *Le Docker noir* de Sembene Ousmane (1956), *Le Devoir de violence* de Yambo Ouologuem (1968), *Trop de soleil tue l'amour* de Mongo Beti (1999) ou *Black Bazar* d'Alain Mabanckou (2009), cette archive est traversée de problématiques auctoriales récurrentes, dont celles de l'intertextualité, du plagiat, de la notoriété, de l'engagement, et de la liberté de l'écrivain[22]. Privilégier l'analyse de la «fonction-auteur» plutôt que de l'auteur dans sa dimension individuelle ne veut pas dire que celle-ci est assignée du dehors, ni encore que le sujet s'y dissout dans une différance postmoderne à l'issue de laquelle aucune vérité n'émerge réellement. Au contraire, l'*agency* de l'auteur postcolonial s'y réaffirme comme participation aux modalités de sa présence et de sa notoriété dans le monde.

Il paraît que ce siècle est celui du retour d'une «littérature en personne» où le corps de l'auteur participe de plus en plus à la vie médiatique du livre, et où les auteurs «incarnent leurs écrits» dans des mises en scènes de soi – ou scénographies auctoriales – de plus en plus aisément médiatisées. La question de la posture, ou *ethos* de l'écrivain, définie comme la manière dont l'écrivain occupe une place dans un ou plusieurs champs culturels donnés, est redevenue une préoccupation centrale de la critique française depuis quelques années[23]. La littérature africaine telle qu'elle circule dans les réseaux globaux qui lui assurent visibilité ne fait pas exception, et les postures postcoloniales sont de plus en plus sophistiquées[24]. Dans ce contexte, comment la définition de l'écrivain est-elle impactée par la célébrité[25]? Comment l'écrivain gère-t-il son capital de visibilité et quelles injonctions quant à sa responsabilité politique l'accompagnent sur le chemin de la gloire[26]?

L'auteur postcolonial ne peut pas ne pas être situé dans son monde, car il/elle est du monde et cet état de fait oriente nécessairement notre herméneutique des textes et des corps[27]. La bibliothèque postcoloniale déborde et la vitalité de ses productions contemporaines nous enjoint à prendre au sérieux ces innovations et les débordements qu'elles impliquent. Ces débordements sont de tous ordres: esthétiques, épistémologiques, temporels et spatiaux. Il est clair que plus l'auteur sera mobile, c'est-à-dire plus ses textes circuleront et plus il se manifestera dans des sphères différentes, plus les formes de son auctorialité seront variées. Cela signifie aussi que notre pratique critique devra s'exercer avec toujours davantage de curiosité et de vigilance devant cette diversité. Si effectivement l'auteur contemporain se définit comme un «kaléidoscope mouvant[28]», alors de nouveaux enjeux se dessinent pour tous ces agents de la visibilité des cultures afro-diasporiques du millénaire, dont nous sommes: écrivains, critiques, journalistes, professeurs, lecteurs auront la tâche d'en considérer toutes les facettes et d'en mettre au jour le jeu infini.

Notes

1. Anthony Appiah, «Is the Post- in Postmodernism the Post- in Postcolonial?», *Critical Inquiry*, vol. 17, n° 2, 1991.

2. Claire Ducournau, «Qu'est-ce qu'un classique africain?», *Actes de la recherche en sciences sociales*, 2015/1, n° 206-207, p. 38.

3. Sylvie Ducas, *La Littérature à quel(s) prix(s)?. Histoire des prix littéraires*, Paris, La Découverte, 2013, p. 207.

4. Gisèle Sapiro, «Translation and the field of Publishing», *Translation studies*, vol. 1, n° 2, 2008, p. 154-166. Lire aussi Gisèle Sapiro, in *French Global*, C. McDonald et S. Suleiman (eds), New York, Columbia University Press, p. 315-316.

5. Jim Cohen, «Une bibliothèque postcoloniale en pleine expansion», *Mouvements*, 3/2007 n° 51, p. 166-170.

6. Graham Huggan, *The Postcololonial Exotic. Marketing the Margins*, Londres, Routledge, 2001. Voir aussi Sarah Brouillette, *Postcolonial Writers and the Global Literary Marketplace*, Londres, Palgrave Mcmillan UK, 2007.

7. Sylvie Ducas, *La Littérature à quel(s) prix(s)?. Histoire des prix littéraires*, *op. cit.*, p. 207.

8. Incluant pour l'Afrique continentale Koffi Kwahulé, Tahar Ben Jelloun, Alain Mabanckou, Nimrod, Abdourahman Waberi, Wilfrid N'Sondé, Boualem Sansal, ainsi que le Malgache Jean-Luc Rahimanana.

9. Felwine Sarr, *Afrotopia*, Philippe Rey, 2016, p. 11.

10. Edward Said, «Traveling theory», in *The World, the Text and the Critic*, p. 226-228.

11. Anne Begenat-Neuschäfer et Catherine Mazauric, *La Question de l'auteur en littératures africaines*, Berne, Peter Lang, 2015, p. 17-23.

12. Roland Barthes, « La mort de l'auteur », *Manteia*, 1968, p. 67.

13. Michel Foucault, « Qu'est-ce qu'un auteur ? », *Littoral* n° 9, p. 3.

14. *Ibid.*

15. George Ngal, *Création et rupture en littérature africaine*, Paris, L'Harmattan, 1995.

16. Souleymane Bachir Diagne, « 1968: Crisis in African Letters », *The Romanic Review*, vol. 101, n° 1-2.

17. Sur les divergences du postmoderne et du postcolonial, voir l'essai fondateur d'Anthony Appiah, « Is the Post- in Postmodernism the Post- in Postcolonial », art. cité, p. 336-357.

18. En cause étaient des approches comme celle de Lilyan Kesteloot (Bruxelles, Université de Bruxelles, 1963). Voir également l'exemple que donne Mateso de la collection « approches » chez Présence africaine (1962-1981), qui met en avant le sous-titre « L'homme et l'œuvre ».

19. On remarquera d'ailleurs qu'on parle beaucoup de « roman africain », mais très peu de « fiction africaine », à moins qu'il ne s'agisse de séries télévisées ivoiriennes ou nigérianes, ou de science-fiction.

20. *The Dark Heart of the Night*, (traduction de Tamsin Black), préface de Terese Svoboda, Lincoln, University of Nebraska Press, 2010.

21. Michel Foucault, « Qu'est-ce qu'un auteur ? », art. cité.

22. Lire à ce propos Anthony Mangeon, *Crimes d'auteurs. De l'influence, du plagiat et de l'assassinat en littérature*, Paris, Hermann, 2016.

23. Jérôme Meizoz, « "Écrire, c'est entrer en scène" : la littérature en personne », *COnTEXTES* [Online], Varia, mis en ligne le 10 février 2015, consulté le 16 août 2016. http://contextes.revues.org/6003. Voir aussi, Jérôme Meizoz, *Postures littéraires. Mises en scène modernes de l'auteur*, Genève, Slatkine, 2007.

24. Voir Anthony Mangeon (éd.), *Postures postcoloniales*, Paris, Karthala, 2012.

25. On pensera au cas de Marie NDiaye. Pour une discussion détaillée de l'entrée en littérature de Marie NDiaye, voir Lydie Moudileno, « Fame, celebrity and the conditions of visibility of the postcolonial writer », *Yale French Studies*, vol. 120, 2011, p. 62-74.

26. Nathalie Heinich, *De la visibilité*, Paris, Gallimard, 2012.

27. Cette « worldiness » de l'écrivain est une des thèses d'Edward Said dans *The World, the text and the critic*, Cambridge, Harvard University Press, 1983.

28. Ruth Amossy, « La double nature de l'image d'auteur », *Argumentation et analyse du discours* [en ligne], 3/2009, mis en ligne le 15 octobre 2009, consulté le 18 décembre 2016. URL: http://aad.revues.org/662

III

Comment peut-on être africain.e ?

De la honte de soi à la conscience de l'opprimé.e.
Réflexions philosophiques à partir de Steve Biko,
Malcolm X et Audre Lorde

Hourya Bentouhami

Hourya Bentouhami est maîtresse de conférences en philosophie politique à l'université de Toulouse-Jean Jaurès. Ses travaux portent sur l'apport des théories postcoloniales à la théorie politique (sur les notions d'identité, de culture, de reconnaissance, de mémoire de l'esclavage, de justice réparatrice, notamment) ainsi que leur contribution à une réélaboration du féminisme. Elle a publié entre autres *Le Dépôt des armes. Non-violence et désobéissance civile* (Paris, PUF, 2015) et *Race, cultures, identités. Une approche féministe et postcoloniale* (Paris, PUF, 2015). Elle écrit actuellement un ouvrage à paraître en 2018 qui formule une proposition de féminisme décolonial : *Féminisme marron. Du corps-doublure au corps propre des femmes.*

Comment peut-on être africain.e? ou même comment peut-on être noir.e pour reprendre la formule légèrement modifiée, présente chez Montesquieu dans les *Lettres persanes* sous la forme suivante : «Comment peut-on être persan?» On peut l'interpréter ainsi : comment peut-on aimer ou encore vouloir être africain, ou même noir, ou arabe? Comment peut-on ne pas vouloir sortir de son africanité ou de sa négritude alors que tout parle à charge contre ces identités? Autant de questions qui semblent vouer l'Afrique à l'impossibilité de trouver en elle-même un devenir universel, un passé et un horizon auxquels ses membres puissent fièrement s'identifier. Les conditions de la honte de soi sont ainsi explicitées comme étant au cœur de l'impuissance déclarée de l'Afrique, que l'on entende celle-ci comme un ensemble géographique, continental, ou qu'on la comprenne à partir de ses diasporas historiques (celle de l'esclavage notamment, qui a vu la constitution d'identités africaines créolisées hors du continent africain). C'est la conscience même des Africains – entendus au sens large du terme, donc – qui se trouve ainsi enchaînée à l'impossibilité de s'aimer[1], ce que Steve Biko, le leader étudiant sud-africain de la période apartheid, avait bien compris en prônant le mouvement de la Conscience noire qui visait précisément à éradiquer toute forme de honte de soi chez les Noir.e.s : « Au cœur de [la Conscience noire], il y a le fait que les Noirs prennent conscience que l'arme la plus efficace entre les mains de l'oppresseur est l'esprit de l'opprimé. Si une personne, en son for intérieur, est véritablement libre, aucune chaîne faite par l'homme ne pourra le placer dans une situation de servitude[2]. » Cette attention portée à la conscience de l'opprimé, à la colonisation de l'inconscient et des désirs mêmes de l'opprimé dans des situations systémiques de racisme telles que l'apartheid où évolue Steve Biko depuis 1948 et jusqu'à sa mort en 1977, laisse entrevoir une dimension philosophique de la conscience qui ne peut plus se réduire au seul monolinguisme de l'esprit, se parlant à lui-même pour savoir ce qu'il est juste de faire, ou pour trouver un accord avec soi. Ou, plutôt, l'exigence socratique de l'accord avec soi, ou encore du dialogue de l'âme avec elle-même telle qu'on la trouve exposée dans le *Protagoras* (339c) ou dans le *Sophiste* (263e) de Platon, doit penser ses conditions de possibilités historiques de réalisation : et l'une de ces conditions est précisément le rapport que cette conscience entretient avec le monde, au sens où, jeté dans le monde, j'en suis aussi objet pour autrui, *j'apparais* dans des conditions qui ne sont pas toujours celles de la nouveauté.

En situation coloniale, d'apartheid, de racisme, les êtres racialisés, réduits au corps-labeur, qui fournissent dans les bantoustans ou dans les townships une main-d'œuvre bon marché, deviennent un objet phobogène dont le seul contact suppose un fantasme épidémiolo-gique de la contamination raciale. La question est donc de savoir ce qu'est la conscience d'être infâme, au sens littéral de celui qui voit tout son être constitué par la *mala fama*, par la mauvaise réputation, avant qu'il n'ait la possibilité de se dire avec ses propres mots. Audre Lorde (1934-1992), féministe lesbienne afro-américaine, relève aussi que ce qui rend la vie impossible aux femmes noires américaines est précisément qu'elles ne sont pas autorisées à « faire monde » dans un système racial qui prive ces dernières de la possibilité même d'être reconnues comme des femmes au même titre que les femmes blanches.

Il faut donc pouvoir «faire monde», et changer de définition de la conscience. Arendt nous est précieuse pour cela dans la mesure où elle jette le doute sur la réduction de la conscience au seul sens interne, à la mémoire purement intérieure, car de fait, si l'on ne se souvient jamais seul, c'est parce que «les êtres vivants sont tellement "faits de monde" qu'il n'est pas de sujet qui soit également objet et n'apparaisse ainsi à l'autre qui en garantit la réalité "objective". Ce qu'on appelle d'habitude "conscience", le fait que j'aie aussi le sentiment de moi-même et puisse donc, dans un certain sens, m'apparaître à moi-même, ne suffirait jamais à garantir ma réalité[3]». Il faut que la pensée apparaisse aux yeux des autres pour qu'elle puisse faire sens. C'est donc à la sortie hors de la zone de non-être, de la zone de toute négation existentielle que doit œuvrer l'opprimé pour véritablement se libérer des chaînes de la servitude, ce qui suppose de se réapproprier le sens de sa valeur, de son intériorité, et d'expulser ce qui en elle lui est hostile et résiste à l'autonomisation de la conscience. Il ne s'agit pas simplement d'invoquer le *sapere aude* des philosophes, mais bien de saisir ce qui dans la conscience même est opprimé, ce qui en elle a fait l'objet d'une capture idéologique si intense que l'on en vient à considérer l'amour de soi à partir du rejet des siens, et de tout ce qui pourrait nous rattacher à notre communauté.

On retrouve cette idée dans les écrits et conférences de Malcolm X (1925-1965), tout comme dans celles de Steve Biko et d'Audre Lorde, ces deux derniers ayant lu les libelles et ouvrages à propos de la *Pédagogie des opprimés* de Paulo Freire[4]. Cette manière, aliénée, de s'affirmer, de monter en humanité prend ainsi la forme d'un désaveu cruel, à la source de bien des névroses selon Fanon – dont Steve Biko, Malcolm X et Audre Lorde ont lu avec attention *Les Damnés de la terre* : désaveu dont on cherche à se sortir, au sens de sortir littéralement de sa peau, à se blanchir, en s'emparant des valeurs mêmes de ceux qui dominent. D'où la voie formulée par ces trois figures historiques : l'amour de soi, qui prend un trait particulier chez Audre Lorde, à savoir celui du soin. La question essentielle étant pour elle de savoir : qui prendra soin de celles qui prennent soin des autres, soit les femmes non blanches ? Le choix qui préside à l'étude de ces trois personnes étant précisément que toutes font de la question de l'amour de soi une question politique, à la fois condition et horizon de l'émancipation : l'amour de soi étant politiquement ce qui permet de redonner une extériorité à l'ennemi. Se pose alors la question de la violence comme stratégie révolutionnaire, puisque l'amour de soi qui expulse cet ennemi hors de nous ne doit pas non plus – selon une similitude de pensée entre Biko, Malcolm X et Lorde – personnaliser l'ennemi et sombrer dans la fascination pour une violence symétrique, qui ferait honte en retour à ceux qui nous faisaient avoir honte de nous-même.

Épistémologie et phénoménologie de la conscience opprimée

Pourquoi cette attention politique à la conscience dans une épistémologie de la libération (et qui plus est dans une épistémologie *matérialiste* de la libération) ? On ne le comprend que si l'on sort de l'appréhension de la conscience comme simple intériorité, et comme ce qui a pu vouloir faire l'objet d'une capture, d'une appropriation : le pouvoir ne s'exerce pas seulement *sur* les corps, mais *dans* les corps eux-mêmes. L'autre aspect qui justifie cette attention est ce que la psychanalyse freudienne a précisément mis en avant – et plus encore ensuite Wilhelm Reich, puis Frantz Fanon : la répression même du désir, de la libido n'est qu'une répression investie de libido. La question qui se pose donc est la suivante : si la conscience aspire à être la manière dont on s'accompagne soi-même, dont on est un ami pour soi-même, comment est-il possible d'arriver à être un ennemi pour soi-même ? Comment les non-Blancs, et plus spécifiquement celles et ceux qui sont dits Africains, en viennent-ils à participer à leur propre négation ?

Il faut d'abord comprendre la conscience de l'opprimé à partir de ce que W. E. B. Du Bois a appelé la « double conscience ». Il a été souvent rappelé que l'organe sensoriel privilégié à partir duquel on appréhende la conscience est la vue pour désigner la réflexivité proprement dite, au sens où la conscience se voit en train de penser (elle revient sur ses propres opérations); l'autre expression sensorielle étant la voix qui renverrait plus spécifiquement à la modalité du langage par laquelle la conscience se parlant à elle-même se prend pour objet de réflexion sous la forme d'un dialogue dans lequel je deviens un ami pour moi-même. Or ce que montre Du Bois, c'est précisément ce qui pour les personnes noires – et que l'on peut élargir aux personnes non blanches – fonctionne au sein de l'esprit comme une étrange et douloureuse disjonction cognitive : les Noirs en sont venus, dans le cadre de sociétés postesclavagistes subissant encore les ravages du racisme, à être constitués socialement comme des êtres névrotiques dont la conscience est toujours dédoublée, au sens où dans le dialogue de l'âme avec elle-même, dans la manière dont l'âme se voit elle-même et se saisit elle-même comme objet de jugement, un tiers s'est introduit : tiers qui prend le nom historiquement du Maître, à savoir de celui qui m'a constitué comme objet pour *sa* conscience, comme être-pour-autrui. Car, comme l'a dit Sartre, y compris dans la façon que l'oppression a de procéder par réification – et encore plus dans le cas de l'esclavage –, «l'on n'opprime pas une pierre, ce qui est visé dans l'oppression, c'est la liberté de l'Autre, sa suppression[5]». Il s'agit dans l'oppression de faire plier les corps bien sûr, mais également de faire capituler les esprits afin d'obtenir le consentement à sa propre servitude sans que celle-ci prenne la forme explicite de la violence : l'une des voies les plus subtiles fut d'habiter l'esprit même de celui qui est asservi en épousant les contours de sa conscience, à tel point qu'il en résultât que, l'esclave se pensant, c'était le maître qui pensait en son lieu[6]. Le «je pense» noir, le cogito noir en ce sens est troublé dans sa réflexivité dans la mesure même où la manière qu'a la conscience de se tourner vers elle-même est un *retournement contre soi*, au sens où elle œuvre à sa propre servitude. Audre Lorde, s'interrogeant sur ce qui dresse les femmes les unes contre les autres, en vient à cette conclusion que c'est la haine de soi qu'on a inculquée aux femmes qui est à la source d'une telle violence : « [...] Nous avons été plongées dans la haine – de notre couleur, de notre sexe, de notre audace d'oser croire que nous avions le droit de vivre. Enfants, nous avons absorbé cette haine, elle nous a envahies ; et pour la plupart nous vivons nos vies sans identifier cette haine pour ce qu'elle est et sans savoir comment elle fonctionne. C'est en écho qu'elle revient sous forme de colère et de cruauté dans nos rapports. Car chacune a le visage que cette haine cible et chacune a appris à se sentir à l'aise avec cette cruauté puisque nous avons survécu à tant de haine dans nos vies[7]. »

De fait, ce qui se passe dans le fonctionnement même du racisme est la manière dont certains corps sont toujours déjà dits par avance, le racisme procédant par réification des caractéristiques individuelles qui sont rapportées à un habitus de groupe auquel l'individu ne pourrait échapper (que ce soit du fait d'une hérédité biologique ou d'une accointance culturelle). Et cette façon d'avoir été dit par avance, d'être précédé socialement par le récit de notre inaptitude, de notre inadéquation, de notre incompétence ou à l'inverse même de notre supposé talent dans un domaine, nous prive de la possibilité d'apparaître au monde sous la forme de l'oblique, de la non-correspondance à soi, bref, sous la forme d'une étrangeté et de la nouveauté qui ne seraient donc pas saisis d'avance. Fanon donne l'exemple dans *Peau noire, masques blancs* de cette antécédence d'un récit de soi qui nous échappe et qui œuvre à charge contre nous : il raconte comment, en allant au cinéma, ou en prenant position dans le train, il est déjà attendu, au sens où le voyant venir les gens s'écartent. L'effondrement de son être qui s'ensuit le fait devenir-serpent, un être rampant qui finit par avoir pour seconde peau la honte de soi, à tel point que dans le rapport de soi à soi qu'entretiendra la conscience, la honte, soit la manière dont je vois les autres me voir comme un être rapiécé, sera la modalité même de l'identité à soi. C'est ce que Stuart Hall a appelé « soi-même pour un autre[8] » en réinvestissant la formule de Ricœur par laquelle celui-ci définissait l'identité à partir de la mise en intrigue des événements de sa conscience, prenant pour modèle *Les Confessions* d'Augustin. C'est d'ailleurs pour renouer avec la possibilité d'une densité biographique des femmes noires invisibilisées qu'Audre Lorde considère la poésie comme un véritable moyen de survie, seul moyen accessible aux classes défavorisées, loin du cliché de la poésie comme luxe[9]. Ainsi, par cette dialectique négative du cogito noir, on entend aussi la façon que l'on a de se dire, de se confesser, de s'avouer sous la forme d'un désaveu : ce qui est la conduite typique de l'aliénation, dans la mesure où l'assomption de mon être qu'est supposé consigner l'éveil de ma conscience prend la forme de mon propre emprisonnement, à tel point que, pour le dire comme Foucault, « c'est l'âme qui devient la prison du corps[10] », inversant ainsi la formule platonicienne du corps tombeau de l'âme.

Cette idée que l'âme est devenue une prison du corps n'est cependant pas ce qui est immédiatement visible pour une conscience aliénée qui précisément pense, quant à elle, que c'est son corps qui est son ennemi dans le cadre d'une conception de l'identité qui a entériné le fait qu'il n'y a d'être que dans l'apparaître. Cette approche de l'aliénation comme colonisation intérieure est utile pour comprendre ce qu'est la conscience de l'opprimé au sens de la dialectique négative décrite ci-dessous et qui prend la honte de soi comme forme d'amour de soi : la seule manière que l'on avait de s'aimer était de détester tout ce qui en nous était détesté du maître ou du moins tout ce qui nous en éloignait. C'est ainsi qu'Audre Lorde montre comment l'une des manières de s'aimer pour les femmes noires fut précisément de se détester entre elles[11] et de tenir les hommes noirs pour les seuls responsables de la violence sexiste qu'elles subissaient.

On trouve deux exemples assez symétriques de cette dialectique négative dans les écrits de Steve Biko et dans les conférences de Malcolm X ; le rapport à l'« africanité faite corps » est au cœur de cette dialectique négative : « [...] Il fut un temps où nous haïssions tout ce qui en nous était africain. Nous haïssions nos têtes, la forme de notre nez ; nous voulions avoir ce nez, vous savez, en bec de colombe ; nous haïssions la couleur de notre peau et le sang africain qui coulait dans nos veines. À force de haïr nos traits, notre peau, notre sang, eh bien, nous devions finir par nous haïr nous-mêmes. Et nous nous haïssions nous-mêmes. Notre couleur devenait pour nous une chaîne – nous sentions qu'elle était une entrave à nos mouvements ; notre couleur devenait pour nous une sorte de prison dans laquelle nous nous sentions reclus et qui nous empêchait d'aller où bon nous semblait […] notre réaction psychologique devait automatiquement consister à prendre en haine cette peau, ces traits et ce sang qui étaient pour nous des entraves. Et nous les prenions en haine[12]. »

De même, la poétesse afro-américaine Audre Lorde rappelle comment ce qu'il y a de plus intime chez les femmes, à savoir la sexualité, fut employé contre elles : « On a utilisé si souvent l'érotisme à nos dépens que nous avons appris à nous méfier de ce qui est au plus profond de nous, et c'est ainsi que nous avons appris à nous dresser contre nous-mêmes, contre nos émotions[13]. »

On voit alors que l'objection qui consiste à dire que la conscience ou la sexualité sont secondaires dans une pensée de l'émancipation est vite balayée par une compréhension de l'oppression qui œuvre aussi psychiquement et à même le corps, à partir de la dialectique de la liberté qui se retourne contre elle-même. Ainsi, s'il est vrai que l'oppression n'est jamais *idéale*, au sens où elle n'est jamais simplement du point de vue des idées, et qu'elle s'exerce toujours sur des corps, il n'en reste pas moins qu'elle œuvre par retournement de la liberté contre elle-même[14]. Il faut entendre par là je crois deux choses que l'on peut formuler soit en termes foucaldiens, soit en termes sartriens. En termes foucaldiens, cela donne ceci : le pouvoir qui apparaît d'abord comme externe, imposé au sujet, le contraignant à la subordination, assume une forme psychique qui constitue l'identité à soi du sujet. La forme prise par ce pouvoir ne peut que se constituer dans une figure du retournement, entendu à la fois comme retour vers soi et comme retour *contre* soi. Autrement dit, il n'y a pas de pouvoir sans *rapport* de pouvoir[15]. En termes sartriens, «l'oppression est une métamorphose interne de ma liberté» : ce qu'il convient de relever ici, c'est que l'oppression n'est pas une suppression de ma liberté, mais la métamorphose de mon intériorité comme étant le lieu d'expression de ce qui fait le propre même de mon humanité, à savoir ma liberté. La question est donc de savoir comment, dans la dépossession matérielle de mes biens, de mes terres ancestrales, de mon érotisme même, quelque chose du sens de ma vie et de toute capacité même à donner du sens se trouve ainsi dérobé. Il s'agit donc de comprendre à quoi renvoie cette expropriation ontologique, qui me prive non seulement du sens de mon monde, mais aussi de la capacité à faire monde. Sartre en a une analyse pertinente : «Il y a oppression quand la liberté se retourne contre elle-même, c'est-à-dire qu'il faut une dualité au cœur de la liberté. [...] Ce retournement implique que la liberté peut être cernée par une autre liberté qui lui vole son univers, le sens de ses conduites et l'unité de sa vie. Une liberté dérobe son univers, me vole cette partie regardée. Mais je ressaisis cette fuite en regardant le passant. Mais si ce passant possède *en plus* le savoir, il y a quelque chose que je ne ressaisirai jamais : il désarme ma vue de l'objet qu'il réduit à l'apparence. Et, lui, voit la substance qui est derrière. Sans lui la distinction de substance et d'apparence n'aurait pas de sens[16]. »

Le retournement de la liberté contre elle-même en passe donc par une désappropriation de tout ce qui pour moi faisait sens et avait une profondeur existentielle. Audre Lorde se fait l'écho d'une telle analyse lorsqu'elle dit que les opprimés se voient souvent voler leur savoir : «À chaque prétexte de dialogue, ceux qui tirent profit de notre oppression exigent que nous partagions notre savoir avec eux. En d'autres termes, c'est aux opprimé.e.s qu'incombe la responsabilité de faire prendre conscience aux oppresseurs de leurs erreurs. Je dois donc me charger d'éduquer les enseignants.e.s qui dévalorisent la culture de mes enfants. [...] Les oppresseurs conservent ainsi leurs prérogatives et fuient leur responsabilité. On nous pompe sans cesse notre énergie[17]. »

Steve Biko parle quant à lui de cette désappropriation des sociétés africaines, de leur esprit, à savoir de leur culture en tant que celle-ci était à détruire ou en tout cas à réduire à une simple expression folklorique dès lors que les peuples y trouvaient là un possible corps de résistance capable d'exprimer une dignité humaine qui ne soit pas médiée par le maître[18].

Mais si la manière qu'a la conscience de se parler à elle-même est d'adopter un langage qui la désapproprie et qui prend le soi pour ennemi, comment s'en sortir ? Comment sortir de cette oppression de la conscience ? Comment résister dans le cadre de ce retournement de la liberté contre elle-même ?

Politique de libération : le devenir-nègre

Cette question est cruciale tant on voit bien qu'il ne s'agit plus simplement dans un processus de conscientisation politique d'informer la personne, d'opérer un grand dévoilement, d'apporter la vérité. Biko s'interroge : « Qu'est-ce qui empêche l'homme noir d'aller de l'avant ? S'est-il persuadé de lui-même qu'il est incapable ? Est-il génétiquement dépourvu de cette qualité rare qui pousse un homme à se montrer prêt à mourir pour réaliser ses aspirations[19] ? » Il est intéressant d'analyser la différence entre les deux réponses aux questions posées (affirmative pour la première, et négative pour la seconde) en miroir avec les conséquences historiques du « choix » fait par les opprimés pour se libérer : la réponse que fait Biko, tout comme la réponse que font Malcolm X et Audre Lorde, est précisément celle qui consiste à prendre acte du fait que les opprimés ont choisi comme élévation de leur être de se désolidariser des leurs, de ne plus être noirs, de se « dénégrifier » pour le dire comme Fanon, et de se constituer aux yeux du maître comme « exception », c'est-à-dire comme le « bon Noir », ce que Malcolm X a appelé le « nègre domestique» par opposition au «nègre des champs» dans les planta-tions esclavagistes. C'est en se désolidarisant des siens et en œuvrant à ne plus leur ressembler que le nègre domestique monte en humanité: « "Le nègre domestique" d'aujourd'hui aime son maître. Il veut vivre auprès de lui. Il paiera trois fois la valeur de la maison qu'il habite, rien que pour vivre auprès de son maître, et pour aller ensuite se vanter d'être "le seul Noir du coin". "Je suis le seul dans ma partie", "je suis le seul dans cette école…"[20]. »

Le problème est donc double pour la conscientisation politique: il réside d'abord dans ce qui fait du désir du maître le désir-maître en nous et qui empêche toute forme de révolte. Fanon montrait ainsi l'échec de la dialectique du maître et de l'esclave dans le fait que chez Hegel l'esclave se tourne vers l'objet alors que, dans les systèmes pos-tesclavagistcs et d'apartheid, il se tourne vers le maître dont il quête la reconnaissance au prix de son propre désaveu[21]. Et l'autre partie constitutive du problème est surtout la manière même dont l'ennemi prend la forme de l'ami *intime*. Cette domestication du désir de liberté s'explique par le phénomène de l'érotisation de la domination, véritable obstacle à la conscientisation politique dans la mesure où la servitude devient sans dehors. Comment lutter contre quelque chose qui est en nous, prend la forme même de notre érotisme, et auquel nous «consentons inconsciemment», si paradoxal que cela puisse paraître?

C'est à ce moment crucial de l'épistémologie de la conscience opprimée qu'intervient la question des moyens de sortir de cette dia-lectique négative de la liberté. Faut-il retourner contre les Blancs la honte et la haine de soi selon un mimétisme mortifère qui consistera à «leur» faire honte en retour? Faut-il contrecarrer la violence de cette oppression de la conscience par une autre forme de violence qui ne peut prendre qu'un autre aspect que celui simplement de la démons-tration d'un tort dès lors que la pensée s'est liguée contre elle-même? C'est ici où une discussion peut s'établir entre Malcolm X, Steve Biko et Audre Lorde, tous trois lecteurs de Fanon, lequel, dans *Les Damnés de la terre*, rappelle la nécessité du recours à la violence en situation coloniale. Il faut lire l'insistance de Fanon sur la violence dans *Les Damnés de la terre* en continuité avec ce qu'il expose dans *Peau noire, masques blancs*, sur l'érotisation de la domination. Le problème est celui-ci : quelle nouvelle modalité du désir et de la conscience comme jouissance de soi est possible ? Comment sortir de la circularité mortifère du désir comme suppression de soi ? Et à la question de savoir comment redevenir un ami pour soi-même, Fanon semble répondre que la seule solution possible est celle de l'expulsion de l'ennemi hors de nous, et cela ne peut se faire que si l'on restitue toute son hostilité à l'ennemi qui s'était fait ami intime : il s'agit donc aussi de la violence désintoxicatrice faite à ce qui en soi parle en lieu du maître, afin de pouvoir authentiquement penser par soi-même.

Mon interprétation est qu'il s'agit dans nos actes – y compris dans nos actes de pensée – de se faire *nègre* (et non pas *noir*)[22]. Nègre et non pas noir, en ce qu'il ne s'agit plus, dans *Les Damnés de la terre*, de se perdre dans la grande nuit noire de la négritude, de valoriser en retour ce qui a longtemps été disqualifié – du moins il ne s'agit plus simplement de retourner le stigmate en le réinvestissant positivement, mais bien de reconsidérer ce qui s'est fait jour à partir de l'expérience nègre, c'est-à-dire à partir de l'être-fait-nègre, du Noir-fait-nègre : à savoir une condition universelle d'oppression et de résistance. On peut ainsi selon moi entendre doublement le devenir-nègre : soit comme le fait Achille Mbembe comme l'universalisation de la constitution par le capitalisme de corps-labeur, de corps-déchet[23] ; soit dans une formulation deleuzienne que je propose, comme devenir-minoritaire au sens précisément d'une exposition des contradictions de l'universel. Il a déjà été démontré comment l'universel dans son institution historique même a procédé sous la forme d'une violence qui consista doublement à s'affirmer comme seul universel possible (et donc à particulariser et disqualifier les autres formes d'expression de la conscience, donc des cultures) et comme injonction pour les individus à se délier de leurs affiliations particulières (surtout pour les personnes non blanches, mais pas seulement)[24]. Ces contradictions d'un universel qui fonctionne à partir des catégories de la constitution de l'égalité et de la liberté se résolvent dans ce que Marx a appelé l'idéologie, au sens non seulement d'un effacement de l'intérêt, du parti pris, de la situation qu'il exprime, mais au sens également d'un déni de sa propre position centrée, ce qui fait, comme l'a bien relevé Balibar, que «le langage de l'universel est sans extérieur[25]». Je veux ainsi en venir au fait que le devenir-nègre est une manière de proposer un autre récit de l'universel à partir d'une intériorité qui produit une faille dans cette logique tautologique de l'universel.

On peut certes comprendre la déclaration de constitution haï-tienne de 1805, qui dit que tous les Haïtiens sont désormais reconnus comme Noirs[26], comme une manière de mettre fin à l'arithmétique des catégorisations raciales de l'époque esclavagiste qui déclinaient le degré de la noirceur de peau en autant de qualités morales jusqu'au Noir non mélangé qui était le plus indigne de tous. Mais on peut aussi reprendre à son compte ce qui dans cette appellation générique des Haïtiens à partir du terme le plus dévalorisé de l'échelle ontolo-gique peut se lire comme une resignification universelle non d'un stigmate, ou d'une condition de victime, mais bien comme ce qui dans la conscience de l'opprimé constitue un minimum irrépressible, à savoir l'amour qu'il porte à sa liberté et la manière dont il œuvre pour refuser que l'on bafoue cette dignité. En ce sens, devenir-nègre, c'est s'identifier avec un autre universel, celui de la lutte pour sa propre libération, ou du moins celui de la résistance à sa négation. Vaste his-toire que celle des résistances d'esclaves, largement sous-documentée, mais dont on trouve des traces dès le passage du milieu[27].

Par conséquent, si le devenir-nègre procède par identification, alors il signifie aussi une *désethnicisation de ce que noir veut dire* (comme on le voit dans la constitution haïtienne, puisque tous les Haïtiens, y compris les Blancs, seront considérés comme Noirs). Malcolm X, Steve Biko et Audre Lorde rechargent également séman-tiquement et historiquement ce que Noir et Blanc veulent dire en les sortant de la seule logique d'identification épidermique. Noir et Blanc deviennent dans cette épistémologie de la conscience opprimée des signifiants flottants au gré du rapport social historique dans lequel les individus sont insérés. Dans cette épistémologie, sera considéré comme Noir à la fois l'opprimé en tant que son être est constitué par des expériences structurelles ou répétées d'injustices, et l'opprimé en tant qu'il refuse de renoncer à soi et qu'il ne se rend pas complice de son propre asservissement ou de l'asservissement des siens ; sera Noir donc celui qui souffre et lutte pour le respect de sa dignité. C'est ainsi ce qui fait dire à Malcolm X que « la révolution noire se poursuit en Afrique, en Asie et en Amérique latine ; lorsque je dis "noir" j'entends "non-blanc" – noir, marron, rouge, jaune[28] ». Il différencie même à un moment entre « révolution nègre » qui est l'authentique révolution et la révolution simplement noire[29] qui est encore dans une logique aliénante, puisqu'elle pense les catégories de la révolution dans des termes qui dépossèdent encore les Noirs : de fait, pour Malcolm X, la révolution noire est celle de Martin Luther King qui cherche par la non-violence à obtenir des droits civiques, des droits de citoyenneté. Or pour Malcolm X, ce qui importe pour une révolution nègre, ce sont les droits de l'homme[30]. Il entend par là deux choses : que ce qui touche les Noirs américains à l'époque de la ségrégation est un problème qui ne concerne pas seulement les Américains, mais l'humanité tout entière, il cherche ainsi à mondialiser la question noire ; mais il entend aussi par là que le système démocratique fondé sur la ségrégation n'est pas réformable, si bien que c'est l'État en lui-même qui est gangrené, et cette question de la pathologie démocratique n'est pas seulement un problème noir, elle concerne les Blancs aussi. C'est d'ailleurs sur ce point que Malcolm X entrevoit une politique d'alliance : ce que doivent faire les Blancs, c'est dire précisément « pas en notre nom » et traîner leur État en justice devant l'ONU[31]. C'est donc pour lui le devenir-révolutionnaire qui fait d'un homme un non-Blanc, ce qui suppose donc que les Blancs refusent que leur liberté et leur confort matériel, si minime soit-il, soient produits non seulement au

192

détriment ou en laissant de côté les Noirs, mais en raison même de l'asservissement et de l'exclusion des Noirs : dans cette perspective, on comprend tout à fait qu'un Blanc puisse devenir Noir s'il embrasse ce devenir-nègre, c'est-à-dire s'il fait du projet révolutionnaire des Noirs le projet aussi de sa propre libération et non celui du sauvetage des Noirs, comme si lui-même était indemne de ce retournement de la liberté contre elle-même. Il s'agit donc de sortir également de la logique de la bonne conscience, de la *bona fides* blanche libérale, qui pensait que prôner l'émancipation, c'était sauver les autres et non soi.

On retrouve cette même logique argumentative chez Steve Biko, en l'occurrence fortement influencé par le livre de Stokely Carmichael[32], qui lui-même réorienta son engagement dans une logique plus malcomienne : pour Biko, un Noir travaillant au temps de l'apartheid dans la police qui réprime les manifestations antiapartheid a perdu sa qualité de Noir et devient un simple non-Blanc[33]. Et, de même, ce à quoi doivent œuvrer les Blancs, dit-il, c'est justement à faire de la désobéissance civile, c'est-à-dire à refuser ce qui est pratiqué en leur nom et à leur détriment : « Les libéraux [blancs] doivent prendre conscience du fait qu'ils sont eux-mêmes opprimés et qu'ils doivent par conséquent lutter pour leur propre liberté et non pour celle d'un vague "ils" auquel ils peuvent difficilement prétendre s'identifier[34]. » Pour Audre Lorde, la possibilité d'une sororité politique viendra du fait que chacun.e comprenne à la fois la spécificité de ses oppressions – ce que Lorde appelle « différences » – et leur articulation avec d'autres oppressions afin de pouvoir faire peuple, ce qui suppose de mettre fin à la croyance générale que l'hétérosexualité dans les groupes minoritaires est une sécurité contre la violence sexiste, et de faire cesser cette « haine de soi, apprise dès l'enfance, [et] que toutes les femmes doivent combattre[35] ».

On le voit : la haine des Blancs est non seulement inutile, mais dangereuse. On ne fera jamais en sorte que les gens s'aiment eux-mêmes en cultivant la haine de l'autre. La raison est triple à ce refus théorique et pratique de la haine comme stratégie de libération de la conscience. La première est que la haine est toujours investie d'envie, de désir pour ce que le Blanc est censé représenter, à savoir le maître. La deuxième est que la violence est destructrice envers celui qui l'exerce. La troisième est que la violence personnalise le rapport d'oppression alors même que l'objet est précisément de dépersonnaliser la violence, de faire cesser que les femmes se déchirent, que les Noirs se déchirent, que les opprimés se retournent contre eux-mêmes, ou contre le simple épicier blanc : ce qu'il faut, nous dit Audre Lorde, c'est verticaliser les colères, attaquer le système à la racine[36]. Selon elle, il faut viser la violence capitaliste qui fait que les hommes noirs ne trouvent à évaluer leur virilité qu'en retournant leur sentiment d'humiliation contre les femmes noires et, plus encore, contre les lesbiennes[37]. C'est ce que Biko a compris en prônant la non-violence, mais également Malcolm X qui sur ce point avait fini par se rapprocher d'un Martin Luther King dont les idées même sur la non-violence avaient évolué[38]. C'est du moins la lecture qu'en fait Audre Lorde, et que je reprends à mon compte[39].

Pour Biko, Malcolm X et Lorde, il s'agit donc de faire la révolution en soi en même temps que l'on s'attaque à ce qui structurellement produit de la violence. Redonner confiance en soi, s'aimer soi-même constitue le pivot d'une telle révolution : c'est dans cette perspective qu'il faut comprendre la logique séparatiste au sens de la non-mixité des organisations ou des réunions en regard de la manière dont fonctionne le racisme qui procède toujours triplement par criminalisation, pathologisation et infantilisation. De fait, le mouvement de la Conscience noire de Steve Biko eut précisément pour objet de démontrer, contre leur infantilisation, que les Noirs peuvent faire les choses par eux-mêmes, peuvent se penser par eux-mêmes sans avoir à convaincre de leurs expériences. Il s'agit donc aussi de partir d'un sens commun partagé des expériences d'invisibilisation, de stigmatisation, de discrimination pour réfléchir à la meilleure manière de s'organiser. De même, Audre Lorde aime à citer Malcolm X qui dit que, si nous ne sommes pas responsables de notre oppression, nous sommes responsables en revanche de notre libération: personne ne peut ni ne doit nous libérer à notre place. Le but n'est de toute façon pas de vivre séparément. Biko aussi bien que Malcolm X – dans sa troisième période après son retour du pèlerinage à La Mecque[40] – et Lorde comprennent la nécessité et le désir de vivre avec les Blancs comme un désir qui doit être désaliéné, mais non supprimé. Malcolm X raconte ainsi de manière bouleversante comment les Blancs musulmans de La Mecque n'étaient pas les mêmes Blancs que ceux qu'il connaissait dans l'Amérique raciste: il y avait donc une autre manière d'être blanc et qui précisément ne voulait plus nécessairement dire oppresseur[41].

Je terminerai ainsi cette analyse en démultipliant la question initiale en autant de doublons minoritaires: «Comment peut-on être femme, homosexuelle, pauvre?» Audre Lorde affirme avec justesse que dans tout mouvement politique où se joue la survie des opprimés, il s'agit toujours de considérer comme une question prioritaire celle de la survie ordinaire, quotidienne de celles et ceux qui précisément n'étaient pas censés survivre. Et pour ce faire, il s'agit de sortir de l'esprit de sacrifice qui a fait tant de ravages chez les femmes, et notamment chez les femmes non blanches, au point que leurs affects, la manière même dont elles aimaient s'étaient retournés contre elles: «Dans ce pays, nous, femmes noires, avons toujours témoigné de la compassion envers tout le monde, excepté envers nous-mêmes. Nous avons pris soin des personnes blanches parce que nous devions le faire, pour la paie ou la survie; nous avons pris soin de nos enfants et de nos pères, de nos frères et de nos amants. [...] Nous avons besoin d'apprendre à prendre soin de nous-mêmes, et à éprouver de la compassion envers nous-mêmes. Les femmes noires veulent souvent se sacrifier pour leurs enfants et pour leurs hommes, aussi à la lumière de cette réalité, une telle exhortation à l'amour de soi devient primordiale, peu importe l'usage dévoyé qu'en feront les médias blancs[42].»

L'amour de soi est ainsi au cœur de la sortie de la violence. Et l'un des aspects essentiels pour sortir de la violence éruptive d'une colère que l'on s'adresse indûment consiste à donner un langage à l'opprimé qui soit *son* langage, celui qui littéralement lui parle et honore ce qui en lui est le plus humain, à savoir sa dignité. Mais Malcolm X, Steve Biko et Audre Lorde aiment à rappeler que cette dignité ne peut se retrouver que par une révolution qui doit en passer par une transformation de nos conditions d'existence, et notamment de celles qui permettent de prendre soin de nous : qu'elle soit la révolution de la terre, comme l'appelle Malcolm X, ou qu'elle soit celle de nos corps, selon Audre Lorde. Une seule chose compte finalement pour toute révolution : acquérir le pouvoir. Encore faut-il le vouloir pour soi et s'en considérer digne.

Notes

1. Voir Felwine Sarr, *Afrotopia*, Paris, Philippe Rey, 2016.
2. Steve Biko, *Conscience noire. Écrits d'Afrique du Sud 1969-1977* (traduction de Natacha Filippi), Paris, Éditions Amsterdam, 2014, p. 141.
3. Hannah Arendt, *La Vie de l'esprit* (traduction de Lucienne Lotringer), Paris, PUF, 2013, p. 38.
4. Voir Audre Lorde, *Sister Outsider* (traduction de Magali C. Calise), Laval Québec, Éditions Trois, 2003, p. 135 : « Comme Paulo Freire le montre si bien dans la *Pédagogie des opprimés*, pour provoquer un véritable changement révolutionnaire, nous ne devons jamais nous intéresser exclusivement aux situations d'oppression dont nous cherchons à nous libérer, nous devons nous concentrer sur cette partie de l'oppresseur enfouie au plus profond de chacune de nous, et qui ne connaît que les tactiques des oppresseurs, les modes de relation des oppresseurs. »
5. Jean-Paul Sartre, *Cahiers pour une morale*, Paris, Gallimard, 1983, p. 341.
6. Voir sur ce point Audre Lorde, *Sister Outsider, op. cit.*, p. 127 : « Quelque part dans notre conscience, il existe ce que j'appelle une norme mythique, et chacune de nous sait, au plus profond d'elle-même, que cette norme "ce n'est pas moi". En Amérique, en règle générale, cette norme prend le visage d'un homme blanc, mince, jeune, hétérosexuel, chrétien et à l'aise financièrement. Les signes extérieurs de pouvoir se manifestent avec cette norme. »
7. Audre Lorde, *Sister Outsider, op. cit.*, p. 164.
8. Stuart Hall, « La vie posthume de Frantz Fanon », *Les Cahiers philosophiques*, n° 38, 2014, p. 85-102.
9. Audre Lorde, *Sister Outsider, op. cit.*, p. 128.

10. Michel Foucault, *Surveiller et punir. Naissance de la prison*, Paris, Gallimard, 1975, p. 34.

11. Audre Lorde, *Sister Outsider, op. cit.*, p. 51 : «Pour favoriser la division, les femmes noires ont été éduquées à toujours se suspecter, rivales sans pitié en quête du rare mâle, récompense suprême qui légitime notre existence.» Voir aussi page 49 : «Car depuis longtemps, on [femmes noires] nous a incitées à nous regarder les unes les autres avec méfiance, ou comme la face visible de notre propre rejet.»

12. Malcolm X, *Le Pouvoir noir* (traduction de Guillaume Carle), Paris, La Découverte, 2008, p. 205.

13. Audre Lorde, *Sister Outsider, op. cit.*, p. 110.

14. Voir Jean-Paul Sartre, *Cahiers pour une morale, op. cit.*, p. 341-342 : «L'oppression n'est pas idéale : c'est toujours une action directe ou indirecte qui s'exerce sur le *corps*, c'est une contrainte par corps. L'oppression se traduit en général par la misère, le chômage, un régime particulier de propriété, le travail forcé, etc. Mais il n'est pas de situation si misérable où l'opprimé soit réduit, qu'elle ne puisse être conçue comme librement choisie par une société d'hommes libres [...] l'oppression est une métamorphose interne de ma liberté, qui est opérée par la liberté de l'autre.»

15. C'est l'interprétation de Foucault que fait Judith Butler dans *La Vie psychique du pouvoir* (traduction de Brice Matthieussent), Paris, Leo Scheer, 2002, p. 136.

16. Jean-Paul Sartre, *Cahier pour une morale, op. cit.*, p. 345.

17. Audre Lorde, *Sister Outsider, op. cit.*, p. 126.

18. Steve Biko, *Conscience noire, op. cit.*, p. 58.

19. *Ibid.*, p. 56.

20. Malcolm X, *Le Pouvoir noir, op. cit.*, p. 43.

21. Complexe du quêteur que l'on trouve développé en ces termes chez Fanon, ou selon la formule du «mendiant perpétuel» chez Malcolm X.

22. Cette distinction s'inspire de la distinction opérée par Malcolm X entre la «révolution noire» et la «révolution nègre» (cf. Malcolm X, *Le Pouvoir noir, op. cit.*, p. 39).

23. Achille Mbembe, *Critique de la raison nègre*, Paris, La Découverte, 2013, p. 65-79.

24. Étienne Balibar, *Des universels. Essais et conférences*, Paris, Galilée, 2016, p. 24.

25. *Ibid.*, p. 42.

26. Article 14 de la Constitution impériale de Haïti, 1805.

27. Voir Marcus Rediker, *À bord du négrier. Une histoire atlantique de la traite* (traduction d'Aurélien Blanchard), Paris, Le Seuil, 2013.

28. Malcolm X, *Le Pouvoir noir*, *op. cit.*, p. 86.

29. *Ibid.*, p. 39.

30. «En vérité, nous luttons aujourd'hui pour des droits plus importants que les droits civiques, nous luttons pour les droits de l'homme» (*ibid.*, p. 88).

31. *Ibid.*, p. 89-91.

32. Il s'agit de *Black Power*.

33. «Être noir n'est pas qu'une question de pigmentation, être noir est le reflet d'une disposition d'esprit. [...] Tout homme qui appelle un Blanc "Baas" [maître, chef en afrikaans], tout homme qui sert dans la police ou dans la police de sécurité est *ipso facto* un non-Blanc» (Steve Biko, *Conscience noire*, *op. cit.*, p. 83).

34. *Ibid.*, p. 53.

35. Audre Lorde, *Sister Outsider*, *op. cit.*, p. 133.

36. *Ibid.*, p. 49.

37. «Pourquoi cette mâle colère noire ne se retourne-t-elle pas contre ces mêmes forces qui les empêchent de se réaliser, à savoir le capitalisme?» (*Ibid.*, p. 64).

38. Malcolm X, *Le Pouvoir noir*, *op. cit.*, p. 41 : «La seule révolution qui soit non-violente, c'est la révolution nègre.»

39. Audre Lorde, *Sister Outsider*, *op. cit.*, p. 150.

40. Voir Manning Marable, *Malcolm X. Une vie de réinventions* (traduction d'Emmanuel Delgado Hoch et de Patrick Le Tréhondat), Paris, Syllepse, 2014.

41. Malcolm X, *Le Pouvoir noir*, *op. cit.*, p. 199.

42. Audre Lorde, *Sister Outsider*, *op. cit.*, p. 66.

Retrouver le sens

Bonaventure Mve-Ondo

Bonaventure Mve-Ondo est philosophe et professeur de philosophie. Ancien recteur de l'université Omar-Bongo de Libreville, il a été aussi vice-recteur de l'Agence universitaire de la francophonie. Il a publié notamment *Un homme debout. Jean-Marc Ekoh* (Paris, Alfabarre éditions, 2017), *À chacun sa raison. Raison occidentale et pensée africaine* (Paris, L'Harmattan, 2013), *Afrique, la fracture scientifique* (Paris, Futuribles, 2005), *Sagesse et initiation à travers les contes, mythes et légendes fang* (Paris, L'Harmattan, 1991, 2005).

Je partirai d'une impression générale – impression générale confirmée par l'actualité. Depuis plus d'une dizaine d'années, les sociétés africaines semblent prises de vertige dans la quête de leur identité, et plus elles se cherchent, moins elles se trouvent. L'impression qui se dégage est qu'elles éprouvent une sorte de mal-vivre, voire le sentiment d'aller de fausse route en impasse sans jamais trouver leur centre de gravité. Mieux, leur histoire au cours des cinquante dernières années est, au fond, celle de leur profonde désespérance, période durant laquelle, génération après génération, elles sont passées de certitudes en timides espérances et de déceptions en déchirures. Déchirure d'abord de ne pas trouver le sens de leur existence, déchirure aussi de se sentir constamment exclues et hors du monde, déchirure enfin qui trahit la révolte de celui qui tourne en rond et n'arrive pas à trouver son chemin ou ce qui doit faire sens[1].

Tenter de comprendre aujourd'hui l'immense besoin d'identité, de refondation et d'avenir que revendiquent les sociétés africaines, c'est peut-être commencer par indiquer comment l'outillage conceptuel habituel à travers lequel elles étaient pensées ou elles se pensaient jusqu'ici était très limité, voire imprécis, et surtout doit être interrogé et clarifié.

Mais clarifier, c'est aussi interroger le contexte socioculturel et politique, notamment la situation de crise qui dure depuis le début des années 1990. Qu'observons-nous ? Des revendications identitaires exploitant le contexte de démocratisation et dont l'objectif est de sauvegarder ou d'acquérir des intérêts (souvent envers et contre tout), ou des droits bafoués ou inexistants ; de nombreux conflits internes d'ordre politique, social, économique et culturel ; des mutations sociologiques et économiques importantes qui font qu'on est passé de sociétés où primait la référence ethnique à des sociétés fondées sur un vivre-ensemble interethnique apaisé. Des sociétés fondées sur l'économie de rente et le fonctionnariat sont devenues de plus en plus libérales et axées sur l'auto-emploi. Autrement dit, les mécanismes traditionnels qui servaient d'amortisseurs et qui avaient pour nom la culture, l'éthique, la morale, le sens du partage, la famille, le clan, le vouloir-vivre ensemble, sont en train d'imploser. Face à toutes ces transformations et conflits, on en vient à la question majeure : comment retrouver le signe qui fait sens, la boussole, et participer en vérité à la tâche de notre temps, à savoir la reconstruction de l'Afrique ?

Question majeure qui se décline en trois sous-questions fondamentales : qu'est-ce qui constitue le noyau créateur de l'Afrique dans sa diversité temporelle et spatiale, sur lequel elle peut s'appuyer pour accompagner ces mutations ? À quelles conditions l'Afrique peut-elle s'inventer et continuer à s'inventer ? Enfin, dans la rencontre avec les autres cultures, comment s'invente-t-elle aujourd'hui ?

C'est autour de ces trois questions que je vais essayer d'engager une entreprise de déconstruction, de clarification et de refondation du sens.

Première question : qu'est-ce qui constitue le noyau créateur de l'Afrique ?

Comment retrouver ce qui demeure, en dépit et à travers l'épaisseur du temps colonial, de l'islamisation, de la christianisation, de l'indépendance et plus généralement de la mondialisation? Comment retrouver l'univers de signification qui organise les schèmes de pensée et les attitudes des Africains d'aujourd'hui? Ou, mieux encore, comment les sociétés africaines ont-elles pu, à travers le temps et l'espace, malgré les reconstitutions, les falsifications et autres mélanges, malgré les contraintes coloniales de soumission et de conversion, malgré les politiques, à marche plus ou moins forcée, d'intégration à l'ordre marchand et d'intégration nationale depuis les indépendances, malgré le choc de l'occidentalisation et de la mondialisation, comment ces sociétés ont-elles pu continuer à proposer une même vision du monde ou un même rapport au monde?

La réponse à cette première série de questions n'est à rechercher ni dans de grands principes ni dans des postures idéologiques, mais dans le noyau ontologique, éthique et mythologique qui organise les attitudes concrètes de la vie et que l'on trouve en particulier, pour nous, dans les traditions, dans le changement (ou les mutations), dans le comportement à l'égard des concitoyens et des étrangers; mais aussi et plus particulièrement dans l'usage des outillages conceptuels disponibles qui viennent d'ailleurs. Noyau qui, selon nous, peut permettre de mieux s'orienter dans l'avenir. Il s'agira donc de fouiller dans les catégories implicites qui organisent ici le dire et les habitudes de pensée.

Les analyses que nous avons proposées, Mamoussé Diagne et moi, sur la raison orale ont mis en lumière les mécanismes sociaux et de pensée, c'est-à-dire la socioculture et les outils qui ont permis de maintenir cette continuité et même de l'expliquer. Dans l'Afrique traditionnelle, la transmission orale se plie à des mécanismes d'une tout autre nature que dans les civilisations de l'écrit. L'objectif n'est jamais de parvenir à un résultat quantifié, mais à des objets de pensée qui recèlent des nœuds de signification et qui fonctionnent sous le mode du clair-obscur. Sous une apparente conversion, une soumission prudente au message des autres et un remodelage de leur outillage conceptuel, nombre de peuples africains n'ont jamais pensé le monde dans d'autres termes que ceux de leurs ancêtres, et toutes leurs représentations se trouvent littéralement «enchâssées» dans les images symboliques qui permettent de plonger au plus profond de l'activité psychique et affabulatoire du sujet, conscient ou inconscient.

La conclusion générale à laquelle nous sommes parvenus est claire : il existe un langage traduit par les gestes, les récits, les mythes, les modes de vie, les attitudes et les pratiques quotidiennes qui sont révélateurs d'une culture forte, d'un système cognitif et d'un rapport particulier au monde. Tel est le noyau créateur des cultures africaines, qui continue d'animer les attitudes et les comportements, mieux encore les cinq catégories implicites comme l'espace, le temps, la causalité, l'objet, la personne.

En effet, dans l'ensemble des textes traditionnels analysés (mythes, légendes, épopées, proverbes, etc.), d'hier à aujourd'hui, ce qui demeure, c'est une appréhension particulière de ces catégories qui permet parfois de comprendre les blocages conceptuels d'aujourd'hui. Il importe donc, si l'on veut retrouver le noyau originaire, de prendre la mesure de l'extéro-centralité des concepts et des catégories avec lesquels ce continent se pense ou est pensé. Concepts et catégories qui le réduisent à n'être pour lui-même qu'un simple objet de pensée et à confondre la pensée et les prêt-à-penser.

Considérons une seule de ces catégories : celle du temps. Ce que révèlent les mythes africains que nous avons analysés, c'est que non seulement il y a lieu de distinguer le temps sacré (originaire) et le temps profane (celui de la déchéance), mais encore que le temps n'est ni tout à fait objectif ni disponible, car lié tout entier aux puissances invisibles. Il s'agit d'un domaine interdit pour l'homme, auquel il est obligé de se soumettre. Et parce que rien n'arrive qui ne doive arriver, le temps est soumis à une planification générale et renvoie à la notion de destin, qui est une constante interculturelle et domine l'existence. Puisque le temps est interdit et prédéterminé, ce sont les spécialistes et les techniciens du futur – devins et sorciers – qui ont la charge de s'en occuper et de révéler aux hommes leur avenir, d'opérer des réaménagements partiels, car on ne peut pas contredire ou annuler ce qui est prédéterminé, tout au plus transposer, dériver ou compenser.

On comprend pourquoi une telle conception du temps et de la prédestination implique que la notion de projet doit être maniée avec une extrême circonspection, car ici la déclaration d'intention et la supputation de l'avenir sont des attitudes dangereuses. Anticiper un événement heureux risque d'empêcher sa réalisation, tandis qu'anticiper un événement malheureux risque de provoquer sa réalisation. Dans le monde actuel des politiques de développement, il est clair que de telles conceptions ont constitué et constituent encore un obstacle, à la fois parce que l'initiative doit être étouffée et parce que tout projet est par nature dangereux en ce qu'il signifie une incursion dans un domaine réservé.

En conséquence, on peut constater dans de nombreuses sociétés, traditionnelles ou non, d'une part que le mode verbal du futur n'existe pas, ou plutôt fonctionne de manière métaphorique ; d'autre part que la terminologie du futur est relativement récente. Et ce n'est pas seulement propre à l'Afrique ! Dans les sociétés industrielles d'Europe, par exemple, on sait que *prévisionnel* et *prévisible* datent respectivement de 1848 et de 1865, *programme* – entendu comme exposé des intentions d'une personne ou d'un groupe – de 1789 et *programmation* de 1960. *Prospective*, qui signifiait « optique » au XVIe siècle, prend un autre sens notamment avec Gaston Berger en 1920. Enfin, alors que *futur*, qui indique l'action dans l'avenir, est de 1671, *futurible* et *futurologie* datent respectivement de 1966 et de 1968. On constate par là que, si tous les termes qui expriment l'influence du temps sur l'homme, comme *prédestination* qui date de 1190, sont très anciens, ceux qui désignent l'action de l'homme sur le temps sont récents[2].

Une telle distinction explique la nécessité de repenser les catégories et les concepts pour mieux comprendre les difficultés que traverse un continent écartelé entre « ses traditions » et la modernité occidentale. S'agissant du temps, les sociétés traditionnelles opèrent un blocage de la dimension temporelle qui s'inscrit dans une logique sociale parfaitement cohérente, à savoir : les choses ne changent pas, le monde est comme il est de tout temps. Si le changement doit se faire, celui-ci ne peut être que lent, involontaire et inconscient, trois termes qui opposent les sociétés traditionnelles aux sociétés contemporaines. La conséquence, consacrée par l'obéissance aux ancêtres, c'est le lien indéfectible entre les ancêtres et les vivants, tout le reste n'étant qu'accident.

On le voit : on ne peut pas comprendre les errances des sociétés africaines d'aujourd'hui et l'incertitude qui plane sur leur avenir si on ne prend pas en compte ce socle épistémologique premier qui, en tant que système, n'a pas été véritablement déconstruit ni remis en cause. On peut dire, sans risque de se tromper, que cette déconstruction n'a pas été vraiment faite, en sorte qu'il est souvent difficile, pour le commun des mortels, d'entrer de plain-pied dans la modernité et surtout de penser le futur.

On se rappelle que, dans *Tristes tropiques*[3], Lévi-Strauss avait analysé le comportement d'un groupe ethnique, placé brutalement en face d'un outillage « occidental » : il se trouvait incapable de l'assimiler non par manque d'habileté au sens propre du mot, mais parce que sa conception du temps, de l'espace et des relations entre les hommes ne lui permettait pas de reconnaître la moindre valeur au rendement, au bien-être et à la capitalisation des moyens. Là se situe le constituant de la résistance inconsciente. Du coup, l'une des causes du sous-développement n'est pas simplement d'ordre technique, mais procède plutôt d'une conception statique du temps et de l'histoire. C'est aussi ce qu'avait montré avec brio, dans le monde occidental, Pierre-Maxime Schuhl dans son livre *Essai sur la formation de la pensée grecque*[4]. Pour lui, c'est parce que la technique grecque, limitée par la conception du temps et de l'histoire, ne comportait pas une évaluation positive du progrès lui-même, qu'elle ne pouvait pas évoluer. Autrement dit, ce n'est pas parce que les Grecs disposaient d'un nombre très important d'esclaves qu'ils ont ressenti la nécessité de remplacer la force humaine par le travail des machines, c'est plutôt parce qu'ils n'avaient pas encore conceptualisé la valeur d'une diminution de la peine des hommes que leur technique n'a pu évoluer.

Or, si un outillage conceptuel n'est opérant qu'à travers un processus de valorisation, il importe, pour en comprendre les limites, de définir les différents niveaux où réside ce fonds de valeurs. J'ai parlé de « noyau créateur » par allusion à ce phénomène, par allusion à cette multitude d'enveloppes successives qu'il faut percer pour l'atteindre. On peut imaginer plusieurs niveaux distincts : le niveau superficiel où les valeurs des sociétés traditionnelles africaines s'expriment dans les mœurs, dans les pratiques sociales, dans la moralité de fait. Ce niveau n'est pas encore le phénomène créateur, il est celui de la reproduction, du mimétisme et de l'obéissance à des « habitudes culturelles » que l'on n'a pas encore déconstruites. Qui n'a pas appris à le décoder ne peut en percer le mystère. Ce niveau constitue un socle d'habitudes qui ne permet pas de dire l'essentiel. Il importe de savoir le décortiquer pour en saisir le message caché.

De ce niveau de base, on passe à un niveau moins superficiel où les valeurs se manifestent par le biais d'institutions traditionnelles, mais celles-ci ne sont que le reflet de l'état de la pensée, de la volonté d'un groupe humain à un certain moment de l'histoire. C'est pourquoi ces institutions demandent elles-mêmes à être déchiffrées. Il me semble que si l'on veut atteindre le noyau créateur, il faut creuser jusqu'à cette couche d'images et de symboles qui constituent les représentations de base d'un peuple. Comme en psychanalyse, la découverte de ce noyau ne résulte pas d'une simple description, mais d'une véritable déconstruction et d'une interprétation méthodique. C'est ce que Mamoussé Diagne et moi avons tenté de faire, à partir d'un corpus de textes appartenant à des peuples du Sénégal et du Gabon, pour en montrer la richesse et l'originalité – c'est-à-dire ce qui fonde pour chacun de ces peuples son style.

Mais cette nappe d'images et de symboles ne constitue pas encore le phénomène le plus radical de la créativité dans les sociétés africaines, elle en forme seulement la dernière enveloppe. À la différence d'un outillage qui se conserve, se sédimente, se capitalise, une tradition culturelle ne reste vivante que si elle se recrée sans cesse. Comment les sociétés africaines ont-elles résolu cette question? En opposant l'axe de la temporalité à celui de la sédimentation. Rappelons qu'il y a, pour l'humanité, deux façons de traverser le temps: la civilisation développe un certain sens du temps qui est base d'accumulation et de progrès, tandis que la façon dont un peuple développe sa culture repose sur une sorte de loi de fidélité et de création. Autrement dit, une culture meurt dès qu'elle n'est plus renouvelée, recréée; il faut alors que se lève un penseur, un écrivain, un sage, un spirituel pour relancer la culture et la risquer totalement dans une aventure nouvelle. La création échappe à toute planification, à toute prévision, à toute décision d'un parti ou d'un État. La loi tragique de la création d'une culture ne se fonde pas dans l'accumulation tranquille des outils qui la définissent comme une civilisation, mais dans l'essentiel de son interrogation première, qui est l'éducation à la pensée critique. Il est plus que jamais urgent de sortir de ce que Fabien Eboussi Boulaga avait appelé la position de l'intellectuel exotique, celui qui s'est installé dans l'absence de penser[5].

Deuxième question: à quelles conditions l'Afrique peut-elle s'inventer et continuer à s'inventer?

Il s'agit maintenant de tenter de répondre à la deuxième question: à quelle condition la création culturelle d'un peuple peut-elle perdurer? Question redoutable, posée par le développement de la civilisation universelle scientifique, technique, juridique, économique, bref, la civilisation de la mondialisation. Car, s'il est vrai que toutes les cultures traditionnelles subissent la pression et l'érosion de cette civilisation mondiale, elles n'ont pas toutes la même capacité de résistance ni surtout la même capacité d'absorption. Ce que l'on peut comprendre à travers le combat politique des peuples africains d'aujourd'hui, c'est que toute «culture» n'est pas compatible avec la civilisation mondiale. Se pose alors la question suivante: quelles sont les conditions nécessaires pour une intégration réussie à la mondialisation?

Première condition: seule pourra renaître et survivre une culture capable d'intégrer la rationalité scientifique. Quelle politique pour une éducation véritable peut-elle et doit-elle alors être mise en place pour assurer cette appropriation?

Seconde condition, aussi importante: seule une foi qui fait appel à la compréhension de l'intelligence peut «épouser» son temps. Cette foi repose autant dans la désacralisation de la nature et des êtres que dans la désacralisation et la valorisation du temps. Alors seulement l'homme est en capacité de survivre et de durer. Pour que sa fidélité ne soit pas qu'un simple décor folklorique, il faut que chaque culture renonce à répéter simplement le passé et apprenne à en saisir les limites pour s'inventer sans cesse. C'est à cette condition qu'elle peut dégager les lignes de son futur ou de son utopie.

Il y a lieu de revenir ici sur ce qui est souvent habilement présenté comme le combat du fondamentalisme religieux et identitaire, développé comme phénomène de résistance par Boko Haram. L'objectif de ce groupe terroriste dont le nom signifie littéralement «Livre interdit», c'est le refus de l'école à l'occidentale considérée comme vecteur de la modernité, de la liberté individuelle et donc de la démocratie. Son projet, c'est le retour à l'ordre ancien établi par la colonisation islamique: pas d'école pour les filles; l'homme commande et il est propriétaire des femmes (harem), il doit même épouser plusieurs jeunes filles vierges âgées. Nul n'a oublié l'enlèvement en avril 2014 de deux cents lycéennes et la vague de protestations qui s'est élevée dans le monde.

Ce qui est appelé ici retour aux «traditions» est en réalité fondée sur la «manipulation concertée de la mémoire et de l'oubli» par ce groupe qui propose une histoire «fragmentaire[6]» de l'Afrique et de ses «traditions». Ce qui est présenté ici comme «traditions» n'est que l'acquisition et l'appropriation actée à un moment de l'histoire du Continent: la colonisation arabe, postérieure à la colonisation européenne. Pour que l'Afrique soit capable de s'inventer un avenir pleinement à elle, il importe qu'elle se dégage de certitudes préétablies ou circonstancielles, et qu'elle fasse la lumière sur sa non-histoire ou sur ses «histoires» oubliées. Il s'agit là d'une urgence.

Le silence actuel des médias comme des États africains sur la lutte contre «Livre interdit» est dû à la peur d'activer l'histoire des traumatismes coloniaux de l'esclavage. Or, plus que jamais, il faut refuser de subir de manière pulsionnelle les traumas persistants qui débouchent sur la non-histoire et la violence. Il faut dénoncer et dépasser cette écriture en réduction de l'histoire africaine, dans une démarche non seulement de libération, mais encore d'exploration projective. Comme le disait Frantz Fanon, l'esclave est d'abord celui qui ne sait pas et l'esclave de l'esclave celui qui ne veut pas savoir.

En réalité, la crise contemporaine des sociétés africaines sur laquelle tentent de surfer depuis quelques années des groupes fondamentalistes, comme le groupe «Livre interdit», découle plutôt de l'essoufflement du modèle de développement, issu de la fin de la Seconde Guerre mondiale et qui a été imposé à l'Afrique. Ce modèle, celui du rattrapage pas seulement économique, s'est fondé essentiellement sur la théorie du transfert, du copié-collé qui fait passer d'une logique d'investissement à une logique de rente et de consommation des pensées et des modes de vie – élaborés sans véritable appropriation.

La réponse à cette crise du sens comme aux fondamentalismes, c'est de former à l'esprit critique pour décoloniser et décolonialiser les esprits, les comportements et les imaginaires, pour repenser les traditions, car il n'y a pas de tradition qui ne soit supérieure à l'homme: c'est l'homme qui, comme l'a démontré Valentin-Yves Mudimbe[7], est l'inventeur de ses traditions.

Troisième question : dans la rencontre avec les autres cultures, comment l'Afrique s'invente-t-elle aujourd'hui ?

Comment rendre possible une rencontre de cultures diverses, entendons-nous une rencontre qui ne soit pas mortelle pour les cultures africaines ? Une telle rencontre qui ne soit pas mortelle, c'est celle qui suppose l'acceptation des autres. Elle est majeure, car constitutive de toute société. Pour accepter en face de soi un autre que soi, il faut avoir un soi. Par ailleurs, aucune société ne vit seule et pour elle-même, elle est toujours en lien et en dialogue avec les autres. Ce qu'il faut refuser, ce sont les syncrétismes de bas étage, les pseudo-pop qui sont de simples précipités historiques. Il faut leur opposer la communication, la communication véritable, c'est-à-dire une relation dramatique dans laquelle tour à tour je m'affirme dans ma culture et je me livre à autrui selon sa civilisation, en clair le métissage.

Le monde qui vient sera celui que l'ensemble des peuples et des nations du monde auront décidé de bâtir ensemble. Il ne pourra naître qu'autour de quelques principes essentiels comme le dialogue, la solidarité et la coresponsabilité.

Comme le proposent Pierre Akendengue et Hugues de Courson dans leur album, *Lambarena : Bach to Africa*[8], mélange de musiques réalisé en l'honneur du Dr Albert Schweitzer, l'enjeu n'est pas d'opérer une synthèse entre deux univers (ici musical et culturel), mais de travailler et de vivre ensemble (ici par le truchement de morceaux de musique), chacun répondant à l'autre en échanges subtils, sans rien perdre de son identité et de sa culture.

Cette rencontre des genres et des civilisations bouleverse nos habitudes de pensée, car elle marque la fin des certitudes absolues et dégage un horizon de pensée : le monde métis. Les conditions d'un tel dialogue sont connues. La première est que l'Afrique doit sortir de son infantilisation pour retrouver sa maturité. La deuxième est qu'elle doit se refonder tout en demeurant à l'écoute du monde. Elle n'a personne à rattraper, il lui suffit d'être elle-même et de vivre ses transformations internes, qu'elles concernent sa sociologie, son économie, sa culture et son modèle politique. La troisième et dernière condition est que toutes les nations du monde acceptent enfin de sortir de l'âge de la compétition infantile et de bâtir ensemble un monde où elles apprennent à travailler et à vivre ensemble.

L'histoire de l'humanité à venir ne sera pas celle de la guerre des civilisations, mais plutôt celle de leur rencontre, non sous forme de choc et de domination, mais dans un dialogue véritable. Aujourd'hui, nous sommes dans le tunnel, dans l'interrègne, au crépuscule des dogmatismes et des extrémismes, mais peut-être au seuil des vrais dialogues. Mais ce qui manque, sans doute, c'est que nous ne disposons pas encore de quoi penser la coexistence de ces multiples styles, nous n'avons pas encore de philosophie de l'histoire capable de résoudre les problèmes de la coexistence et d'un vivre ensemble à l'échelle mondiale. Et la vraie question est désormais de trouver comment sortir des syncrétismes vagues et inconsistants, détecter les signes d'une Afrique qui prend pied solidement dans le monde, sans complexes, et entre dans une communication vraie avec l'autre. Cela suppose que nous soyons capables de poser la question du dialogue entre civilisations autrement que sur le mode de la conquête et du pouvoir.

Alors, retrouver le sens ou ce qui fait sens, c'est oser dépasser l'opposition entre ceux qui croient en une identité intangible de l'Afrique et qui espèrent son salut comme perpétuation de cette identité, et ceux qui ont choisi de la nier et de ne plus se penser que relativement aux autres, dans une sorte de processus de créolisation assumée pour retrouver dans le présent les lueurs de l'aube. La vraie créolisation, comme le notait Édouard Glissant, « exige que les éléments hétérogènes mis en relation *s'intervalorisent*, c'est-à-dire qu'il n'y ait pas de dégradation ou de diminution de l'être, soit de l'intérieur, soit de l'extérieur, dans ce contact et dans ce mélange ». Elle est « imprévisible[9] ». Comme dans la relation amoureuse, c'est l'indépendance des protagonistes qui est l'élément constitutif prioritaire, même si elle se manifeste de façon paradoxale en réunissant deux antinomies : la première est la genèse mystérieuse de l'amour, la seconde, plus implicite, repose sur le principe que rappelait fortement Octavio Paz : « Nous ne sommes transparents ni pour nos semblables, ni pour nous-même. » D'où sa merveilleuse formule sur la condition amoureuse[10]. Ainsi, ce que je suis et qui m'appartient en propre, c'est finalement et d'abord ce qui me vient de l'autre. Retrouver le sens, c'est bâtir une épistémologie des épistémologies capable d'hétérotopie, c'est-à-dire capable de mettre en lien et en dialogue des utopies plurielles une épistémologie plurivalente, qui fasse enfin que l'on puisse désormais dire « nous » et être fiers de tous nos héritages d'ici et de là-bas. C'est ce que j'appelle l'épistémologie de la rencontre fondée sur un syncrétisme vraiment assumé. Un philosophe chinois du début du xxe siècle, Liang Shuming, définissait l'occidentalité comme « essentiellement la volonté d'aller de l'avant[11] ». Mais aujourd'hui cette volonté n'est plus seulement occidentale, elle est aussi africaine en ce que l'Afrique est désormais capable de relier héritages et projet. Il s'agit là d'un changement majeur car, comme le souligne le philosophe québécois Jean-François Malherbe : « Tout rapport à la temporalité qui n'articule pas ensemble, dans la densité de l'instant présent, et l'héritage d'un passé et le projet d'un avenir, est terriblement réducteur. Il ne manque pas de nos jours de pseudo-spiritualités qui apparaissent comme de banales nostalgies ou de triviales fuites en avant. Les spiritualités authentiques sont celles qui déploient l'incertitude du sujet et lui proposent de l'habiter dans un juste rapport au temps tandis que les pseudo-spiritualités réduisent le rapport au temps à la nostalgie des origines ou à l'utopie de l'idéal[12]. »

Retrouver le sens, c'est donc sortir du nihilisme épistémologique qui consiste à penser qu'il n'y a rien à faire et à refuser d'évoluer. Or, voilà que l'Afrique a adopté depuis fort longtemps le temps linéaire et qu'elle s'est inscrite, à sa manière à elle, dans la modernité, une modernité métisse qui lui permet de se réinventer désormais au-delà des apparences et des résistances. Une modernité qui n'est pas un point d'arrivée, mais un point de départ, une sorte de chemin ouvert, et avant tout l'acte de sa volonté.

Notes

1. Chercher à retrouver le sens, ce n'est pas un pur jeu de l'esprit, mais d'abord la conséquence d'un doute profond, alarmés que nous sommes par les problèmes de l'Afrique, par les dérives de ce continent qui va d'impasse en impasse, aveuglé sur ce qui constitue son identité, sur sa place dans le monde et sur son avenir.

2. Sur ce sujet, on peut consulter *Le Lexis, le dictionnaire érudit de la langue française*, Paris, Larousse, 2009, p. 1496, 1507 et 806.

3. Claude Lévi-Strauss, *Tristes tropiques*, Paris, Plon, 1955.

4. Pierre-Maxime Schuhl, *Essai sur la formation de la pensée grecque*, Paris, Librairie Félix Alcan, 1934.

5. «Le caractère livresque, formaliste et magique du savoir du pseudo-intellectuel n'est pas accidentel, il est structurel, essentiel au mode de vie oisif et oiseux, à sa manière de s'insérer dans le monde. L'intellectuel africain a épuisé et stérilisé son intellectualité et manqué d'établir sa légitimité et sa raison d'être dans l'entreprise mimétique de se donner une histoire, une culture, une pensée nationale, une idéologie de construction nationale […]. Son projet n'est pas la recherche de la vérité; il ne cherche pas, non plus, à résoudre au moyen de la théorie et de l'action raisonnée les problèmes que la vie lui impose autant que les relations avec les autres. L'intellectuel veut s'intégrer dans les réseaux administratifs, entrer dans les circuits où se stockent et se redistribuent les biens rares, les honneurs et les plaisirs.» Cf. *L'Intellectuel exotique*, in http://www.politique-africaine.com/numeros/pdf/051026.pdf

6. Paul Ricoeur, *La Mémoire, l'histoire, l'oubli*, Paris, Le Seuil, 2000, p. 97.

7. Valentin-Yves Mudimbe, *The Invention of Africa*, Bloomington, Chicago University Press, 1988.

8. À ce propos, je renvoie à mes analyses dans «Le bonheur entre politique et poétique: ou comment apprendre à penser avec Pierre Akendengue et Hugues de Courson», in *L'Art comme figure du bonheur. Traversées transculturelles*, Bruno Cany et Jacques Poulain (dir.), Paris, Hermann, 2016, p. 363-377.

9. Édouard Glissant, *Introduction à une poétique du divers*, Paris, Gallimard, 1966, p. 18-19.

10. «L'amour est un pari, extravagant, sur la liberté. Non pas la mienne, celle de l'autre» (Octavio Paz, *La Flamme double*, Paris, Gallimard, p. 58). Et il

conclut son livre sur la même lancée : « Nous sommes le théâtre d'un embrasse-
ment des contraires et de leur dissolution en une seule note qui n'est pas d'affirmation ou de négation, mais d'acceptation. Que voit le couple dans l'espace
d'un battement de paupières ? L'identité de l'apparition et de la disparition, la
vérité du corps et du non-corps, la vision de la présence qui se dissout en splen-
deur : la vivacité pure, la palpitation du temps » (p. 201).

11. Liang Shuming, *Les Cultures d'Orient et d'Occident et leurs philosophies*,
Paris, PUF, 2000, p. 27. Il note d'ailleurs ceci : « La culture orientale et sa philosophie apparaissent comme inchangées depuis l'Antiquité. Elles sont restées les
mêmes à travers les siècles. Rien de tel pour la culture occidentale : ses courants
de pensée ne cessent d'évoluer et ses modes d'expression se renouvellent au fil
des âges » (p. 13).

12. Jean-François Malherbe, « De la séduction à la spiritualité », in *La Chair
et le Souffle*, n° 1, 2006, p. 22.

S'estimer, faire sens

Séverine Kodjo-Grandvaux

« Une personne qui n'a pas confiance en soi ne dispose plus d'aucun critère de la réalité, car ce critère ne peut être trouvé qu'en soi-même. »

James Baldwin

Séverine Kodjo-Grandvaux est philosophe. Elle est l'auteure notamment de l'essai *Philosophies africaines* publié aux éditions Présence africaine (Paris, 2013).

Décoloniser les savoirs, rompre avec les épistémologies engen-
drées par une colonialité toujours prévalente. Se décentrer et produire une nouvelle pensée critique qui permette à tout un chacun
de participer au mouvement du monde. D'être à la fois acteur et
producteur de sens. À quelles conditions est-ce possible ? Comment
un sujet peut-il être amené à oser emprunter les chemins incertains
de la transgression intellectuelle et invoquer l'indiscipline afin de se
construire soi ? Comment faire advenir un « je peux » dans des situations asymétriques où la reconnaissance, à hauteur de ce que je suis,
ne va pas de soi ?

Enfermés dans une conception de la connaissance et de la production du savoir héritée des Lumières européennes, où l'esprit
– cartésien – s'empare de la réalité comme l'affirme le *cogito ergo sum*,
nous avons perdu de vue que l'histoire des idées est aussi une histoire
d'émotions. Que les philosophes ne sont pas de purs esprits, mais des
êtres de chair et de sang, et que l'affect joue souvent un rôle essentiel
dans la création conceptuelle. Paradoxalement, alors que l'*ego cogito*
s'imposait, le « je » s'effaçait derrière le « nous » impersonnel et faussement modeste de l'écriture académique. Affirmer un sujet engagé
dans une histoire individuelle et un ressenti personnel faisant acte de

penser serait se refuser la possibilité de produire une pensée objective, dont la portée serait universelle. Et pourtant, il n'y a que des individus, inscrits dans des mémoires personnelles et collectives singulières, dans une époque et une culture, et dont les énoncés émanent d'un lieu précis.

Proposer un regard décolonial sur la philosophie, ce n'est pas seulement interroger les modalités de la décolonisation conceptuelle. Ce peut être également interroger les sentiments à l'œuvre dans la production intellectuelle, notamment ceux qui peuvent nous permettre de nous imposer face à un système de pensée hégémonique dominant. Dans la quête d'une vie digne, d'une vie juste et bonne, l'appréciation de sa propre valeur est, me semble-t-il, nécessaire à l'élaboration d'épistémologies nouvelles, à la réalisation de soi et à la création d'espaces d'individuation en vue d'une citoyenneté pleine et entière. Ce sont là trois dimensions complémentaires de l'opération constitutive d'une individualité, d'un sujet. Être pour soi. Être au cœur de la cité, pour et avec les autres. Être producteur de savoir. L'estime de soi est un moteur principiel de décolonisation, en ce que s'estimer, c'est faire sens. Ce sentiment, qui s'autoalimente et se nourrit également de l'extérieur, est ce qui me permet d'être en mesure de passer à l'action et d'être l'auteure de ma propre existence.

Les chemins que je serai amenée à emprunter ne sont pas tracés d'avance. Mon inscription dans ce monde a un sens que moi seule je dois définir, réaliser et faire reconnaître à autrui. C'est faire sens pour moi et pour les autres. S'estimer, c'est être conscient de sa valeur, de ses capabilités et de sa capacité à être soi, à se réaliser comme projet, à être dans un possible de soi-même et à devenir un sujet autonome. Mais pour pouvoir s'estimer, je me dois une certaine fidélité à ce que je suis. Les traîtres n'ont bien souvent qu'une piètre opinion d'eux-mêmes. Cette fidélité, il me faudra l'éprouver dans le mouvement, dans la construction et la réalisation de mon être. D'elle émanera le respect que l'autre me doit. En effet, comment attendre de quiconque qu'il me respecte et me reconnaisse pour ce que je suis si moi-même je n'en suis pas capable? De courage je devrai me doter pour affirmer face à l'adversité mon identité. Pleine et entière. Mon humanité, lorsqu'elle m'est déniée quand je suis minorée. Quand je suis réduite à un corps de femme dans un milieu d'hommes, à une voix de cadet dans une société gérontocratique, à une chair noire dans un monde où les pouvoirs politique, économique, épistémique, culturel, sont aux mains à la peau claire… Les situations de minorité sont multiples, se recouvrent parfois et s'accompagnent toujours d'une violence symbolique et psychique, plus ou moins importante, voire d'une extrême brutalité physique allant jusqu'à la mort. Dans un tel contexte, plus que jamais l'amour des miens me sera nécessaire. C'est là la toute première reconnaissance dont nous avons besoin pour nous construire. «Pour l'estime de soi, ce qui est le plus favorable c'est d'être – ou se sentir – aimé, plus encore que d'être – ou se croire – dominant», explique Christophe André, médecin psychiatre à l'hôpital Sainte-Anne (Paris). «Les auteurs ayant travaillé sur l'acquisition de l'estime de soi, précise-t-il, ont d'ailleurs tous souligné l'importance, pour le bon développement de cette dernière, de l'expression par les parents d'un amour inconditionnel à leurs enfants, non dépendant des performances de ces derniers. L'enfant intériorise alors que sa valeur ne dépend pas que de sa performance, mais représente une donnée stable, relativement indépendante, du moins à court terme, des notions d'échec ou de réussite.» Nous venons au monde dans un total rapport de dépendance. Sans soin, ni amour, un nouveau-né ne peut survivre. C'est parce que nous aurons reçu suffisamment d'amour maternel (ou parental) que nous serons à même de quitter les bras qui nous ont bercé et nourri pour oser nous en détourner et nous ouvrir aux autres. Notre toute première sociabilité s'ancre dans cette reconnaissance que l'amour maternel (parental) aura pu nous apporter. Le nourrisson prend ainsi peu à peu conscience qu'il est un individu séparé de sa mère. Et qu'il lui faut affronter son environnement. Ce n'est qu'armé de suffisamment de confiance en lui qu'il osera se tourner vers d'autres bras, puis aller seul se présenter au monde. Mais il ne pourra le faire que si sa mère (ses parents) le laisse faire et l'encourage. Si elle le reconnaît comme un être distinct d'elle et l'aide à devenir un sujet autonome. La confiance en soi et l'estime de soi, que l'amour de ceux qui m'auront élevée aura nourries, exige de l'autre qu'il me reconnaisse et accepte ce qui me distingue de lui. C'est cette confiance en soi ajoutée à la connaissance de mes potentialités qui va me permettre de vouloir affirmer mon ipséité, de construire et d'asseoir un soi solide qui me permette d'aller à la rencontre de l'autre et de ne pas renoncer à soi. Ce besoin originel d'amour est insatiable et il nous faudra le sustenter tout au long de notre existence. Comment s'y prendre quand nos voisins, ceux avec qui nous partageons notre expérience humaine, nous haïssent au point de nous animaliser et de nous chosifier ? De nous figer dans une « différence coloniale » (Walter Mignolo), une identité fantasmée lors des conquêtes impériales, lors de la mise aux fers et en enfer ? Lorsque le plus fort nous a imposé de renoncer à soi pour endosser sa propre culture ? Nous a dépossédé du pouvoir de se nommer soi-même, nous privant alors de « ce qui en tout homme est possibilité, promesse d'accomplissement de l'homme » (Jean Amrouche) ?

« Le champ le plus important sur lequel il [le colonialisme] jeta son emprise fut l'univers mental du colonisé : les colonisateurs en vinrent, par la culture, à contrôler la perception que le colonisé avait de lui-même et de sa relation au monde. L'emprise économique et politique ne peut être totale sans le contrôle de l'esprit. Contrôler la culture d'un peuple, c'est contrôler la représentation qu'il se fait de lui-même et de son rapport aux autres. Dans le cas du colonialisme, l'établissement de cette emprise prit deux formes : la destruction ou la dévalorisation systématique de la culture des colonisés, de leur art, de leurs danses, de leurs religions, de leur histoire, de leur géographie, de leur éducation, de leur littérature écrite ou orale – et inversement la glorification incessante de la langue du colonisateur » (Ngugi wa Thiong'o). La colonisation a eu ceci de pervers qu'elle a imposé son modèle à ceux qu'elle entendait exploiter, les forçant à faire siennes des valeurs autres. Cela s'est réalisé au prix d'une terrible dépossession de soi et aliénation mentale, non sans résistances, bien évidemment. Dans un mouvement paradoxal, c'est justement parce qu'on s'estime suffisamment que l'on refuse que soit davantage mise à mal notre propre estime de soi. Notre dignité. Le travail de Fanon a eu ceci de salutaire qu'il a redonné dignité aux personnes «racisées» par le pouvoir colonial européen en montrant qu'elles n'étaient pas inférieures, mais «damnées», rejetées par un système politique, économique et idéologique précis.

Quand on atteint à ma dignité, à mon être même, comment m'en relever? Comment sortir de cette *melancholia africana* (Nathalie Etoke) et en faire une force de résilience qui ne m'épuise pas? qui ne me réduise pas à néant? On peut perdre confiance en soi face à certaines épreuves de la vie et ne pas être sûr de parvenir à surmonter les obstacles qui obstruent notre horizon. Mais c'est justement parce que l'on s'estime que l'on va trouver la force de puiser l'énergie nécessaire pour que notre entreprise soit couronnée de succès. L'estime de soi est davantage que la confiance en soi. C'est aussi la manière dont je me juge, dont je m'évalue; ce qui pose la question des normes à partir desquelles je me pense et me construis. Reconquérir l'estime de soi quand elle a été ébréchée, brisée, par des rapports de domination et de violence est à la fois un mouvement d'affirmation de soi et de critique des institutions et des normes (coloniales, impériales, masculines…) que le pouvoir pose comme étalons. Ne vivant pas de manière totalement isolée, nous nous pensons nécessairement en fonction de valeurs culturellement, socialement et historiquement déterminées. D'où l'importance de changer de perspective, de décentrer notre regard et de valoriser les écarts créatifs par lesquels nous réagissons quotidiennement aux obligations et aux normes sociales, imposées dans un rapport de verticalité.

Sur quoi se fonder pour les critiquer lorsque l'on relève d'une culture dite minoritaire, ou minorée? Le travail de décolonisation conceptuelle, par exemple, se situe-t-il à l'intérieur ou à l'extérieur de l'épistémè occidentale dont il entend s'affranchir? «Les luttes que nous menons ne sont pas simplement des luttes pour la reconnaissance, mais aussi autour de la reconnaissance: elles touchent aux règles en vertu desquelles les membres d'une communauté se reconnaissent comme tels. Si l'estime est accordée sur la base de valeurs dans lesquelles je ne me reconnais pas, être estimé revient à être intégré dans une culture à laquelle je ne souhaite pas appartenir» (Davide Sparti). Et lorsque nous appartenons à la culture dite majoritaire, comment ne pas confondre sa culture avec l'universalité? Comment décentrer son regard quand on est en position dominante pour voir en quoi nos propositions ne sont pas valables pour tous? Et qu'il n'y a pas un centre, mais des centres de production du savoir, lesquels ont bien souvent été mis à mal par un système universitaire (modèle occidental) imposé en Afrique.

Le discours colonial entendait «apporter la science aux peuples qui l'ignorent» (Congrès national de la ligue des droits de l'homme de 1931), réduire à néant les forces mythiques et symboliques locales. Résultat, le système universitaire, création coloniale, a donné naissance à une élite aliénée qui «entretient une haine de soi tacite maquillée – sur le plan visible – par une rhétorique anticoloniale vide qui ne s'est jamais émancipée de la consommation des biens (symboliques et réels) coloniaux» (Jean Godefroy Bidima). La réalisation de soi nécessite alors une rupture épistémique avec l'ordre colonial du savoir. Mais, bien souvent, cette dernière se fait par ceux-là mêmes que le système colonial a enfantés. Les auteurs de la Négritude ont eu le courage de formuler la critique virulente du colonialisme qui était la leur, certes parce qu'ils étaient convaincus que l'Afrique et sa diaspora, par la richesse de leurs cultures, avaient quelque chose d'inédit à apporter au monde et qu'elles pouvaient le sauver de sa perte. Mais aussi parce qu'ils incarnaient ce que le «maître» de l'époque considérait comme ayant de la valeur. Louis-le-Grand, la Sorbonne, ils avaient accédé au temple de la connaissance et du savoir réservé à l'élite blanche, pouvant prétendre à une certaine estime sociale.

Les fondateurs du mouvement de la Négritude ont alors porté les valeurs de la société dominante qu'ils entendaient déconstruire et contester de l'intérieur. «L'expérience de l'estime sociale s'accompagne [...] d'un sentiment de confiance quant aux prestations qu'on assure ou aux capacités qu'on possède, dont on sait qu'elles ne sont pas dépourvues de "valeur" aux yeux des autres membres de la société» (Axel Honneth). Elle peut – mais pas toujours – renforcer l'estime de soi, nécessaire à la mise en branle de la dénonciation de l'«injustice épistémique» enfantée par le colonialisme «quand les concepts et les catégories grâce auxquels un peuple se comprend lui-même et comprend son univers sont remplacés ou affectés par les concepts et les catégories des colonisateurs» (Rajeev Bhargava). Elle permet d'oser défier les savoirs institutionnalisés et nous donnera l'audace d'être indiscipliné, de questionner le modèle de transmission des savoirs tels que les différents systèmes universitaires occidentaux les ont codifiés, de participer à l'élaboration d'une pensée critique en dehors des chemins de la faculté comme dans la littérature, les arts, la rue... et d'aller puiser dans des cultures jusque-là dépréciées de quoi penser le monde de demain, notre monde. C'est en philosophie, par exemple, travailler les langues africaines afin de rappeler, contrairement à ce qu'a prétendu le discours philosophique colonial, que toute langue est philosophique. Et investir les concepts d'ubuntu, de bisoïté, de teranga, de mbokk... les questionner, tester leur validité, les enrichir et voir en quoi ils peuvent nous permettre de penser notre monde contemporain, comment ils peuvent dire au mieux les réalités africaines, mais aussi comment parfois ils peuvent venir enrichir une réflexion non africaine sur la justice, l'intersubjectivité, la reconnaissance, le souci de soi et des autres, etc.

L'intérêt pour ce mot d'ordre décolonial que l'on retrouve en ce début de xxie siècle chez nombre d'universitaires africains (philosophes, historiens, sociologues, critiques littéraires...) est partagé par d'autres penseurs du Continent et de sa diaspora qui s'expriment à travers des médiums autres que les textes académiques: roman, peinture, sculpture, vidéo, photographie, chorégraphie, danse, performance, etc. Les échanges fructueux et réels entre ces deux sphères sont encore rares. Tout se passe comme si elles vivaient dans des mondes parallèles, reproduisant en cela une classification coloniale et européenne des savoirs, des disciplines, séparant la pensée des arts, la raison de l'émotion. Intégrer les pratiques artistiques au champ de la réflexion, c'est dessiner une nouvelle poétique, une «aesthesis décoloniale» (Walter Mignolo), dire la pluralité des modalités d'être au monde et des expériences, percevoir d'autres chemins de connaissance qui ne se détournent plus du corps mais, au contraire, passent par les sens. Oser promouvoir une telle approche relève de l'indiscipline, comme démarche indocile et transdisciplinaire. Parce que je sais que je fais sens, je peux me permettre de cheminer avec les autres, d'aller puiser dans le patrimoine de l'humanité de quoi m'abreuver parce que je sais que j'en suis la coproductrice, où que je me trouve. L'estime de soi permet alors de développer ses propres formes de perception, de libérer les sens et les manières de percevoir le monde face à un système de régulation dominant, et de développer les modalités de son être au monde, de son rapport sensoriel au monde, de sa sensibilité. Et de s'engager vers une rupture esthétique qui «dénonce et résiste à la domination qui cherche à reproduire le canon de l'esthétique moderne et à homogénéiser la perception du monde» (Rolando Vázquez).

Dès lors, par la résilience et l'audace qu'elle permet, par les ruptures épistémique et aesthétique auxquelles elle peut aider, l'estime de soi participe à l'élaboration de concepts autres pouvant déboucher sur de nouvelles normes sociales qui font sens. Car si rupture il doit y avoir, encore faut-il qu'elle soit émancipatrice et qu'elle permette de faire en sorte, par exemple, que l'espace public ne soit plus vécu sous le mode de l'exclusion, mais soit celui de tous. L'estime de soi est – aussi – politique en ce qu'elle nous inscrit dans la vie de la cité et permet une socialisation réussie lorsque deux conditions sont réunies. Je dois me savoir respectée comme citoyenne (avoir des droits) et me savoir

reconnue comme telle. Et je dois me savoir reconnue comme pro-
ductrice de sens, c'est-à-dire comme pouvant contribuer à façonner
la société qui me donne des droits et des devoirs ; ce qui suppose que
soit reconnue la culture que je porte en moi, avec moi, et que je sois
reconnue dans mon individualité comme étant porteuse d'un projet
et comme étant actrice de sens : le sens se construit collectivement
et j'y prends part ; ce qui suppose que tout un chacun puisse participer à l'élaboration, à la mise en place et à la mise en pratique de
normes sociales qui font sens, qui intègrent des symboles donnant
signification à l'existence humaine. Ce qui est loin d'être le cas, par
exemple, des minorités dites « visibles » mais qui éprouvent systématiquement leur invisibilité (et donc leur absence de reconnaissance)
au sein de l'espace public. Leur re-présentation est gommée, effacée.
Leur existence biffée. En obtenant des droits et la reconnaissance cor-
rélative comme membre de la communauté, l'on acquiert une certaine
dignité. Axel Honneth lisant Joel Feinberg retient que « vivre dans une
société sans droits individuels, c'est n'avoir aucune chance d'acquérir
le respect de soi-même : "Avoir des droits, cela nous permet de 'garder
la tête haute', de regarder les autres dans les yeux et de nous sentir
fondamentalement l'égal de tous. Se considérer comme détenteur de
droits, c'est développer un sentiment de fierté légitime, c'est avoir
ce minimum de respect pour soi-même sans lequel on ne serait pas
digne de l'amour et de l'estime d'autrui. Respecter les personnes [...],
ce n'est peut-être que respecter leurs droits, de sorte que l'un ne va
pas sans l'autre ; et ce qu'on appelle la 'dignité humaine', ce n'est peut-
être rien d'autre que la capacité reconnue de revendiquer un droit." »
C'est dans la préservation de l'estime de soi que se construit une
société juste. Or la colonialité/modernité s'est construite sur le mode
de l'exclusion et du mépris. Du déni de reconnaissance. Se sentir
humilié, c'est être blessé dans l'idée positive que je peux avoir de moi-
même à un point tel que je peux devenir incapable de me percevoir
comme un « partenaire d'interaction susceptible de traiter d'égal à
égal avec tous [m]es semblables » (Axel Honneth). Ma valeur sociale

est jugée négativement, ma culture est dépréciée. Comment attribuer moi-même une signification positive au sein de la communauté à ma propre existence? N'étant pas acceptée par la société, je peux en venir alors à m'exclure moi-même de la vie publique, à refuser de participer à la production de sens. C'est là le cercle vicieux de la discrimination et de l'humiliation. Vécues au quotidien, elles peuvent sévèrement affecter l'estime de soi et faire de nous des êtres dépossédés, aliénés, brisés. Vous finissez par endosser les valeurs de celui qui vous domine et par anticiper et intégrer ce qu'il attend de vous. Les études scientifiques montrent qu'«être choisi ne fait [...] que rassurer, alors qu'être exclu déstabilise fortement» (Christophe André). Une estime de soi déficiente conduit souvent à un repli sur soi, voire à une autocritique excessive et à un état dépressif.

«En essayant, dans quelque intention que ce soit, de se rendre maître du corps d'une personne contre sa volonté, on la soumet en effet à une humiliation qui détruit en elle, plus profondément que d'autres formes de mépris, sa relation pratique à soi; car la particularité de telles atteintes, torture ou viol, ne réside pas tant dans la douleur purement physique que dans le fait que cette douleur s'accompagne chez la victime du sentiment d'être soumis sans défense à la volonté d'un autre sujet, au point de perdre la sensation même de sa propre réalité. La violence physique représente un type de mépris qui blesse durablement la confiance que le sujet a acquise [...]. Aussi entraîne-t-elle, avec une sorte de honte sociale, une perte de confiance en soi et dans le monde» (Axel Honneth). L'esclavage et la colonisation ont été des tortures et des viols en série, des meurtres en grand nombre, une dépossession totale de soi et une chosification du corps noir, expulsé de la Raison. Un crime contre l'humanité. Une expérience d'humiliation ultime. Qui continue à s'écrire au XXIe siècle. Une souffrance sans nom à partir de laquelle il faut se redresser. Se battre. Refuser de se soumettre car, tout au fond de nous, nous savons bien ce que nous valons. Nous savons que l'autre ment. Au milieu des décombres, les braises de l'estime de soi peuvent être ravivées et donner les flammes de la résilience parce qu'elle nous aura donné la confiance dont nous avons besoin pour affronter l'injustice. On ne part pas au combat si l'on ne pense pas avoir une chance, ne serait-ce qu'infinitésimale, de l'emporter. La conscience de mes propres aptitudes, de mes capabilités, va m'aider à réagir, à poser des limites au comportement de mon adversaire ou de celui avec qui je dois composer un monde-en-commun. C'est le refus de la servitude volontaire, de devoir correspondre aux attentes des autres, du dominant, c'est le rejet d'une assimilation qui me maintient à une place inférieure. La reconnaissance n'est pas suffisante. Autrui peut très bien me reconnaître sans m'accepter pour autant, pour mieux me contrôler, me posséder. Je reste l'autre, le différent, l'étranger. C'est ce qu'ont montré les premiers savoirs ethnologiques : il s'agissait de connaître les populations africaines pour mieux les asservir et les exploiter, les premiers ethnologues étant des membres du corps des administrateurs coloniaux, voire des officiers de l'infanterie coloniale.

« La grammaire de la décolonialité commence au moment où les acteurs sociaux, qui ont été dépouillés de leur humanité, de leurs langues et de leurs subjectivités et qui ont été racialisés, prennent conscience des effets de la colonialité de l'être et du savoir. Il faut reconnaître que la colonisation de l'être et du savoir s'est réalisée grâce à une utilisation répressive de la connaissance à partir de l'expérience de la marginalisation et de l'humiliation » (Walter Mignolo). S'estimer et être fidèle à soi, c'est poser qu'un *je peux* est possible. *Je peux* être producteur de sens, *je peux* faire sens, *je peux* donc dire. *Je peux* participer à la marche du monde et faire que mes valeurs, ma poétique, soient aussi celles de l'autre sans les lui imposer. *Je peux* agir sur le monde et participer à l'élaboration d'institutions justes. Mais dans cet élan, l'estime de soi pour être décoloniale doit s'accompagner d'une modestie libératrice et non castratrice. D'un regard bienveillant. Ce sans quoi elle ressemblera à l'estime de soi coloniale, qui s'est muée en autosatisfaction, en volonté de puissance et en arrogance.

La fidélité à soi ne se façonne pas contre l'autre, mais avec lui. L'on ne peut se construire pleinement, être pleinement soi-même, à hauteur de notre humanité, en retirant à l'autre une part de lui-même. En lui déniant la possibilité d'être pleinement lui-même. D'être pleinement humain. D'un point de vue historique, cela veut dire que les nations européennes conquérantes qui se sont compromises dans la déportation transatlantique, dans l'esclavage et dans l'entreprise coloniale, et qui n'ont pas fait acte de repentance ont amputé leur propre humanité. Elles n'ont pas réussi à se réaliser. Ces cultures européennes sont donc inabouties. Elles ont failli. Elles n'ont pas été capables d'être à la hauteur de leur humanité. Leur achèvement ne pourra passer que par la reconnaissance. Car c'est cela se repentir, c'est faire acte de reconnaissance. C'est à la fois reconnaître le crime que j'ai commis, mais c'est aussi reconnaître l'humanité de ces femmes et de ces hommes, de ces enfants, que j'ai chosifiés. Tant que ces nations refuseront cette démarche, tant qu'elles n'auront pas réparé leurs actes, elles continueront d'imposer leurs valeurs et leurs normes. La rupture décoloniale ne saurait être uniquement épistémique. Elle s'accompagne d'un renversement de l'ordre éthique si nous voulons pouvoir construire notre humanité à nous tous. Cet autre humanisme est une éthique de soi qui privilégie la relation et nous réintègre dans notre humanité disloquée en Blancs/Noirs, hommes/femmes, hétérosexuels/homosexuels, catholiques/musulmans, Afrique/Occident… Moteur principiel du processus décolonial, l'estime de soi me conduit soit à ne plus accepter d'être invisible et d'être dans le hors-monde, soit à refuser d'appartenir *de facto* à une colonialité/modernité qui me sépare du reste de l'humanité. C'est parce que j'ai suffisamment d'estime pour moi que je refuse, par mon comportement, mes choix aesthétiques, éthiques et épistémiques, d'endosser une colonialité qui n'est pas à la hauteur de ce que je suis. De ma dignité. Se complaire dans une société qui humilie une partie de ses enfants parce que leur peau n'est pas blanche, c'est être complice du bourreau et être bourreau soi-même. C'est parce que l'on manque d'assurance et de confiance en soi que l'on n'est pas prêt à remettre en question son «privilège blanc». Dans les deux cas, l'estime de soi conduit à construire une éthique qui va au-delà de la reconnaissance et qui accepte que les foyers de production de sens soient multiples. Seule possibilité pour que la différence ne soit plus vécue sous le mode de l'exclusion et du négatif (de la non-appartenance à). Cette éthique investit les lieux de rencontre, déplace les lignes, creuse dans les marges, occupe les frontières et surtout appelle à habiter le mouvement comme le nomade peut habiter le monde en se déplaçant. Elle nous dit de quels possibles est fait notre monde en commun et décline l'universel au pluriel.

L'estime de soi qui nous pousse à l'action décoloniale assure un soi suffisamment solide pour aller à la rencontre de l'autre et le dote d'un courage animé par une pulsion de la vie. De vie pour soi, pour les autres. Il ne s'agit plus de s'affirmer soi pour détruire l'autre, mais de s'affirmer sans nier l'autre. C'est à cette seule condition que la reconnaissance pourra être mutuelle. Le refus de la destruction de l'autre est aussi le refus de ma propre destruction. Lorsque l'estime de soi s'effrite par manque d'amour, ce qui nous retient à la vie est ténu. Quand tout un pan de la population est délaissé, méprisé par les siens, la tentation nihiliste peut résonner comme le doux chant des sirènes. Et laisser le piège du fanatisme terroriste ou de l'exil clandestin se refermer sur nous. Sa propre mort et celle des autres, au fond de la mer ou lors d'un attentat kamikaze, n'effraie plus. Elle permettra peut-être de reconquérir une certaine reconnaissance sociale. Tant que nos sociétés, en Occident comme en Afrique, ne nourriront pas l'estime de soi de leurs membres en leur accordant toute la reconnaissance qu'elles leur doivent, à hauteur de ce qu'ils sont, et en leur donnant la possibilité et les moyens de se réaliser pleinement, alors elles continueront d'alimenter les rangs de Daesch ou de Boko Haram. Et contribueront à leur propre mort.

Bibliographie

Jean Amrouche, *Un Algérien s'adresse aux Français*, Paris, L'Harmattan, 2000.

Christophe André, «L'estime de soi», *Recherches en soins infirmiers*, 3/2005, n° 82, p. 26-30.

Rajeev Bhargava, «Pour en finir avec l'injustice épistémique du colonialisme» (traduction d'Aurélien Blanchard), *Socio*, 1/2013, http://socio.revues.org/203

Jean Godefroy Bidima, «De l'esprit managérial à "l'économie de l'attention": vers une violence du "psychopouvoir" en postcolonie», in Jean Godefroy Bidima et Victorien Lavou Zoungbo (dir.), *Réalités et représentations de la violence en postcolonies*, Perpignan, Presses universitaires de Perpignan, 2015.

Nathalie Etoke, *Melancholia Africana. L'indispensable dépassement de la condition noire*, Paris, Éditions du Cygne, 2010.

Axel Honneth, *La Lutte pour la reconnaissance* (traduction de Pierre Rusch), Paris, Gallimard, coll. «Folio Essais», 2013.

Walter D. Mignolo, *La Désobéissance épistémique. Rhétorique de la modernité, logique de la colonialité et grammaire de la décolonialité* (traduction de Yasmine Jouhari et Marc Maesschalck), Bruxelles, éditions P.I.E. Peter Lang, 2015.

Davide Sparti, «La reconnaissance distribuée. Estime, respect et autres biens d'identité», *Terrains/Théories*, 4/2016, http://teth.revues.org/664

Ngugi wa Thiong'o, *Décoloniser l'esprit* (traduction de Sylvain Prudhomme), Paris, La Fabrique, 2011.

Rolando Vázquez, *Entretien avec Rolando Vasquez. Aesthesis décoloniales et temps relationnels*, par Miriam Barrera, in Walter D. Mignolo, *La Désobéissance épistémique. Rhétorique de la modernité, logique de la colonialité et grammaire de la décolonialité* (traduction de Yasmine Jouhari et Marc Maesschalck), Bruxelles, éditions P.I.E. Peter Lang, 2015, p. 175-185.

DICTIONNAIRE AMOUREUX
DU CONTINENT AFRICAIN : DEUX ENTRÉES

Alain Mabanckou et Abdourahman Waberi

Alain Mabanckou est poète et romancier. En 2015, il a été professeur de création artistique au Collège de France. Il est notamment l'auteur de *Verre cassé*, *Mémoires de porc-épic* – prix Renaudot – et *Le monde est mon langage*. Il est actuellement professeur titulaire de littérature à l'université de Californie-Los Angeles (UCLA).

Abdourahman A. Waberi est né en 1965 dans l'actuelle république de Djibouti. Il vit entre Paris et les États-Unis, où il a enseigné les littératures francophones aux Claremont Colleges (Californie). Il est aujourd'hui professeur de littératures française et francophone et de création littéraire à George Washington University à Washington DC. Poète, romancier, nouvelliste et critique, cet infatigable passeur est l'auteur, entre autres, du roman panafricain *Aux États-Unis d'Afrique* (Paris, J.-C. Lattès, 2006) et de la réflexion sur le génocide des Tutsis (*Moisson de crânes*, Paris, Le Serpent à plumes, 2000). En 2015, il a publié *La Divine Chanson* (Paris, Éditions Zulma, prix Louis-Guilloux 2015), un roman amoureux en hommage au grand artiste africain-américain Gil Scott Heron. Ancien pensionnaire de la Villa Médicis à Rome, Abdourahman A. Waberi tient une chronique pour le journal *Le Monde* et a occupé à l'automne 2016 la prestigieuse chaire Samuel-Fischer à l'Institut Szondi, Freie Universität Berlin.

En guise d'introduction

Les deux textes qui suivent sont les petits jalons d'un dictionnaire amoureux sur les cultures africaines concocté par Alain Mabanckou et Abdourahman Waberi. L'œuvre ne sera pas un essai, mais un dictionnaire. Un abécédaire tour à tour informatif, subjectif et ludique. Un chant d'amour lancé au Continent, ses prolongements diasporiques, ses habitants d'hier et d'aujourd'hui, ses ressources exceptionnelles, sa spectaculaire planétarisation. Un parcours fait d'ébauches de réflexions, de souvenirs, de légendes, de récits, de portraits, de monuments, de complicité amicale et d'intuitions…

Les échos aux questionnements de notre temps sont nombreux. Loin d'être un obstacle, l'aspect éclaté du dictionnaire et son goût assumé d'inachevé offrent au contraire la liberté de creuser là où les auteurs n'ont pas pu ou voulu s'attarder. Ce dictionnaire est une invitation à ouvrir d'autres dictionnaires, d'autres ouvrages de fiction, d'images, de rêve et de réflexion…

ARLIT

Les deux syllabes se collent à votre palais pour ne plus le quitter. Non, Arlit n'est pas un nouvel espace branché dédié aux arts visuels et à l'écrit, et encore moins le pendant littéraire du Fespaco (le festival panafricain du film de Ouagadougou). Arlit était une petite bourgade avant de devenir une importante commune urbaine dans la région d'Agadez au Niger. Chef-lieu du département éponyme, Arlit se trouve à huit cents kilomètres de Niamey, la capitale nigérienne, à deux cents kilomètres d'Agadez, la perle du désert, et seulement à cent soixante-dix kilomètres de la frontière algérienne. Pays sahélien enclavé, le Niger est bordé par les sept pays suivants : l'Algérie, le Mali, le Burkina, le Bénin, le Tchad, la Libye et le Nigeria. Redisons-le, l'Afrique est un continent très vaste et, contrairement aux apparences, largement sous-peuplé. Les discours sur la bombe démographique africaine relèvent, en partie, du fantasme.

Arlit est d'abord fille de l'Aïr, le massif montagneux qui se dresse dans le nord du Niger et rappelle singulièrement le Hoggar algérien. Son caractère aride et rugueux n'a pas découragé les Touaregs qui ont fait corps avec lui depuis la nuit des temps. C'est la découverte et l'exploitation de riches gisements d'uranium par les autorités nucléaires françaises qui va sceller en 1969 le destin de la cité. D'abord deux mines d'uranium, puis dix vont propulser Arlit sur la scène nationale, française et internationale. Très vite, Arlit devient synonyme d'Areva, la multinationale française spécialisée dans les métiers du nucléaire, car les sites nigériens fournissent aujourd'hui encore l'essentiel de l'uranium utilisé en France comme combustible dans les centrales de production d'électricité et pour les armes nucléaires. Dans les années 1980, on estimait que près de 40 % de la production mondiale provenait de la région d'Arlit d'une part, et que l'uranium représentait 90 % du montant des exportations du Niger d'autre part. La baisse des cours de l'uranium et l'absence de solutions économiques alternatives paralysent aujourd'hui la population de façon durable.

Très souvent cité pour le prix Nobel de littérature, l'écrivain, essayiste et activiste kenyan Ngugi wa Thiong'o a récemment ouvert un nouveau front de réflexion qui place l'uranium nigérien au cœur de l'attention du monde. Dans un récent essai intitulé *Secure the Base*[1], le penseur kenyan nous invite à nous intéresser aux questions relatives à la prolifération des armes nucléaires, rappelant de fait combien ces questions planétaires sont aussi des questions africaines. L'Afrique est dans le monde et le monde est dans l'Afrique. Il en est de même pour tous les autres continents tant nos destins sont inextricablement liés pour le meilleur comme pour le pire.

Ngugi wa Thiong'o nous force à affronter la réalité en ces temps de trouble généralisé. Son interrogation ne devrait laisser personne indifférent : pourquoi l'Afrique est-elle absente dans le débat sur la prolifération des armes nucléaires ? Il ne se contente pas de poser la question, il nous apporte des réponses. L'Afrique doit monter au créneau pour plaider en faveur non seulement de la non-prolifération des armes nucléaires, mais également du démantèlement progressif de l'arsenal destructeur. Et Ngugi wa Thiong'o d'enfoncer le clou en soulignant que l'Afrique est le seul continent à disposer du crédit moral nécessaire, et pour cause, ajoute-t-il, deux nations (Libye, Afrique du Sud) ont mis volontairement fin à leur programme nucléaire. Pour donner l'exemple, nous apprend l'auteur de *Décoloniser l'esprit*, le pouvoir libyen avait remis aux États-Unis ce qui restait de son armement. Qu'a-t-il gagné en échange de sa bonne volonté ? Des forces militaires, dotées d'armes nucléaires, placées sous l'égide de l'Otan, envahirent Tripoli et transformèrent son territoire en ruines. L'Union africaine doit sortir de son sommeil et faire entendre sa voix dans ce débat qui concerne toute la planète.

Par le passé, deux grandes puissances ont effectué des tests nucléaires en Afrique : la France a fait ses premiers tests dans le Sahara algérien entre 1960 et 1966, et l'Israël aurait fait les siens, du temps de l'apartheid, sur l'archipel du Prince-Édouard, un chapelet d'îlots situé dans l'océan Indien et appartenant à Pretoria. L'Afrique a donc subi le feu nucléaire sur son propre sol et sans en être le bénéficiaire, raison supplémentaire de militer pour l'interdiction de tout armement nucléaire. Le chantre des langues africaines n'oublie pas Arlit qui renforce le poids de son argumentaire, à savoir la présence abondante de l'uranium, un minerai capital pour la fabrication de l'arsenal nucléaire, dans le sous-sol africain. Durant la dernière guerre contre l'Iraq, Washington a longtemps soupçonné le Niger, le principal producteur d'uranium, de contourner l'embargo et de fournir en minerai un Saddam Hussein lancé, soupçonnait-on, dans la course aux armes de destruction massive. La suite de cette affaire, nous la connaissons tous.

Ngugi wa Thiong'o poursuit sa plaidoirie en forme de rouleau compresseur. Les plus grandes puissances nucléaires du monde, la France, le Royaume-Uni et les États-Unis ont eu des liens historiques privilégiés avec l'Afrique par le truchement de la colonisation et de la traite esclavagiste. La traite négrière, la colonisation et la course à l'arme nucléaire ont tous animé par le même ressort : le mépris pour la vie d'autrui – un mépris plus flagrant quand cet autre a la peau noire ! N'oublions pas enfin les deux guerres mondiales qui certes impliquaient des acteurs européens mais qui avaient coûté cher aux Africains. Serait-il raisonnable de rester les bras croisés en espérant que les peuples africains ne seraient pas entraînés demain, contre leur gré, dans une nouvelle guerre dévastatrice éclose ailleurs ? Pour parer à cette éventualité, ne serait-il pas souhaitable que l'Afrique prenne la tête d'une grande coalition pour exiger l'arrêt et l'abandon de tous les programmes militaires de type nucléaire ? Arlit retrouverait un visage plus avenant et plus verdoyant. Le continent africain peut et doit passer à l'action pour soustraire le reste du monde de l'étreinte mortifère du nucléaire, il en a tout le crédit moral !

AVENTURE URBAINE

Le continent africain est sans doute un de ces laboratoires par excellence pour quiconque veut observer l'évolution actuelle de la mondialisation. À côté des traditions se superpose désormais cette « mondialisation », et l'Africain devra composer avec une culture à « trois têtes » : celle héritée de ses ancêtres, celle imposée par la colonisation, et, enfin, celle née de son expérience de migrant, parfois à l'intérieur de son propre pays ou dans le Continent. Cette coexistence n'est pas toujours sans conséquences pour le Continent noir : lorsque l'une des trois têtes prend le dessus – en général la mondialisation –, il arrive que nous lisions dans les journaux des tragédies survenant en haute mer ou aux frontières de l'Europe, lorsque les Africains tentent de rejoindre le Nord afin d'échapper à l'austérité économique de tel pays ou au type de régime en place le plus souvent depuis des décennies.

La migration n'est cependant pas une nouveauté. Sans remonter au Déluge, il suffit de repenser à la période coloniale où ces migrations s'opéraient généralement entre le village et la ville, et ce déplacement n'était pas sans conséquences pour l'« aventurier » qui laissait derrière lui sa paisible campagne, à la recherche des mirages de la cité à l'européenne. On s'inquiétait alors de cet exode qui mettait en péril les provinces abandonnées alors que l'agriculture fondait l'essentiel de l'économie de bon nombre de pays. La ville d'autrefois – comme l'Europe aujourd'hui pour les citadins africains – attirait les villageois parce qu'elle était perçue comme le lieu de la « civilisation », voire de l'*évolution*, pour employer un terme en vogue au Congo-Brazzaville. Beaucoup de romans africains mettaient ainsi en exergue cette division, comme dans *Ville cruelle* d'Eza Boto (pseudonyme du célèbre auteur Mongo Beti). Dans ce classique de la littérature africaine, la ville de Tanga, cité administrative et commerciale du pays, nous montre indirectement ce que la « civilisation blanche » nous aura apporté, d'après le point de vue d'un narrateur omniscient, le « calcul mesquin», la «nervosité», l'«alcoolisme» et surtout le «mépris de la vie humaine – comme dans tous les pays où se disputent de grands intérêts matériels». Et ce même narrateur de souligner au sujet de la partie occidentalisée de la capitale : «C'était la ville de chez nous qui détenait le record des meurtres… et des suicides! On y tuait, on s'y tuait pour tout, pour un rien et même pour une femme[2].» Le sud de cette ville était en quelque sorte le reflet de la décadence des valeurs africaines puisqu'il était le miroir de l'Occident dans ce que celui-ci avait de négatif et de contraignant. Notre narrateur évoquant les impressions du héros Banda soulignera : «À maintes occasions auparavant, [Banda] avait déjà éprouvé combien la ville était cruelle et dure avec ses gradés blancs, ses gardes régionaux, ses gardes terri-toriaux et leurs baïonnettes au canon, ses sens uniques et ses "entrée interdite aux indigènes". Mais cette fois, il avait lui-même été victime de la ville : il réalisait tout ce qu'elle avait d'inhumain[3].» Ce quartier nord était le lieu des indigènes, un endroit qui était «un authentique enfant de l'Afrique», qui grandissait et «s'était trouvé trop seul dans la nature» comme «les enfants abandonnés à eux-mêmes». De cet endroit de la ville, «nul ne pouvait dire avec certitude ce qu'il devien-drait, pas même les géographes, ni les journalistes, et encore moins les explorateurs[4]». Pourtant, habiter dans un lieu «évolué» d'une ville créait déjà une séparation entre les populations. Le Blanc y vivait, et seuls quelques Noirs évolués pouvaient devenir ses voisins à moins d'y aller juste pour vendre leur force de travail comme jardinier, boy, etc.[5]

Telle sera la «physionomie» de ces villes africaines : le centre, habité par les Blancs, et les quartiers indigènes où la misère et le dénuement étaient si criards qu'on le constatait à travers les bâtisses, les ruelles poisseuses, et l'absence d'électricité et d'eau potable…

La ville, malgré sa cruauté, allait représenter l'espace de la ren-contre avec d'autres peuples. C'est là que beaucoup d'Africains entreront en contact pour la première fois avec le Blanc – en dehors du prêtre qui sillonnait le village pour, «officiellement», apporter la Parole de Dieu. C'est toujours en ville qu'on allait rencontrer les autres Africains – en particulier de l'Afrique de l'Ouest –, propriétaires de boutiques d'alimentation générale dans les quartiers ou de magasins le long des grandes artères qui coupaient la cité en deux. Ces commerçants étaient les « promoteurs » d'une migration économique intra-africaine. On dénombrait par exemple au Congo-Brazzaville les Sénégalais, les Béninois – qui s'occupaient de la pêche au port de Pointe-Noire – les Mauritaniens, puis, plus tard, les Libanais qui allaient « écraser » les commerçants africains avant, eux-mêmes, d'être rudement concurrencés, mais bien plus tard, par l'Asie, en particulier la Chine. Peut-être parce qu'on n'avait pas entendu l'alerte de l'ancien ministre gaulliste Alain Peyrefitte : quand la Chine s'éveillera le monde tremblera…

En somme, c'est même curieux de constater aujourd'hui que le schéma de la migration n'a pas changé : nos nations sont devenues des villages, et l'Europe, la ville. Nous désertons donc nos bourgs pour la grande ville, avec ses appâts et ses lacs…

Notes

1. Ngugi wa Thiong'o, *Secure the Base*, Seagull Books, 2015 (à paraître en français en septembre 2017 chez Philippe Rey).
2. Eza Boto, *Ville cruelle*, Paris, Présence africaine, rééd. 1971, p. 21.
3. *Ibid.*, p. 167.
4. *Ibid.*, p. 26-27.
5. On lira à cet effet un autre roman de premier plan, Ferdinand Oyono, *Une vie de boy*, Paris, Julliard, 1956.

Utopies émancipatrices

Françoise Vergès

Françoise Vergès est titulaire de la chaire «Global South(s)» au Collège d'études mondiales, MSH, Paris. Auteur de films et commissaire indépendante, elle a publié en anglais et français sur la colonialité républicaine, les mémoires de l'esclavage et du colonialisme, les circulations sud-sud d'idées et d'objets, le féminisme décolonial, Aimé Césaire et Frantz Fanon. Son dernier ouvrage, *Le Ventre des femmes. Capitalisme, racialisation, féminisme* (Paris, Albin Michel, 2017), explore la gestion du ventre des femmes du Sud global par le capitalisme racial et la cécité du féminisme français.

L'utopie, c'est ce qui déchire la trame d'un temps qui se veut immuable, inaltérable, c'est un récit qui parle d'un espoir, d'une attente, qui porte une vision pour l'avenir. Elle fait entrevoir quelque chose qui n'existe pas encore, elle préfigure *ce qui n'est pas encore*. Elle parle d'un espace libre, ouvert, terrestre, planétaire et immatériel qui se traduit concrètement. L'utopie, ce sont des contre-récits qui contribuent à produire un régime d'historicité qui échappe à une mélancolie mortifère, qui portent en eux un *devenir historique*. C'est un temps qui s'élance. Pourtant, l'utopie a mauvaise presse. Trop d'utopies, qui ont marqué l'histoire de l'humanité, ont fini par imposer un régime autoritaire, et les rêves sont devenus des cauchemars. Il y a pourtant dans l'histoire des pratiques utopiques qui rompent si radicalement avec l'ordre des puissants qu'elles continuent à porter en elles l'idée d'un possible – marronnage, villes refuges, communauté de pirates, communautés autonomes, coopératives –, sans parler de la littérature utopique. Des utopies d'« en bas », forgées par les anonymes de l'histoire, qui ont placé l'égalité au cœur de leur projet, par celles et ceux qui ont secoué l'ordre injuste, mais ont peu laissé leurs noms ou des écrits. Elles ont cependant survécu sous formes de mémoires, non des mémoires nostalgiques, mais orientées vers le futur. Aujourd'hui, l'Afrique a tous les éléments pour être le terrain d'où s'élancerait une nouvelle utopie, d'où s'écriraient des contre-récits. Ces récits de l'utopie émancipatrice constituent une urgence car, au moment où des politiques mortifères passent pour être des politiques d'avenir, prétendant assurer la sécurité et la paix alors qu'elles propagent la guerre et le ravage de la planète, imaginer de nouvelles utopies dans un monde qui exclue toute possibilité pratique et concrète de réalisation de cette utopie est un geste qui allie pensée et pratique, qui exige de croiser une multiplicité de niveaux, de déplacer radicalement le champ de vision. C'est partie de ce qui est, de ce que nous avons et non de ce que nous aurions dû avoir — non pas qu'il faille abandonner les luttes pour l'égalité, l'effort pour dire en mots et en actes ce que nous *devrions* avoir comme droits inaliénables – c'est-à-dire prendre en compte les richesses qui ne se mesurent pas au profit qu'on en tire, à l'extension de son pouvoir mais sur la création et la production d'un espace de l'en-commun.

Alors que la deuxième décennie du XXIᵉ siècle n'est pas encore terminée, les nuages continuent à s'accumuler à l'horizon annonçant de plus grandes tempêtes. Les inégalités ne cessent de s'accroître, la richesse produite dans le monde est concentrée dans quelques mains, Gaza reste la plus grande prison à ciel ouvert sur la terre, l'Europe s'enfonce dans le populisme autoritaire, aux États-Unis nous observons une militarisation accrue de la police, la prison est le seul horizon pour des centaines de milliers de jeunes Noirs, Latinos, et Asiatiques, partout, forêts, rivières, lacs, océans, cieux, sol et sous-sol sont plus que jamais des marchandises à exploiter. La « guerre contre la terreur » est devenue une politique, une technique de discipline. En Occident, le capital se libère progressivement du travail en délocalisant le travail dans les États du Sud et en développant des technologies qui lui permettent de s'affranchir de la force de travail humaine. L'écart entre la rapidité et l'ampleur des découvertes technologiques, créées en grande majorité par des jeunes Blancs pour des jeunes Blancs[1] *et* les progrès dans le social – accès à de l'eau potable, à un emploi, à une vie décente, à de l'air propre – devient de plus en plus grand. Il en est de même pour la science. L'humanisme prôné par les grands mouvements d'émancipation après la Seconde Guerre mondiale – qui se traduisaient en politiques de progrès social, de décolonisation, en luttes contre tous les totalitarismes et les dictatures militaires – est en crise. C'est une crise profonde, irrémédiable. Or les réponses apportées, dans la seconde partie du XXᵉ siècle, par les mouvements de décolonisation, ne sont plus pertinentes. Ces mouvements portaient en eux de formidables espoirs, une étonnante énergie créatrice, une aspiration à la solidarité et l'empathie. Ils ouvraient la porte à l'avenir. Mais aujourd'hui, faire revivre d'anciennes utopies serait un leurre. Il faut imaginer de nouveaux rêves, de nouveaux espoirs dans un monde où le capitalisme financier a établi son hégémonie, avec le culte de la marchandise et de la jouissance immédiate. Il propose une nouvelle manière d'être humain, qui ne connaît aucune limite, qui peut à tout moment changer d'identité, de peau, d'opinion. Hybris et démesure.

Si l'utopie est ce qui nous permet d'entrevoir autre chose quand tout autour de soi nous répète qu'il n'y a pas d'alternative, que les inégalités sont de nature, que la guerre est nécessaire, alors une des préoccupations des Ateliers de la pensée africaine serait de contribuer à l'élaboration de nouvelles utopies. L'utopie déchire le rideau sur lequel une réalité factice est quotidiennement projetée, où le bonheur s'accomplit grâce à l'acquisition de marchandises, l'accumulation de privilèges et de richesses matérielles ; elle ose contester tout ce qui est naturalisé – l'exploitation, la violence, le racisme, le temps linéaire, l'injustice ; elle propose une conception de l'émancipation tournée vers l'avenir. Elle parle d'oser, c'est-à-dire d'avoir l'audace d'imaginer un futur quand les maîtres puissants déclarent être les seuls à savoir ce que doit être le futur. C'est concrètement, véritablement aller contre ce qui est érigé par les maîtres puissants en vérité mais n'est que mensonge, artificialité, perversion du langage.

L'Afrique est un espace propice à l'élaboration de nouvelles utopies pour plusieurs raisons, l'une d'elles, et non des moindres, étant qu'elle a tous les éléments pour remettre en cause l'idéologie du manque et de l'économie de l'absence sur lesquelles se sont fondées l'idéologie du développement, la vision d'une maîtrise absolue du monde par l'homme, le fantasme d'une économie du plein, d'une plénitude qui comblerait la vie humaine. Victime de ces idéologies, l'Afrique occupe la place paradoxale d'avoir été (et de continuer à être) pour l'Europe à la fois le nom d'un manque et d'une absence *et* le lieu de richesses illimitées où puiser sans cesse tout ce qui était nécessaire à la construction de l'Occident. L'absence d'une présence au monde en tant qu'humains mais une présence au monde en tant que *source* inégalée d'abondances. Pour l'absence, les phrases du philosophe allemand Friedrich Hegel continuent à résonner désignant le continent comme le lieu d'une absence ontologique : « L'Afrique *proprement dite* est la partie de ce continent qui en fournit la caractéristique particulière. Ce continent n'est pas intéressant du point de vue de sa propre histoire, mais par le fait que nous voyons l'homme dans un état de barbarie et de sauvagerie qui l'empêche encore de faire partie intégrante de la civilisation. L'Afrique, aussi loin que remonte l'histoire, est restée fermée, sans lien avec le reste du monde ; c'est le pays de l'or, replié sur lui-même, le pays de l'enfance qui, au-delà du jour de l'histoire consciente, est enveloppé dans la couleur noire de la nuit. S'il en est ainsi fermé, cela tient non seulement à sa nature tropicale, mais essentiellement à sa constitution géographique. Encore aujourd'hui elle demeure inconnue et sans aucun rapport avec l'Europe [2]. » Mais ce pays de l'enfance était aussi le pays de l'or. Si la civilisation était absente, la richesse n'y manquait pas, la première étant le capital humain. En effet, l'une des sources indispensables à la richesse de l'Europe et des Amériques fut le capital humain que l'Europe vint acheter en Afrique pour le déverser comme esclaves dans ses colonies. Sans cet apport, pas de naissance du capitalisme, pas d'enrichissement de l'Europe et des Amériques. L'Afrique fut forcée de « verser » dans l'Atlantique noir les êtres humains qu'elle avait vus naître. « Sans esclavage, vous n'avez pas de coton ; sans le coton, vous n'avez pas d'industrie moderne» et pour cela, «la transformation de l'Afrique en une sorte de garenne commerciale pour la chasse aux peaux noires[3]» fut indispensable. Le Continent, auquel l'Europe attribuait une absence, fut celui qui lui assura une présence au monde et lui permit d'asseoir son pouvoir sur le monde.

L'expansion coloniale européenne au XVIe siècle reposait sur l'idée que la force de travail comme la nature étaient des sources infinies d'exploitation. La «nature» était perçue comme un processus extra-économique puisqu'elle assurait elle-même sa reproduction. La conception d'une *cheap nature*, sans coût, renouvelable *ad infinitum*, fut essentielle pour justifier l'extension de la colonisation. La nature «travaillait» pour l'homme européen, mais c'était un travail non payé[4]. La notion de *cheap nature* était inséparable de celle de *cheap labor* produisant une approche du monde utilitaire et mercantile. Dans cette optique, la nature et les peuples d'Afrique étaient des richesses offertes par les cieux à disposition des pays colonisateurs. L'Afrique offrait un espace de *cheap nature* et *cheap labor*, central pour le développement de l'Occident, mais cela devait rester invisible, masqué par la rhétorique de l'absence.

Le continent africain était pensé comme riche *et* comme «manquant», comme opulent *et* «pauvre». Riche de l'or, que les Européens convoitaient, riche d'une force de travail où puiser pendant des siècles des corps à déporter et asservir; riche de matières premières – caoutchouc, bois précieux… –, de sources d'énergie – eau, pétrole, gaz, etc. – et de minerais. En d'autres termes, un vaste espace offrant une source infinie de *cheap labor* et *cheap nature* – de force de travail «sans prix» et de nature «sans prix» –, ces deux composantes cruciales pour le développement du capitalisme. Un *continent-source* de corps et nature marchandises, objets à exploiter, trafiquer, faire circuler pour·répondre à l'avidité inépuisable. Ces sources d'accumulation de richesses firent du continent africain une *nécessité planétaire*. C'est grâce à la traite et l'esclavage que les richesses des Amériques et Caraïbes – argent, sucre, café, tabac, coton, or – firent basculer l'axe de la richesse, instituant l'axe Nord/Sud et affaiblissant les relations millénaires Sud-Sud, du continent avec le Golfe arabique et l'Asie. Autrement dit, l'Afrique était trop pauvre *et* trop opulente, pauvre car elle n'avait pas de civilisation, opulente car elle possédait trop de richesses. Le discours de l'absence a été tellement hégémonique qu'il a masqué son autre versant, d'une Afrique trop riche pour son propre bien, et qu'il faut donc piller pour son propre bien. Cette double rhétorique, de l'absence et du plein, explique l'avidité des Européens. Si nous voulions faire de la psychologie, nous dirions que l'idéologie de l'absence et du manque s'appuie sur la jalousie et l'envie, deux sentiments proches l'un de l'autre, mais différents dans leurs affects. Si la jalousie renferme toujours une part d'amour, l'envie l'exclut. L'envie est malveillance, mauvais œil, joie mauvaise. L'envie s'unit à la haine et ces deux sentiments se fortifient l'un l'autre dans le même sujet. L'envie n'est pas seulement le désir de posséder, mais aussi le besoin impérieux de détruire ce que l'autre possède. Il y a dans le désir de l'Europe de *posséder* l'Afrique tout en niant sa présence au monde, le fait qu'elle soit *habitée*, donc dès lors un lieu de culture et de liens sociaux, une envie qui témoigne de l'intensité d'un mal, de la rivalité nue, dans ce que l'envie a de plus archaïque et de foncièrement meurtrier. La jalousie est pour sa part soumise à la médiation d'un tiers car le jaloux, même meurtrier, se réfère toujours à un droit énoncé. L'envieux cherche l'extermination, il prône un droit de possession et de suprématie absolues en s'attribuant tous les droits. Il existe en Afrique une réflexion sur les conséquences de l'envie et de la jalousie, on la trouve dans les contes africains, source d'une philosophie du monde. En s'appuyant sur cette littérature critique sur l'envie et la jalousie, les Africains peuvent développer un contre-discours qui, reconnaissant ces sentiments comme inhérents à la condition humaine, contient les conséquences meurtrières de l'envie et déprimantes de la jalousie, qui affaiblit l'estime de soi. Une lecture de l'idéologie du manque et de la rhétorique de l'absence ontologique de l'Afrique met au jour l'avidité et la cruauté de l'Europe déguisées en mission civilisatrice. Elle montre que l'accumulation du profit sur la destruction de peuples, de terres, les politiques de dépossession systématique, ont été reconfigurées en aide au « développement ». Elle éclaire les sources du récit qui déclare que civilisation, culture et techniques n'existant pas en Afrique, il est juste que l'Europe intervienne.

Cette envie d'une énergie que l'Afrique possédait mais qu'elle ne savait pas transformer, d'une énergie qui lui était dans le même temps déniée, alimenta au XIXe siècle européen, puis dans l'entre-deux-guerres, un discours sur une Europe émasculée, épuisée, manquant d'énergie vitale qui serait revivifiée en Afrique. Les métaphores étaient très masculines : manque de vigueur et de force vitale. Victor Hugo s'empara de ces images et représentations pour justifier la colonisation du Continent : « Refaire une Afrique nouvelle, rendre la vieille Afrique maniable à la civilisation, tel est le problème. L'Europe le résoudra. Allez, Peuples ! emparez-vous de cette terre. Prenez-la. À qui ? à personne. Prenez cette terre à Dieu. Dieu donne la terre aux hommes, Dieu offre l'Afrique à l'Europe. Prenez-la… Versez votre trop-plein dans cette Afrique, et du même coup résolvez vos questions sociales, changez vos prolétaires en propriétaires[5]. » Les jeunes hommes européens retrouveront en Afrique ce qu'ils ont perdu : la sève virile. Ce discours fournira des thèmes à la littérature et au cinéma, si l'Afrique est l'espace de la barbarie, elle peut aussi être celui de la rédemption et du retour d'une masculinité affaiblie par une Europe où la gloire militaire et le pouvoir masculin semblent avoir moins d'éclat. Aujourd'hui, c'est aussi dans la bouche d'Africains que l'énergie vitale du Continent, sa capacité de régénérer le monde, la richesse de ses sous-sols, et sa jeunesse sont vantées. Il s'agit certes de réagir à un discours qui a enfermé le Continent et ses habitants dans la dégénérescence, mais les mots sont importants. Le terme de *régénérer*, soit ramener à un état antérieur jugé supérieur comme dans « régénérer la société », ou « rendre à une substance ses propriétés initiales, altérées ou modifiées au cours d'un traitement », est fortement marqué par la pensée d'un *avant* perdu qu'il faudrait retrouver.

Régénérer serait la voie pour récupérer ce qui aurait été diminué, atrophié. L'Afrique ne serait pas en manque, au contraire, elle serait la source d'une force vitale que les autres continents auraient épuisée. Mais ne retrouvons-nous pas ce paradoxe du vide et du plein qui a nourri l'avidité occidentale? Ne pouvons-nous chercher à dépasser cette philosophie de la complétude? N'y aurait-il pas une autre voie pour contredire l'idéologie de l'absence et du manque? Ne devrions-nous pas nous attaquer au désir de toute-puissance, au virilisme de la force vitale, d'une éjaculation qui ensemence rapidement, et plutôt réhabiliter une temporalité de l'attente, de la patience, de la gestation lente, du temps de l'apprentissage, de la connaissance qui ne se trouve pas immédiatement? Il ne s'agit pas de revenir au temps mythifié de la conversation sous le baobab, mais de se distancier de l'idéologie du manque et de l'absence, d'accepter le manque et l'absence comme faisant partie prenante de notre existence. Comprendre que nous ne pourrons jamais *tout* saisir, que le monde ne peut se réduire à sa perception par des applications qui nous le rendraient immédiatement accessible. Admettre une certaine opacité, ne pas exiger sa transparence, développer une «pensée archipélique[6]», autrement dit, «une autre forme de pensée, plus intuitive, plus fragile, menacée, mais accordée au chaos – monde et à ses imprévus… une pensée non systématique, inductive, explorant l'imprévu de la totalité-monde et accordant l'écriture à l'oralité et l'oralité à l'écriture[7]».

Dans l'économie globale du XXIe siècle, l'Afrique reste une source nécessaire à l'économie planétaire. Elle continue à fournir du *cheap labor* et de la *cheap nature*. Disposant à ce jour de 97 % des réserves mondiales de cuivre, de 80 % de celles de coltan, de 50 % de celles de cobalt, de 57 % de celle d'or, de 20 % de celles de fer et de cuivre, de 23 % de celles d'uranium et phosphates, de 32 % de celles de manganèse, de 41 % de celles de vanadium, de 49 % de celles de platine, de 60 % de celles de diamant et de 14 % de celles de pétrole, l'Afrique compte 200 millions de jeunes de 15 à 24 ans, soit 20 % de sa population. Ces jeunes sont 36,9 % de la population active mais aussi 59,5 % du total des chômeurs, pourcentage bien supérieur au reste du monde. Selon Ibrahim Thiaw, les pertes de revenus liées au commerce illicite des ressources naturelles sont estimées, au niveau mondial, jusqu'à 213 milliards de dollars par an[8]. La part de l'Afrique dans la production mondiale de matières premières, énergétiques et non énergétiques, est de l'ordre de 10 % alors qu'elle n'assume que 0,5 % environ de la production mondiale de produits manufacturés. Elle recèle bien plus de 10 % des réserves mondiales des principaux minerais car ces réserves sont sous-exploitées. L'Afrique du Sud produit presque la moitié du revenu des minerais et trois quarts de l'or mondial ; viennent ensuite le Zimbabwe, la république démocratique du Congo et le Ghana. Le Nigeria, la Libye, l'Algérie et l'Angola sont parmi les premiers producteurs mondiaux de pétrole. Le charbon est exploité au Zimbabwe et en Afrique du Sud. Les Africains fournissent plus de la moitié de la demande mondiale en café, cacao, arachide. Mais ce que l'Afrique produit, elle n'en profite toujours pas. Ainsi, le consortium Desertec, composé de douze sociétés basées en Europe, au Proche-Orient et en Afrique du Nord, prévoit la construction d'un réseau de centrales solaires alimentées par des capteurs installés au Sahara. Il envisage de couvrir un vingtième de la surface de ce désert de plaques solaires qui suffirait à approvisionner la planète en électricité, soit une consommation mondiale d'environ 18 000 TWh/an. Mais c'est vers l'Europe que des câbles sous-marins exporteront l'électricité produite par Desertec. Nous assistons à une ruée sur les ressources de l'Afrique, qui n'est pas sans rappeler l'époque de la naissance du capitalisme et de la révolution industrielle. L'Afrique a été le nom d'une étape cruciale du capitalisme et de la colonialité du pouvoir au niveau mondial. Elle reste une nécessité pour un système de développement planétaire basé sur l'exploitation du *cheap labor* et *cheap nature*.

Le XXᵉ siècle, caractérisé par des génocides, des guerres, des massacres de populations civiles dans un monde qui professait l'hégémonie du progrès, a été propice au développement du modèle économique productiviste, adopté par tous les États, entraînant des catastrophes humaines et écologiques qui pèsent sur le présent. Il a été celui de changements exceptionnels dans l'environnement. Les formes prises par le développement dans sa dimension strictement productiviste et le progrès ont organisé la vie des sociétés. Ce colossal refaçonnement, d'une intensité sans précédent, a fait que l'empreinte écologique du siècle dernier a été plus profonde que celle de toutes les générations passées. Cette intensité a été la conséquence d'un modèle d'ordre social, économique et intellectuel, donc d'une forme *culturelle* qui se résume dans la croyance en un progrès infini, en des ressources infinies, en la maîtrise absolue de l'homme sur son environnement, croyance partagée par tous les systèmes politiques et économiques. Dans cette perspective strictement économiste, la culture est devenue un des champs de la consommation, un outil de gratification, un loisir. Si le client cherche le « rêve », l'« authentique » dans un monde qui l'aurait oublié, n'importe quelle agence de voyages le lui trouvera. S'il veut « faire de l'humanitaire », pas de problème. S'il veut la fête, pas de problème. Le « vrai » comme le factice sont accessibles et la frontière entre les deux s'estompe. L'être humain est un « client », à « faible » ou « fort » « taux potentiel de consommation », qui est « libre » de ses choix, mais qui est d'abord un « animal économique » à la recherche de la richesse, et dont l'intérêt égoïste est compréhensible. Même si la notion de progrès infini commence à être mise en question, si la planète n'a plus les ressources pour répondre à notre besoin inassouvi de maîtrise et de consommation, la croyance en la capacité illimitée des êtres humains à maîtriser le réel, la nature, les éléments continue de régir l'humanité.

Le modèle productiviste est impossible à poursuivre non seulement parce qu'il détruit l'habitat de l'humanité mais parce qu'il est désormais accompagné par la séparation inexorable entre capital et travail. Blondin Cissé, jeune économiste africain présent aux Ateliers de la pensée à Dakar (octobre 2016), soulignait qu'il est totalement absurde de penser pouvoir offrir un emploi au milliard d'Africaines et

Africains qui s'annoncent tant que le travail est conçu sous la forme hégémonique qu'il a prise avec la révolution industrielle et fordiste, les programmes de développement ou d'ajustement structurel. Tout l'effort du capital réside désormais dans la séparation de plus en plus poussée entre capital et travail; ne plus dépendre des êtres humains, mais de robots, de la mécanisation du travail. Plus de grèves, de syndicats, de soulèvements. Il fallait donc, disait-il, repenser ce qu'est le travail, ce qu'est l'emploi. Certes, cette séparation s'est fait sentir le plus fortement au Nord où sociologues et commentateurs ont déclaré la fin de la classe ouvrière, oubliant que le capital l'avait déplacée massivement dans les Suds où il pouvait trouver des régimes complaisants, une absence de droit du travail et des salaires bien inférieurs à ceux du Nord. Il existe donc toujours une classe ouvrière mondiale, mais elle réside désormais dans les Suds, dans les maquiladoras, les zones franches, les ateliers de l'industrie du vêtement, l'agrobusiness, les usines des nouvelles technologies, dans les ports, dans les camps, et les mégapoles du Sud offrent une nouvelle cartographie du travail où se croisent banquiers et damnés de la terre. Cela étant dit, la remarque sur la séparation capital/travail et ses conséquences pour l'Afrique était on ne peut plus pertinente. À ce social qu'il faut imaginer, s'ajoute l'effort pour dépasser le désastre des dictatures en Afrique, le rapt du pouvoir par des vieillards, des potentats vampires. La réhabilitation d'un continent noir s'effectuera dans la réappropriation de sa dignité. La pensée utopique peut faire entrevoir d'autres possibles que l'émigration, la misère, la dictature et la faim.

Nous vivons à l'ère de l'Anthropocène, où l'action des humains ayant désormais un impact sur la nature, cette dernière ne serait plus maîtrisable. Une réponse est celle du capitalisme vert, de solutions technologiques et scientifiques. La pensée prométhéenne – l'homme est capable de tout vaincre par sa volonté – continue à dominer. Or cette pensée a été le fondement de politiques industrielles dévastatrices pour l'environnement et les sociétés. Rappelons cependant que la destruction de leur environnement a été une réalité, et reste une réalité, pour la majorité des habitants de la planète. L'esclavage a été un moment tournant dans la destruction de l'environnement, sous-estimé dans la majorité des récits ; le colonialisme et l'impérialisme ont poursuivi ces politiques destructrices – imposition de monocultures dévastatrices pour les cultures, les savoirs et les techniques agricoles locales, pollution des rivières et des lacs, pillage des savoirs vernaculaires, des ressources minières, approche utilitaire et mercantile de la nature… Ce qui s'annonce est encore plus destructeur.

Une des réponses à ces récits du manque et de l'absence intimement liés à l'idéologie de rattrapage du modèle occidental productiviste, le seul qui serait à même d'assurer bonheur et abondance, a été l'afrofuturisme, qui émerge dans les années 1960-1970. Il se propose de renverser cette méthodologie du rattrapage en créant « des complications temporelles et des épisodes anachroniques qui perturbent le temps linéaire du progrès », comme l'a écrit Kodwo Eshun dans *Further Considerations on Afrofuturism* (1993) car le progrès tel qu'il a été défini en Occident condamne les sujets noirs à la préhistoire. Les artistes de l'afrofuturisme se sont emparés de cette problématique pour imaginer utopies et dystopies. Pour le musicien, poète et écrivain britannique d'origine trinidadienne Anthony Joseph, auteur d'un livre intitulé *The African Origins of UFO's* (en français « Les origines africaines des Ovnis »), 2006 : « Philosophiquement, il s'agit d'un courant qui choisit de se tourner vers le futur afin de corriger les erreurs du passé[9]. » L'afrofuturisme « repose sur le débordement de ses propres limites, échappant ainsi à toute tentative de le cantonner à ce qu'il n'aurait pas choisi pour lui-même. Mais c'est aussi parce que sa nature même est d'être un réseau "adaptatif" d'idées, d'inspirations et de propositions diverses, qu'il se remet toujours en question et se métamorphose sans cesse[10] ». Pour Mantse Aryeequaye, « l'afrofuturisme est fondé sur la transformation des perceptions qu'ont les gens d'eux-mêmes et de la conscience de leur pouvoir[11] ». Le réalisateur burkinabé Cédric Ido a lui imaginé un futur sans avenir. Le scénario de son film *Hasaki ya suda* (*Hasaki* en japonais, *les lames* et *ya suda* en lingala, *du sud*, littéralement *Les lames du sud*. En français, *Les Sabres*, 2011) mélange la culture japonaise du samouraï et la culture africaine du rapport à la terre. Nous sommes en 2100. Le changement climatique a causé de terribles sécheresses qui ont entraîné famines et guerres. Les premières victimes sont les populations des Suds, forcées de quitter leurs terres et d'émigrer vers le Nord, un exode massif qui crée le chaos et détruit l'ordre mondial qui régnait. On suit des survivants qui vivent en samouraï, trois hommes, Warubemba, Shandaru et Kapkaru qui s'affrontent sans merci avec pour seule et unique arme des sabres afin de conquérir les derniers espaces naturels et fertiles existants. Avec cette circulation de langues, d'idées, d'images, et de représentations, où n'apparaît aucune femme, Cédric Ido suggère un futur dystopique. L'afrofuturisme est *une* des sources d'inspiration d'utopies. Il faudrait pouvoir recenser les pratiques et expériences utopiques africaines pour mieux en mesurer la diversité : utopies religieuses, artistiques, sociale et politiques et croiser ces pratiques et expériences utopiques avec les pensées africaines du possible.

La culture peut-elle être encore un lieu de résistance ? Un centre culturel, un musée peuvent-ils être des espaces où la citoyenneté, la solidarité, le sentiment du bien commun peuvent se construire ? Quelles utopies construire aujourd'hui ? Le présent ne requiert-il pas la révolution copernicienne des mentalités qu'évoquait Aimé Césaire en 1956 qui exigeait de nous débarrasser de « l'habitude de faire pour nous, l'habitude de disposer pour nous, l'habitude de penser pour nous, bref l'habitude de nous contester ce droit à l'initiative dont je parlais tout à l'heure et qui est, en définitive, le droit à la personnalité[12] ». C'est sans doute là que l'utopie prend sa place, dans cette révolution copernicienne des mentalités. Quand tout vous dit qu'il n'y a pas d'alternative, que le système qui règne est aussi naturel que le jour et la nuit, que vous êtes assignés à une place, un rôle, que vous êtes jetables, un objet, et que vous brisez cet ordre, que vous déchirez le rideau qui masque le possible, que vous marquez une rupture telle que vous faites vaciller l'ordre, littéralement vaciller dans sa facture, sa certitude, son ordre symbolique. Je me tourne ici vers les épopées utopiques et mythiques des diasporas africaines : le serment du Bois caïman qui déclenche la révolution haïtienne et les communautés marronnes des colonies esclavagistes des Caraïbes, des Amériques et de l'océan Indien. Au cœur de la grande nuit, l'épopée des marrons brise le récit esclavagiste. Elle trace les routes et les sentiers de la résistance. Leur existence et leur lutte âpre pour la liberté coupent de leur tranchant la surface du réel. Petit marronnage (s'échapper un jour, voler) ou grand marronnage (aller s'établir dans les montagnes), peu importe. Tous les gestes, toutes les paroles des marrons trouent la trame de l'histoire. Le premier geste des marrons est de se nommer, de choisir leur nom. Ils rejettent les noms donnés par les maîtres, le nom d'un passé à jamais révolu qui témoigne d'un asservissement qu'ils refusent. Dans un geste souverain, ils se nomment et se donnent un lieu de la liberté souveraine. Sur la côte, il y a des sujets du roi – les colons – et des « meubles » – les esclaves. Seuls les marrons sont libres. Une liberté arrachée, toujours menacée, toujours fragile, mais qui n'en est pas moins liberté. Les marrons apportent discontinuités et ruptures dans l'histoire de l'esclavage. L'événement est rendu à sa dimension âpre, imprévisible. Les paroles fragmentaires ébauchées dans les rapports de police disent l'histoire oubliée des mille petits gestes de refus, de désobéissance. Il faut donner acte à ces « présences », à ces noms oubliés, à ces destins effacés, à ces poussières de mots pour tracer une communauté de présence. Cette attention au désordre, à la souffrance, au singulier ne refuse pas l'histoire et son récit, mais veut rendre lisibles les dits des souffrances. Ils énoncent le chagrin, la peine, la colère, les larmes et l'indicible aspiration à la liberté. Être ne serait-ce que pour quelques heures cette femme, cet homme qui rêve et écoute le chant des oiseaux. Pourtant, nombre de ces communautés connaissent la défaite. Seraient-elles alors porteuses de récits qui ouvrent l'avenir ou alors de récits qui le ferment, enfermant ses publics dans la nostalgie ? Mais les vaincus

ne repensent-ils pas le passé avec un regard pénétrant et critique?
La trop facile victoire ne rend-elle pas complaisant et arrogant?
«L'expérience de la défaite renferme un potentiel de connaissance
qui survit à ce qui l'occasionne, en particulier lorsqu'en raison de sa
propre histoire le vaincu est contraint de réécrire l'histoire générale»,
a écrit l'historien Reinhart Koselleck[13]. Dans les Suds, la défaite des
avenirs possibles – décolonisation, indépendances, luttes révolutionnaires – pourrait facilement mener à la mélancolie, à rejeter les
rêves des aînés. Mais il est une mélancolie qui trouve dans la défaite
des ancêtres une force d'inspiration et la défaite devient source vive
d'inspiration[14].

La construction de nouvelles utopies part de ces différents éléments – une critique de la temporalité du manque, de l'absence qui
conduit à une économie de rattrapage; une critique de la défaite
interprétée comme le signe d'un manque (de pensée, de connaissance); une critique du productivisme. Il ne s'agit donc plus de
rattraper un «temps», un modèle hégémonique, les normes d'une
globalité construite sur l'idée de *cheap labor* et *cheap nature* dont la
colonisation est un principe mais de construire une *hétérochronie*, de
réinventer la notion de progrès.

La voie est ouverte pour une réinvention de l'utopie. En rédigeant
mon intervention pour les Ateliers de la pensée, je lisais *Afrotopia*,
de Felwine Sarr. Son projet, c'est l'*Afrotopos* qui n'a rien à voir,
précise-t-il, avec un repli identitaire, rejoignait ma pensée. Partir de
l'Afrique, repenser sa présence au monde, réhabiliter les itinéraires et
zones de contact de sa pensée, faire apparaître les routes millénaires
de migration, d'échanges et de rencontres Sud-Sud, pour dépasser
l'idéologie mortifère du manque et de l'absence.

Notes

1. « Blanc » est ici la couleur d'un marqueur social, d'un accès à des privilèges sociaux, culturels et économiques produits par l'histoire du capitalisme racial et les politiques étatiques coloniales et postcoloniales.

2. Georg Wilhelm Friedrich Hegel, *La Raison dans l'Histoire* (traduction de Kostas Papaioannou), Paris, 10/18, 1965. Cité par : https://www.monde-diplomatique.fr/2007/11/HEGEL/15275 – souligné dans le texte.

3. Karl Marx, citations sur http://www.marxists.org/francais/
La littérature sur les liens entre traite, esclavage et essor du capitalisme est abondante, citons le classique : Eric Williams, *Capitalisme et Esclavage*, Paris, Présence africaine, 1998.

4. Sur la notion de nature comme source de richesses sans limites et sans besoin, voir Jason Moore, « Endless Accumulation, Endless (Unpaid) Work ? », 25 avril 2015, http://theoccupiedtimes.org – p. 1-8.

5. Citations tirées de http://dormirajamais.org/hugo/ où le discours entier, prononcé le 18 mai 1879, lors d'un banquet commémoratif de l'abolition de l'esclavage, est reproduit.

6. Édouard Glissant, *Introduction à une Poétique du Divers*, Paris, Gallimard, 1996, p. 34.

7. *Ibid.*

8. Ibrahim Thiaw, « L'Afrique malade de ses ressources naturelles ? » *Jeune Afrique*, 15 juin 2015. Thiaw est sous-secrétaire général des Nations unies et directeur exécutif adjoint du Programme des Nations unies pour l'environnement (PNUE). http://www.jeuneafrique.com/235273/societe/lafrique-malade-de-ses-ressources-naturelles/

9. Cité dans http://www.lesinrocks.com/2014/03/23/actualite/lafro-futurisme-tendance-retro-branchee-ou-art-engage-11488959/

10. Mawena Yehouessi, « Afro-futurisme : le chevauchement des temps », http://blackstothefuture.com/afrofuturisme-le-chevauchement-des-temps

11. *Ibid.*

12. Aimé Césaire, « Lettre à Maurice Thorez », 24 octobre 1956, texte intégral sur www.lesmotssontimportants.com

13. Reinhart Koselleck, « Mutation de l'expérience et changement de méthode. Esquisse historico-anthropologique », in *L'Expérience de l'histoire* (traduction d'Alexandre Escudier), Paris, Gallimard, 1997, p. 239.

14. Enzo Traverso, *Mélancolie de gauche. La force d'une tradition cachée (XIXᵉ-XXIᵉ siècle)*, Paris, La Découverte, 2016.

IV

Martialité et mise à mort dans les relations sexuelles au Cameroun

Sociologie du lexique de la copulation

Parfait D. Akana

> « J'étais incapable du bon machisme bien de chez nous, qui vous oblige à vous pavaner constamment devant les filles, à les séduire en les insultant, ou à les "corrompre" avec toutes sortes de cadeaux […] »
>
> Achille Mbembe (2008 : 183)

Sociologue et anthropologue, Parfait D. Akana est enseignant-chercheur à l'université de Yaoundé II (Cameroun) et rédacteur en chef de *Terroirs* (www.revue-terroirs.com), une revue africaine de sciences sociales et de philosophie fondée et dirigée par Fabien Eboussi Boulaga. Il codirige *Gender Studies in Cameroon* (www.genderstudies-cameroon.org) et a travaillé de mai 2014 à avril 2017 au département Recherche du Codesria (Conseil pour le développement de la recherche en sciences sociales en Afrique) à Dakar.

Les formes d'expression ordinaire dans le monde social libèrent un espace mental. Son examen permet de typifier des catégories qui révèlent l'organisation des échanges sociaux et la production d'un ordre symbolique qui place les régimes d'interaction sexuelle sous la bannière de l'usure. J'attribue ici au mot «usure» deux sens. Le premier est celui-là même qui traduit l'ensemble des opérations que le lexique de la copulation exprime au Cameroun: épuisement, dépossession, lutte, mise à mort, etc. Le second renvoie, quant à lui, à la dissipation d'une signification originelle (Derrida, Merleau-Ponty) et à un travail de resignification alternative, en raison du lieu.

Il faut résolument échapper ici à la séduction de formules frappantes, et parfois cocasses, si l'on cherche, dans les caractérisations que je présenterai, à faire dériver une critique procédant d'une crise; celle d'une saisie analogique d'autrui qui s'énonce sur le mode de la prédation, dans un contexte de «violence endémique». C'est la raison pour laquelle il me semble que l'une des choses qui importent vraiment dans ce travail, par-delà la fécondité du langage dans le vaste domaine de la sexualité, c'est de montrer en quoi ce que nous offre le lexique de la copulation constitue un artefact qui est la version, toujours renouvelée, de ce que Françoise Héritier nomme la « valence différentielle des sexes », soit aussi une sorte de dispositif cognitif…

La description que j'en propose permet d'éclairer le travail de désignation et de signification des opérations déployé par les individus, des *membres*, c'est-à-dire tous ceux-là qui, selon le langage de l'ethnométhodologie, dans un lieu, ont la maîtrise d'un *langage naturel*. Un tel travail concerne principalement ici le domaine de la sexualité. Je commencerai par proposer une brève analyse théorique sur l'articulation entre le lieu et la signification comme moyen de compréhension des choses, des objets et des événements du monde social. Ensuite, j'esquisserai une description, en raison du lieu, de ce que le titre général de cette réflexion a fixé, à savoir cette symbolisation par le langage, de la martialité des relations sexuelles au Cameroun. Je laisse volontairement ici de côté d'autres ressources que le langage ordinaire permet de camper et qui appartiennent au domaine « agricole ». Elles permettent d'envisager la pratique des relations sexuelles non seulement comme un festin, mais davantage comme une entreprise de manducation des femmes… Le troisième moment, quant à lui, analysera, en les contextualisant dans l'anthropologie et la psychologie locales, quelques-unes des raisons de cette violence langagière. Enfin, en dernier lieu, je proposerai une interrogation critique de ce que je désigne comme les paradoxes d'une reprise où l'on peut voir des femmes intégrer et justifier parfois toute une grammaire du dénigrement et de la violence dont elles sont les principales destinataires. Je postule qu'une telle reprise n'est, en grande partie, possible que par un phénomène d'emprise qui tire sa source des espaces concentrationnaires et tyranniques comme le nôtre. Dans un tel espace, la libération des femmes et la production d'un espace mental sain et hospitalier, en vue de bien vivre et de durer dans l'égal respect et la dignité de tous et de toutes, correspond à la libération de tous ! En effet, « la seule politique qui appelle l'irruption transformatrice de la femme est celle qui doit se concevoir comme la guerre reprise et continuée sous d'autres formes, contre l'ennemi qui porte le masque de la famine, des pandémies, de la vénalité décadente, stupide et suicidaire [et j'ajouterai du sexisme, du mépris de soi et des autres...]» (Eboussi Boulaga, 2009 : 43).

Signification et lieu

Merleau-Ponty dit que ce qui fait la «disponibilité» d'une signification, c'est qu'elle «a été instituée comme signification à laquelle les usagers ont pu avoir recours par des opérations expressives de même sorte» (Merleau-Ponty, 1960 : 147). Il faut ajouter que le lieu constitue la chair de toute signification. Je rattache la notion de lieu ici à ce qui résonne dans toute l'œuvre de Fabien Eboussi Boulaga comme ce recours constant à ce qu'il nomme l'«art topique» qui nous «enseigne, à partir des lieux communs et de ses ressources, à philosopher, c'est-à-dire à découvrir, dans et par l'interaction, l'échange et la discussion avec les autres, les problèmes et les apories qui se posent à tout homme dans et par sa vie d'homme» (Eboussi Boulaga, 2011 : 231). L'intérêt de ces précisions, d'un côté sur la disponibilité des significations, et de l'autre sur l'art topique, vise à montrer deux choses.

La première est, dans le thème qui mobilise mon attention, le procès d'une description définie du lexique de la copulation au Cameroun. Les significations inédites qu'on y découvre, dans le domaine des relations sexuelles, révèlent l'expérience de la langue en nous et les fortunes des énoncés saisis, comme dirait Eboussi, dans la dynamique d'une «altération alternative». On a affaire ici à des opérations qui font «habiter dans un appareil de parole» des éléments investis au départ d'une autre intentionnalité signifiante ; à la fois en les ordonnant, selon le mot de Merleau-Ponty, «à un sens nouveau», et en faisant «franchir aux auditeurs, *mais aussi au sujet parlant*, un *pas* décisif» (Merleau-Ponty, 1960 : 149).

En second lieu, ce que visent ces précisions sur l'«art topique», c'est d'abord la nécessité d'ancrer dans leur lieu de vie, de pensée et d'action les objets qui nous occupent; c'est en effet celui-ci qui constitue le «milieu de l'éclosion, des métamorphoses et des transmissions épidémiologiques des paroles» (Eboussi Boulaga, 2011 : 218). Ce qui précède nous oblige donc toujours à partir des lieux communs et des ressources qu'il déploie pour penser des arts de faire et de dire, d'être, etc. Sans une posture topique qui permet de connecter l'événement de la parole au lieu en tant qu'«opérateur de sélection et d'ordonnancement préférentiels selon les critères de participation et de solidarité, de pertinence et de transmissibilité» (Eboussi Boulaga, 2011 : 156), il est en effet difficile de comprendre praxéologiquement, par exemple, ces mots qui inondent la propagande officielle des discours politique et économique : «émergence», «point d'achèvement», «grandes ambitions», «grandes réalisations», «organes de base», etc. Ils sont le produit d'une «localisation», au sens de Husserl, qui met en déroute le projet de «récupération du monde» porté par la langue des dirigeants et de leurs réseaux. Enfin, par-delà ces «déformations cohérentes» qui rendent disponibles de nouvelles significations, ce qui me semble devoir requérir l'attention ici, c'est l'ethos de la violence qui en constitue véritablement la toile de fond, parfois sous les habits du ricanement... Le domaine des relations sexuelles, que je vais décrire à partir de ce que j'ai annoncé comme un lexique de la copulation, fournit un inépuisable répertoire de cet ethos dont la parole est l'incarnation. Un thème majeur me servira ici d'entrée : la guerre.

La guerre

Il y a d'abord la scène qui fait ici l'objet, selon les contextes, d'une qualification peu rassurante quant à l'issue de ce qui doit advenir. On parle d'*abattoir* pour désigner parfois le lieu où se déroule l'acte sexuel, lieu qui est toujours le domicile de l'homme et où aboutissent ses *victimes*. Il faut d'ailleurs observer que le statut de «victime» correspond tout à fait au champ lexical cynégétique, et donc à la confrontation violente et létale, du moins symboliquement, qui constitue la toile de fond des relations sexuelles. Depuis les actes préparatoires qui y conduisent jusqu'à l'exécution, il est, de part en part, question de guerre. L'attaque est l'entrée. On parle d'*attaquer une petite* pour lui faire la cour, de la *piéger*, ou même de *piéger le gibier*. Il est aussi question de l'*encercler*, afin qu'elle n'ait aucune issue. La boucle constituée autour d'elle ne lui laisse guère d'autre choix que de se faire *récupérer*. On *récupère la petite*, comme une prise de guerre, comme le butin d'une conquête. Cette animalisation, qui révèle la saisie de l'autre sur le mode de la violence et de la prédation, trouve son point culminant dans la caractérisation de celles-là qui représentent le stade suprême d'une régression anthropologique et que l'on nomme localement, entre autres appellations, les *coyotes*, c'est-à-dire des prostituées. Viennent ensuite les instruments, les armes nécessaires à la mise à mort. La percussion est le mot qui définit le mieux les représentations des usages ici.

Dans l'anthropologie d'André Leroi-Gourhan (Leroi-Gourhan, 1943, 1945), il y a une analyse et une description minutieuse que je me risquerai à transposer ici. Il parle d'une « percussion posée avec percuteur » pour signifier l'acte qui permet de faire agir la force avec précision, en la décuplant, dans la direction voulue. Une telle percussion est la combinaison de ce qu'il a auparavant défini comme une percussion posée qui est le fait d'appliquer l'outil sur la matière en y exerçant une force ; tandis qu'une percussion lancée correspond à la projection de l'outil sur la matière à travailler. Il faut rapidement rappeler que, dans le lexique de la copulation, le *matériel* évoque la chair en surabondance, les formes avantageuses ; il se dit d'une femme qu'elle a le *matériel*, c'est-à-dire, exclusivement, de grosses fesses et de gros seins ; métonymiquement d'ailleurs, elle est souvent, de façon performative dans le langage, une femme, une « vraie », parce qu'elle a le « matériel ». Cette obsession pour la chair, le « matériel » est également très présente dans les musiques urbaines et le verbe avoir signifie toujours un excès, ce qui force le regard et joue parfois un rôle compensateur. À ce propos, récemment, le rappeur Tenor, dans un titre à succès intitulé « La fille-là est laide[1] », après avoir tiré un portrait peu reluisant d'une fille dont il nous dit qu'elle est « tellement laide que par pitié sa laideur peut stopper la guerre avec Boko Haram, [...] [et qu']elle a les boutons et les taches sur la face comme un plat de haricots qui a la moisissure... », conclut, en guise de disqualification suprême : « Elle n'a pas les fesses, elle a n'a pas les seins, père, la fille-là est laide ! »

La chair est donc le support sur lequel s'exerce cette percussion, et il y a toute une taxonomie de techniques martiales et létales dont la parole est l'incarnation. Les verbes employés ne laissent aucun doute sur leur violence, ainsi que sur la passivité de sujets à la merci d'une force devant laquelle seule la soumission est la règle. Il est tour à tour question de *torpiller*, d'*écraser*, d'*appuyer*, de *cogner* et même de *cogner les bêtises*, de *fesser*, de *fouetter*, *de piner*, de *pointer*, de *tanner*, de *couper*, d'*abattre*, de *corriger les bêtises*, de *piquer*, de *grimper*, d'*achever l'animal*, de *taper*, de *galoper*, de *toucher la petite*, au sens intensif du terme, de *finir avec* et, pour s'arrêter là, de *tuer*, c'est-à-dire d'avoir une relation sexuelle. Le langage nous montre clairement que l'imaginaire de la copulation n'est guère différent de celui qu'on observe dans des catégories les plus marginales et les plus sombres des films pornographiques connus sous l'appellation *snuff movies*... Des représentations similaires président ici. La visée intentionnelle de la chorégraphie de l'acte sexuel, c'est le meurtre symbolique : il faut écraser la petite, il faut tuer la petite... Cette mort passe nécessairement par une dépense excessive de soi, une débauche d'énergie, l'usage maximal d'une force dont l'intensité doit pouvoir porter le coup fatal. D'ailleurs, dans ce lexique, *donner un coup* signifie éjaculer, acte terminal et létal qui marque la propre usure du donateur, mais qui ouvre aussi sur une euphorie jubilatoire puisque, pour signifier la même chose, les membres disent : *marquer un but*...

Le musicien Petit-Pays a inauguré, dans les textes de ses chansons, ces métaphores de l'acte sexuel comme mise à mort. En 1996, il dit dans un morceau intitulé « Tue-moi ce soir » : « Alain Njockè, toi tu veux toujours me tuer. Partout où tu es, tu veux toujours me tuer. Non, ne me tue pas, tue ta femme [...] On ne tue pas les hommes, on ne tue que les femmes dans ces choses-là.» Plus récemment, le rappeur Maahlox, s'inscrivant dans la même tradition, décrit les relations sexuelles, avec plus de crudité, dans une chanson qui s'intitule «Tuer pour tuer». L'artiste s'émeut même de ce qu'une femme ose se refuser! Comme si elle devait, «naturellement» et spontanément, être consentante compte tenu de l'abondance de l'offre sexuelle féminine... Il affirme à ce titre: «On te dit de donner, tu crânes alors que c'est versé dehors?» Ce qui est «versé dehors» ne connote évidemment pas dans un tel contexte la classe des femmes, comme sujets de droit, mais des corps féminins et, bien plus, une profusion de vagins disponibles sur lesquels n'est censée peser aucune censure en raison non seulement de l'abondance qui fait de chaque «corps» élu pour l'acte sexuel un corps vacant, en attente, en manque et donc dans une souffrance qui le ferait accepter comme une gracieuseté le premier assaut; mais aussi, parce que la mort finira par épuiser ce qui reste de chair en le livrant aux vers: «Tu mimbas [te vantes] avec quelque chose que les asticots vont tchop [manger] à ta mort?» dit-il. L'hérésie du refus de l'acte sexuel, dont la condamnation tire argument de l'inéluctabilité de la mort, est une chose banale au Cameroun que cet extrait de Maahlox ne fait que reprendre. L'usure du corps, livré à une jouissance tyrannique et multiforme (dans les interactions de la vie courante et dans certaines chansons, on entend souvent des gens dire: «Tu bois, tu meurs, tu ne bois pas, tu meurs, mieux tu bois!») porte, de ce fait, et d'une certaine manière, la signature d'un hédonisme stoïque et morbide. On le voit à travers ces passages, l'exercice de la volonté féminine est appréhendé comme une entrave et comme une hérésie: il faut que le corps soit disponible, il faut pouvoir «fendre le bois», expression que l'on entend dans cette chanson et qui est une reprise du langage ordinaire qui signifie avoir une relation sexuelle avec une femme. Il est intéressant de constater que, dans cette métaphore, la femme, et donc dans une

logique métonymique qui prédomine toujours ici, son sexe, est identifiée au bois, à une matière inerte sur laquelle doit s'exercer l'action
de l'homme qui tient la hache (son sexe) en vue de «fendre», de
«tuer»…

Raisons de la violence

La phénoménologie clinique et la psychopathologie des crimes
sexuels analysent bien ce phénomène qu'elle décrit comme la «forme
aboutie du meurtre sans cadavre» (Bessoles, 2011 : 23). Il est à la
fois le produit d'une «défaillance des représentations», de la «pauvreté fantasmatique sexuelle» et, pour s'arrêter là, de l'«évitement de
la séduction» dont on a vu qu'elle avait ici plutôt la forme d'une
battue. Je formule deux hypothèses sur l'élaboration de ce vocabulaire
agressif et dégradant.

La première tient qu'il est une sorte d'avatar qui agit comme la
compensation du désir primitif d'obtenir un commerce sexuel sans
cet appareillage anthropologique qui, par la domestication de la
violence, a pu établir la persuasion et la conviction comme base des
engagements sexuels. La séduction est donc devenue le moyen de la
possibilité d'un tel commerce, par la mise en scène spéculaire de l'individu et sa construction comme sujet désiré, ayant pour lui quelque
chose de décisif, d'incitatif. En effet: «La séduction se construit sur
une invention de l'individu par lui-même dans l'image qu'il choisit
d'endosser afin de susciter un lien avec l'autre sexe. Étant un mode
spécifique de communication, la séduction a besoin de passer par un
rituel, qui construit à la fois l'acte de parole et l'attitude gestuelle prise
dans le sens d'un positionnement particulier du corps. Ces codes
doivent être partagés par les deux individus pour pouvoir être perçus,
lus et déchiffrés. Ainsi, un rire ou un regard partagé établissent une
communication en apparence ludique et spontanée. Mais le fondement de celle-ci relève davantage de la création d'un personnage
fictif. Tout dans ce jeu est en réalité construit, le vêtement, l'intonation

de la voix, la posture choisie révèlent la mise en scène d'une stratégie pour plaire. L'individu séducteur est un émetteur auquel le récepteur sera plus ou moins sensible. La séduction doit alors être entendue comme une communication verbale ou non verbale, intentionnelle et consciente. Elle mobilise les sens humains, notamment le champ du visuel, pour capturer l'autre, interpréter ses réactions verbales ou gestuelles et réagir en fonction des effets produits sur le récepteur en adaptant ses propres comportements. Elle franchit une distance pour établir une proximité, elle permet de maintenir l'interaction en tension, en jouant conjointement du réel et du ludique» (Boëtsch, Guilhem, 2005: 181).

Il y a une faille dans la séduction, d'où la violence que le langage exprime. Cette faille, parmi de nombreuses autres explications, peut être mise en résonance avec un phénomène psychosociologique massif, principalement en milieu urbain camerounais, qui est la mésestime de soi. Erero Njiengwe a conclu, au terme d'un travail de terrain magistral dont on n'a pas fini de tirer les leçons, et qui apporte des éclairages décisifs à la compréhension d'un ethos camerounais travaillé par des années d'autoritarisme et de dévaluation morale, que l'estime générale de soi des Camerounais est faible et fournit un «indice clinique de morosité» générale. En mobilisant des outils comme le Self Esteem Inventory (SEI) de Coopersmith pour comprendre une large palette d'attitudes telles que la violence, l'aigreur, l'imposture, les abus de pouvoir, la tricherie, le «lynchage symbolique ou réel de ceux qui réussissent», il conclut: «Contemplons pour l'instant l'échelle générale du Self Esteem Inventory pour remarquer que 51,40 % des 932 Camerounais testés présentent une estime générale de soi faible, contre moins de 9 % pour une estime de soi générale élevée [...]. Nous avons là un indice clinique de morosité; nous ne parlerons pas de dépressivité à ce point, ce seul élément n'étant pas suffisant pour caractériser la dépression. Quoi qu'il en soit, une estime de soi générale faible est en relation avec une attitude intérieure d'insécurité, une perception erronée de la relation avec les autres et au plan cognitif, des représentations négatives qui influencent négativement le comportement. Elle est aussi prédictrice de dépression» (Njiengwe, 2009 : 443).

Ma seconde hypothèse me permet de rattacher cette «attitude intérieure d'insécurité», principalement chez des sujets masculins, à cette crise des masculinités hégémoniques, croissante en Afrique, qui correspond aussi à une prise de pouvoir plus importante des femmes dans l'espace social et économique. Cette prise de pouvoir a érodé les privilèges «traditionnels» qui étaient dévolus aux hommes dans le cadre d'une société procurant, grâce au concours de l'État, une sécurité économique et financière relative... La déliquescence d'un État qui rend incapable, conjuguée à une sévère crise économique et aux impasses structurelles et organisationnelles d'un régime postcolonial et improductif, apparaît comme le lieu d'expression et d'intensification des initiatives féminines. Ce qui était invisible ou occulté par la tyrannie des salaires, le travail, entre autres, des femmes, devient, dans une «économie de prédation et de dissipation» (Eboussi Boulaga, 1999 : 137) comme la nôtre, une ressource de premier ordre, salvatrice. Ce retournement est décisif par la castration, opportune, qu'il rend possible. La castration me semble être davantage ici la révélation sidérée de la part obscène et violente de l'imposture du salariat. Fabien Eboussi Boulaga analyse que la décomposition du fonctionnariat et du salariat «est équivalemment celle de l'ensemble [de notre système social] et jette sur celui-ci une vive clarté. Elle peut laisser deviner la nature et la grandeur du changement à accomplir» (Eboussi Boulaga, 1999 : 136). Un nouveau monde, occulté et opprimé, émerge donc enfin des ruines et des failles d'un système inique. Les masques tombent, la découverte de notre propre impuissance, rendue à elle-même, à sa vérité brute, est un chambardement. Dans le même temps, face à cet état de fait, les violences ordinaires de la conjugalité se sophistiquent et révèlent une constance, à savoir qu'un «certain ordre masculin s'accroche désespérément à la répression polymorphe du féminin» (Tsala Tsala, 2009 : 172). Dans cette nouvelle société d'hommes déclassés, vivant parfois aux crochets de leurs conjointes dans une configuration qui réactive les items culturels, «traditionnels» et ambigus du «maternage conjugal», la violence, ainsi que l'analyse Jacques-Philippe Tsala Tsala, s'apparente au moyen de faire payer aux femmes leur réussite. Certains hommes appellent leurs conjointes «Maman», mais n'hésitent pas à les battre ou à les injurier… De 2004 à 2011, les principales enquêtes démographiques de santé au Cameroun montrent clairement que la violence, sous toutes ses formes, est une modalité majeure de la conjugalité et des relations de couple. Les résultats de l'enquête de 2011 sont particulièrement éloquents et révèlent principalement que :

– «Depuis l'âge de 15 ans, plus de la moitié des femmes (55 %) ont subi des violences physiques, principalement exercées par leur mari/partenaire actuel ou le plus récent, mais aussi par la mère/femme du père, le père/mari de la mère et/ou la sœur/frère.

– Parmi les femmes ayant déjà eu des rapports sexuels, 20 % ont été forcées à avoir leurs premiers rapports sexuels ; en particulier, celles ayant eu des rapports avant l'âge de 15 ans (30 %).

– Dans l'ensemble, 34 % des femmes de 15-49 ans ont subi seulement des violences physiques, 8 % seulement des violences sexuelles, et 21 % à la fois des violences physiques et sexuelles.

– Parmi les femmes enceintes ou qui l'ont été, 14 % ont subi des violences pendant la grossesse.

– Parmi les femmes qui ont déjà été en union, 60 % ont subi des violences physiques, sexuelles ou émotionnelles de la part de leur mari actuel ou le plus récent.

– Parmi les femmes qui ont subi des violences conjugales dans les douze derniers mois, 43 % ont eu des blessures à la suite de ces violences» (Tchekanda, Niekou, 2012 : 325).

Il est donc là, le terreau sociologique qui permet cette symbolisation de la violence par le langage ; il se nourrit d'une réalité «objective» et ses images, cynégétiques, constituent le terme idéel d'un mode d'être qui conjugue à l'encontre des femmes, de façon massive, des verbes hostiles. Ce que révèle le lexique de la copulation, par-delà sa violence, c'est la persistance générale d'attitudes malveillantes envers les femmes et un rapport inégalitaire et injuste malgré les slogans et autres déclarations creuses sur la « place de la femme dans LA (!) culture africaine ». Il faut donner force à l'observation comme le montrent les données de l'INS (Institut national des statistiques) ci-dessus, les interactions de la vie quotidienne, les chansons populaires, etc., et résolument répudier le fétichisme des « valeurs africaines », cette sorte de naturalisme qui, insidieusement, opère jusqu'au cœur de cette violence sourde à l'œuvre dans des pratiques pernicieuses et hypocrites telles que le maternage conjugal. La confusion de la notion de valeur est totale sous nos latitudes : on l'emploie « indifféremment pour désigner les sources d'une authenticité qu'on revendique et dont on s'honore et d'atavismes négatifs qu'on déplore ou qu'on défend, malgré tout, au nom d'une solidarité ou d'un loyalisme soustraits à tout jugement éthique, ceux qu'on nourrit vis-à-vis de sa mère, de sa terre-mère ou patrie [...] La première proposition admise est que les valeurs africaines sont des valeurs si, et seulement si, elles sont le fait d'un discernement ou jugement, et d'un choix [...] préférentiel, risqué sur l'absolu du bien à faire [...] La deuxième proposition admise est que les valeurs africaines, comme toutes les valeurs incarnées dans une société sont corruptibles [...] Elles sont intenables si leurs conditions d'actualité s'érodent en même temps que s'effondrent les images, les organisations sociales et les systèmes d'échanges matériels qu'elles ont, dans un seul et même mouvement, enrégimentés pour faire du sens et créer des biens symboliques ou reconnaître des liens humains sociaux » (Eboussi Boulaga, 2009 : 27).

Au nom d'une quelconque subtilité, d'une nuance, on se plaît souvent à évoquer, comme pour contredire, face à un constat massif d'inimitiés envers des femmes qui ridiculise les prétentions d'hospitalité de nos sociétés et blesse notre honneur, des figures de femmes exceptionnelles. Une fois de plus, force doit rester à l'observation :

nous vivons dans une société de *guerre* contre les femmes et notre expérience la plus concrète nous apprend que la femme est le nom d'une faille, d'une blessure. Fabien Eboussi Boulaga ne se trompe pas quand il affirme, au terme d'une analyse où il dresse un tableau « clinique » de la condition des femmes aux prises avec une société et un pouvoir violents : « Il est [...] légitime de focaliser sur les femmes, comme membre prédominant du groupe de ceux qui subissent une négation radicale, et qui permettent de démonter les mécanismes du système d'oppression qui aboutissent tous à eux, pesant sur eux de tout leur poids » (Eboussi Boulaga, 2009 : 43).

Les paradoxes d'une reprise

On pourrait croire, à la suite de l'analyse qui précède, que le sujet féminin est un sujet dont l'existence apparaît comme une vérité parce qu'il se déclame massivement sous le mode d'une faiblesse qui le rend disponible aux usages les plus arbitraires, qui en fait une ressource de plaisir dans le cadre d'une socialité guerrière. La conquête du corps, de la chair féminine, les usages divers qui en sont faits, les technologies meurtrières que le langage décrit, toutes placées sous l'emblème de percussions qui visent une joyeuse débauche d'énergie, constituent, sociologiquement et de façon dominante, le mode d'accès à l'altérité sexuelle, les verbes actifs, l'allemand dirait « forts » (*starken Verben*), d'une grammaire des agirs sexuels où, dans une logique sportive, la vérité de l'effort, de la dépense, c'est la joie, c'est le plaisir. Mais il convient d'analyser cette forme de plaisir que je rattacherai à ce que Philippe Bessoles appelle le « blanchiment des espaces de penser ». Dans les relations intersexuelles et interaffectives, il fait du dispositif cognitif permettant une saisie analogique d'autrui un monde « saturé d'irreprésentable qui inhibe les efficacités cognitives.

Cette saturation engendre [donc] les blanchiments de la pensée considérée ici comme espace de métabolisation et de liaisons inter-pensées» (Bessoles, 2011 : 105). En effet, les logiques à l'œuvre dans le lexique de la copulation situent un monde où tout se passe comme si, dans le jeu des relations sexuelles et la chorégraphie de ses actes préparatoires, le sujet féminin était l'ennemi ultime. L'un des points saillants de la logique de tels rapports se fonde sur une perception des sujets féminins comme dangereux. Aux plans psychologique et anthropologique, Jacques-Philippe Tsala Tsala avance cette explication qui mérite d'être retenue : «Nous voulons partir de la pensée mythique pour comprendre une partie de ce qui se joue dans l'imaginaire commun aux maris camerounais désespérément rivés à des postures de contrôle aversif sur leurs épouses. [...] L'idée force ici est que celle qui donne la vie est aussi capable de la retenir ou de la supprimer. Des contes béti pour enfants (Cameroun) décrivent un personnage (*emomodo*) semblable à un ogre au très gros ventre (maternel) qui avale les enfants et même leurs parents (enfants d'autres enfants). Cela signifie que toute mère est porteuse de mort comme engloutissement. L'ambivalence de cette figure qui donne à la fois la vie et la mort est source de tous les fantasmes masculins. Les femmes en seraient épargnées du fait d'une maternité qui leur est conventionnellement et culturellement plus proche. Par conséquent, dominer et contrôler une femme, c'est conjurer fantasmatiquement sa propre mort. C'est à se demander qui est le plus fort pour parler en termes de confrontation. D'où l'idée que la violence masculine peut être le symptôme d'une certaine fragilité narcissique» (Tsala Tsala, 2009 : 175-176).

Si la construction sociale de la mauvaiseté intrinsèque des femmes est inscrite dans les mécanismes anthropologiques de déqualification et de domination, d'exclusion des espaces de pouvoir et de «contrôle aversif» ainsi que le montre cet extrait, que dire de la reprise par les femmes des mêmes codes et langages qui les ravalent au rang d'objets, de «choses» corvéables à souhait et ne comprenant que le langage de la violence ? Comment comprendre les paradoxes d'une telle reprise, d'une telle participation à sa propre déchéance ? Il faut, une fois de plus, en référer à la littérature anthropologique et sociologique locale pour camper l'intussusception, par des femmes, de gestes sociaux et organisés qui font de la vérité du sujet féminin, une marge.

Sur le plan de ce qu'elle appelle la «pornographisation» de la chanson féminine au Cameroun, Flora Amabiamina montre que, si la reprise d'un langage agressif, osé laisse penser à une sorte de révolution du corps et de la pensée, il n'en est objectivement rien : «De fait, érotisation et pornographisation des textes chantés sont des expressions de la virilité masculine célébrant sa domination et son pouvoir sur la femme selon une logique où les verbes surdéterminés par l'imaginaire camerounais (*couper, chicoter, donner, fesser, punir, galoper, chevaucher, monter, poncer, défoncer, limer, piquer* pour ne citer que ceux-ci), sont prégnants. Des chanteuses en ont fait bonne école au point de reléguer leurs collègues hommes à l'arrière-plan sans pour autant sortir des sentiers – idéologiques — de la domination mâle.

«Les discours articulant les chansons féminines étudiées dépassent le simple cadre des fantasmes. En les situant sous l'angle de la pragmatique, ils deviennent des réalités en raison des actes de langage performatifs par lesquels ils sont énoncés et du langage non verbal qui leur est associé, notamment les gestes sensuels voire sexuels, les postures et mimiques accompagnant la parole lors des représentations au cours des spectacles ou dans les vidéoclips (ce que l'on entend ici par scénographie). Les énonciatrices, quant à elles, apparaissent à travers ce discours telles des prédatrices affamées de sexe et ravalées au sexe. Le lexique utilisé concourt largement à la construction de pareille image dont l'impact se ressent en société, particulièrement chez les enfants et les jeunes filles, les sujets sociaux les plus vulnérables et les plus influençables. Il se pose incontestablement la question des limites des usages, en réalité de l'éthique que transmet ce discours sexuel en chanson. Comment dès lors expliquer ce déploiement d'un verbe féminin qui contribue, par certains aspects, non seulement à perpétuer la *domination masculine*?» (Amabiamina, 2015).

De même, dans une étude sur l'«économie domestique de la domination masculine» au Cameroun, on peut lire que: «[...] chez les Bétis, au centre-sud du Cameroun, on fait dire à la femme cette hymne à la violence: "J'aime quand mon mari me bat, là je sens que mon lion a encore toutes ses forces." L'imagerie populaire va jusqu'à les taxer de masochistes, en véhiculant le message selon lequel la femme béti associe bastonnade et amour. La légitimation de la violence conjugale prend également sa source dans la chosification de la femme. Toujours chez les Bétis et plus particulièrement dans le sous-groupe [...] bulu, un proverbe dit: "La femme est comme le maïs sec; celui qui a les dents la croque." Ceci sous-entend qu'on peut en disposer comme on veut. De plus, les chants populaires sont très souvent des hymnes à la violence. Le rythme musical *bikutsi* au Cameroun constitue dans plusieurs cas un vecteur de chosification de la femme et de normalisation de la violence maritale. On a ainsi coutume d'entendre des mélodies qui distillent un discours de domination. Quand une artiste femme dit ceci dans une chanson: "Mon mari me gifle, ça fait du bien", cela ne constitue-t-il pas un appel à la violence?» (Meye, Chantal, 2000 : 171).

Je considère que dans une société organisée de la sorte, pour qui essaye non seulement de comprendre, dans une large amplitude, les ressorts d'une telle violence, mais aussi s'engage à la déconstruire pour travailler à l'avènement d'une société plus juste et plus égalitaire, l'un des plus grands défis est l'incorporation même, par des femmes, en grand nombre, du dispositif qui rationalise et justifie leur assujettissement. Selon l'enquête démographique de santé publiée en 2011 par l'Institut national de la statistique, «près de la moitié des femmes (47 %) pensent que pour au moins une des raisons citées, un homme a le droit de battre sa femme/partenaire; seulement 38 % des hommes partagent cette opinion» (Niekou, Dzossa, 2012 : 309).

Commentant la précédente enquête de 2004, voici ce qu'observe Jacques-Philippe Tsala Tsala : «L'enquête confirme la persistance d'une certaine conception des rapports conjugaux qui admet la violence comme moyen de résolution des conflits et d'éducation. Les femmes rurales et moins instruites sont davantage acquises à l'idée qu'un mari/partenaire batte sa compagne pour la "corriger". On apprend ainsi que 56 % des femmes camerounaises pensent qu'un homme a le droit de battre sa femme lorsqu'elle manque à son devoir de maternage (45 %), lorsqu'elle sort sans autorisation (34 %), lorsqu'elle discute l'opinion de son mari (27 %), lorsqu'elle brûle la nourriture (19 %) ou refuse d'avoir des rapports sexuels avec lui (20 %) » (Tsala Tsala, 2009 : 175).

Est-il hardi de proposer ici qu'une telle reprise, cette participation au dénigrement de soi et à la légitimation des maltraitances, trahit un phénomène d'emprise où le sujet assimile et normalise la violence subie en la consacrant même parfois comme une forme de tendresse amoureuse ainsi que le montrent quelques chansons populaires ? Hommes et femmes reprennent à leur compte quelques-unes des fictions qui organisent la structure des rapports sociaux et permettent de distinguer ce qu'est une bonne femme, c'est-à-dire, dans la description négative qui a localement la «valeur» d'une essence normative, celle-là qui est conforme à l'ordre social qui la statufie sous les attributs d'une soumission intégrale... On m'objectera facilement, et avec raison, qu'il y a des femmes qui résistent[2], des femmes résilientes, selon le nouvel évangile de la psychologie et des adeptes du développement personnel, des femmes conquérantes qui inventent des vies différentes et apportent à ce qui a la figure d'un destin un cinglant démenti. Soit. Celles-là ne m'intéressent pas. Uniquement celles qui se trouvent sous le feu quotidien des aversions les plus abrasives et dont le lexique de la copulation, avec ses «syncopes de civilisation» (Bessoles, 2011 : 116), révèle à la fois cette «déchéance camerounaise» (Eboussi Boulaga, 1999) qui est anthropologique, mais aussi son système agresseur qui génère de l'emprise et cette sorte de résignation pathogène face à ce qui nous opprime. Le langage camerounais a un mot terrible face à l'injustice et à la terreur : «On va faire comment alors ?» Moralité, subissons, acceptons ! Là où il faut désassembler et désarticuler ce qui fait l'emprise et la conversion mentale à l'idée qu'il y a de bonnes raisons que le mal qui arrive arrive, il se produit plutôt une «adhésivité victimaire» (Bessoles, 2011 : 37) : des femmes miment les codes qui consacrent leur relégation et concourent à la vitalité d'une grammaire du dénigrement et de la violence.

Certes, le/la Camerounais(e) ordinaire, sans distinction de genre, est saisi(e) dans des phénomènes d'emprise qui ont souvent une nature politique et sont liés à la persistance de régimes autoritaires et tyranniques. Alexandre Zinoviev rapporte, sous le régime stalinien, un exemple biographique saisissant de ce qui précède : «Ma mère, elle, conserva dans son Évangile, jusqu'à sa mort (1969), un portrait de Staline. Elle a vécu toutes les horreurs de la collectivisation, de la guerre et des années d'après guerre. S'il fallait décrire en détail tout ce qu'elle eut à supporter, les lecteurs occidentaux ne le croiraient pas. Et malgré tout, elle a conservé un portrait de Staline [...]» (Zinoviev, 1981 : 8).

Toutefois, en régime d'emprise générale, c'est la femme, à n'en point douter, qui est le sujet et l'interprète le plus radical de la violence d'un système agresseur tel que le nôtre qui se construit sur ce que Célestin Monga appelle un travail d'«insocialisation». Il observe : «Dans un Cameroun où ceux qui réclament à cor et à cri le leadership n'ont souvent ni vision ni souci éthique, la socialisation citoyenne est un processus chaotique et instable de légitimation des philosophies de l'oppression, d'échange des techniques de survie, d'appropriation des instruments de pouvoir, et de validation des symboliques de la haine de soi-même – c'est-à-dire des autres» (Monga, 2008 : 10).

Que conclure ?

Faut-il considérer ce langage comme une effraction qui rend accessibles et profanes les interdits des institutions individuelles et sociales ? S'agit-il d'un mécanisme compensatoire qui réalise, dans la parole, des *agirs violents* que la convenance interdit ? Souscrire à une telle hypothèse relèverait d'une erreur de jugement, voire d'une faute morale parce qu'on supposerait ainsi que parler ne veut rien dire. Les mots deviendraient alors, ainsi que l'analyse Fabien Eboussi Boulaga, «des "sons" [...], des "idées" sans consistance propre...» (Eboussi Boulaga, 1999 : 18). Quoi de plus naturel que le pouvoir puisse parfois en abuser... Non! Nous connaissons le poids de la référence, du langage, dans notre société. Eboussi observe : «Les faits de votre expérience la plus solide, la plus palpable, ne sont pas ce que vous croyez. Ils sont uniquement ce que les communiqués et les discours officiels vous en disent. La guerre s'appelle paix, les morts sont vivants, et le mensonge est vrai» (Eboussi Boulaga, 1999 : 18). On peut *récupérer* ou *embarquer une petite* pour la *tuer*; *encercler l'animal* et l'*abattre*, ce n'est jamais qu'une façon de parler, n'allez pas y voir une envie de meurtre.

Cette rhétorique constitue le lieu même à partir duquel il faut penser l'accomplissement de la promesse qu'il y a dans tout désir de justice; c'est la première entame du démantèlement des «supports pathologiques» (Martuccelli, 2002 : 105) de notre socialité et le début d'un effort de clarification diagnostique sur la menace de cette «mort atmosphérique» dont l'avènement se rapproche quand, sous les habits du ricanement, la parole devient une blessure et la blessure, une anthropologie. Pure dénégation et aveuglement qui fait de la chosification et de l'animalisation des femmes le chiffre secret d'un mensonge endémique, à ce que nous sommes et de ce qu'est le Cameroun. En effet, comme l'analyse pertinemment Eboussi : «C'est la partie féminine qui sauve notre société de la famine, des effets de l'aliénation culturelle et de la paupérisation du système d'improduction postcolonial ou néocolonial. Ce qu'on appelle le secteur informel est l'empire des femmes, celui qui échappe sans cesse à l'étouffement ou à l'arraisonnement des forces étrangères...» Et de poursuivre, «le rôle hégémonique et salvateur des femmes comme fait sociologique a été puissamment mis au jour par Mongo Beti pour sa société villageoise, mais on peut étendre et généraliser ses observations d'une justesse irrécusable. [...] Ce qui frappe immédiatement l'auteur, c'est la vitalité éclatante, animatrice et inventive des femmes face à la décadence morose et aux platitudes des hommes. [...] Plus généralement, ce sont les femmes qui créent, introduisent des rites nouveaux, des usages insolites ou exotiques, comme la tontine et son cérémonial compliqué » (Eboussi Boulaga, 2009 : 40).

Notes

1. Remix d'un autre hit, celui du rappeur Minks («Le gars-là est laid»).
2. Fabien Eboussi Boulaga analyse très bien, dans son étude sur les femmes et le pouvoir politique au Cameroun, ce qu'il appelle une «inversion hégémonique» en faveur des femmes et qui n'est pas sociologiquement contestable. Je partage avec lui l'idée que «la plupart des femmes ne se posent pas en victimes», mais mon propos demeure le même : décrire et analyser, par-delà cette réalité, l'opérativité et les logiques de déqualifications aussi violentes...

Bibliographie

Flora Amabiamina, «Célébrer la sexualité permissive. Une socio-sémiotique de la chanson féminine camerounaise moderne», 14e assemblée générale du Codesria, *Créer l'Afrique de demain dans un contexte de transformations mondialisées : enjeux et perspectives*, juin 2015.

Philippe Bessoles, *Le Viol du féminin. Trauma sexuel et figures de l'emprise*, Nîmes, Champ social Éditions, 2011.

Gilles Boëtsch, Dorothée Guilhem, «Rituels de séduction», *Hermès*, 43, 2005, p. 179-188.

Fabien Eboussi Boulaga, *Lignes de résistance*, Yaoundé, Éditions Clé, 1999.

–, «Femmes et pouvoir politique : sociologie d'une élection», *Terroirs* (revue africaine de sciences sociales et de philosophie), 2009/1-2, p. 9-44.

–, *L'Affaire de la philosophie africaine. Au-delà des querelles*, Yaoundé/Paris, Éditions Terroirs/Karthala, 2011.

André Leroi-Gourhan, *Évolution et techniques*. T. I : *L'Homme et la matière*, Paris, Albin Michel, 1943.

–, *Évolution et techniques*. T. II : *Milieu et techniques*, Paris, Albin Michel, 1945.

Danilo Martuccelli, *Grammaires de l'individu*, Paris, Gallimard, coll. «Folio Essais», 2002.

Achille Mbembe, «Souvenirs d'enfance», in Joseph Fumtim, *Cameroun, mon pays*, Yaoundé, Éditions Ifrikiya, coll. «Interlignes», 2008, p. 171-189.

Maurice Merleau-Ponty, *Signes*, Paris, Gallimard, coll. «Folio Essais», 1960.

Ella Meye, Lydie Chantal, «L'économie domestique de la domination masculine. Droit, violence conjugale et société patriarcale», in Luc Sindjoun, *La Biographie sociale du sexe. Genre, société et politique au Cameroun*, Paris, Codesria/Karthala, coll. «La Bibliothèque du Codesria», 2000, p. 157-174.

Célestin Monga, «Poétique de la douleur», in Joseph Fumtim, *Cameroun, mon pays*, Yaoundé, Éditions Ifrikiya, coll. «Interlignes», 2008, p. 5-18.

Rosalie Niekou, Anaclet Désiré Dzossa, «Statut de la femme et participation au développement local», in *Cameroun. Enquête démographique de santé et à indicateurs multiples 2011*, Institut national de la statistique, 2012, p. 309-324.

Erero Njiengwe, «État des mœurs: opinions, attitudes, espoirs», in Fabien Eboussi Boulaga, *L'État du Cameroun 2008*, Yaoundé, Éditions Terroirs, coll. «L'état du Cameroun», 2009, p. 407-464.

Émilienne Tchekanda, Rosalie Niekou, «Violence domestique», in *Cameroun. Enquête démographique de santé et à indicateurs multiples 2011*, Institut national de la statistique, 2012, p. 325-351.

Jacques-Philippe Tsala Tsala, «Violences faites aux épouses et angoisse masculine chez les époux camerounais», *Le Divan familial*, 2009/2 (n° 23), p. 169-181.

Alexandre Zinoviev, *Nous et L'Occident*, Lausanne, L'Âge d'homme, 1981.

Discographie

Petit Pays, «Tue-moi ce soir», in Class F/M, Sonodisc, 1996.

Maahlox Le Vibeur et Phil B., «Tuer pour tuer». https://www.youtube.com/watch?v=VrCtzU0KcFI, consulté le 20 décembre 2016.

Tenor, «La fille-là est laide». https://www.youtube.com/watch?v=o2txk2RxxEQ, consulté le 20 décembre 2016.

Face au défi démographique et aux mutations technologiques, l'emploi salarié décent a-t-il un avenir en Afrique?

Ndongo Samba Sylla

Ndongo Samba Sylla est un économiste sénégalais du développement. Il a travaillé comme conseiller technique à la présidence de la République du Sénégal. Il est actuellement responsable de recherche et de programmes au bureau Afrique de l'Ouest de la Fondation Rosa-Luxemburg (Dakar). Il a été quatre fois champion du monde de Scrabble francophone. Auteur et éditeur de nombreux ouvrages, ses publications couvrent des sujets tels que le commerce équitable, les marchés du travail dans les pays en développement, les mouvements sociaux, la théorie démocratique, la souveraineté économique et monétaire.

L'une des finalités des réflexions que nous menons dans le cadre de ces Ateliers de la pensée est de contribuer à améliorer significativement le bien-être de nos concitoyens. Comment en pratique rendre possible cette noble aspiration ? La réponse d'ordinaire avancée est que l'augmentation du taux de croissance économique permettra sur le long terme de réduire, voire d'éradiquer la pauvreté. L'hypothèse sous-jacente est que la croissance économique va générer des emplois productifs qui permettront de distribuer de plus en plus de pouvoir d'achat à un volume croissant de travailleurs. Cette centralité accordée à la création d'emplois n'est pas fortuite. Dans le monde d'aujourd'hui, l'emploi joue en effet trois fonctions principales : c'est le moyen principal de distribution de pouvoir d'achat ; c'est aussi le moyen principal d'accéder à la citoyenneté sociale ; c'est enfin un mécanisme privilégié d'intégration sociale.

Pour améliorer significativement le bien-être de nos concitoyens, nos gouvernements placent donc leurs espoirs dans la création massive d'emplois décents que l'accélération de la croissance économique est censée entraîner. Ce mode de raisonnement suppose, implicitement, que les pays africains peuvent reproduire avec succès la trajectoire de développement observée en Occident.

Dans une démarche prospective, je voudrais ici défendre l'idée que le mode de redistribution des richesses sociales via l'emploi décent – appelons-le le « paradigme fordiste » – n'est pas celui qu'il faut à l'Afrique au XXIe siècle. Plus précisément, ma thèse est que l'emploi salarié décent n'a pas d'avenir en Afrique, et que c'est une stratégie parfaitement anachronique au XXIe siècle que de vouloir faire dépendre le bien-être des Africains de l'idée d'une croissance économique capable sinon de générer le *plein emploi décent*, du moins de faire de l'emploi décent la norme dominante d'emploi. La création d'emplois pour distribuer du pouvoir d'achat est une problématique de la seconde partie du XXe siècle. Au cours du XXIe siècle, la problématique majeure sera, particulièrement en Afrique, comment redistribuer les richesses sociales autrement que par l'emploi.

Afin de prévenir d'éventuelles équivoques, je voudrais souligner d'emblée que ma démarche ne saurait être qualifiée de « pessimiste ». J'essaie simplement de partir du constat de tendances lourdes pour en déduire des implications sur les possibilités qui s'offriront au continent au cours de ce siècle. Ma démarche ne saurait non plus être rangée dans les analyses relevant du registre néomalthusien, voire de l'écolo-fascisme, c'est-à-dire des analyses selon lesquelles la croissance démographique de l'Afrique serait une menace pour la planète et qu'il faudrait, par conséquent, prendre toutes les mesures nécessaires, y compris autoritaires, pour la stopper[1]. Je ne pense pas que la croissance démographique soit un problème dans l'absolu. Le problème gît plutôt dans son association avec le capitalisme, un système global de production et de répartition qui fonctionne sur le mode de la polarisation en favorisant la minorité au détriment de la grande majorité. Ma conviction est que la baisse tendancielle du temps de travail socialement nécessaire pour produire les biens et les services peut être une source de libération humaine pourvu que les choix politiques appropriés soient faits.

Situation de l'emploi en Afrique

En guise d'introduction à la discussion qui suit, il n'est pas inutile de rappeler brièvement quelques-uns des traits structurels de l'emploi en Afrique[2].

Une première caractéristique structurelle est la malabsorption de la force de travail. La malabsorption, ou gaspillage des ressources humaines, est un symptôme du sous-développement des forces productives et d'une organisation économique dysfonctionnelle. Elle se manifeste sous la forme du chômage ouvert et involontaire, une réalité qui affecte davantage les couches urbaines, notamment les jeunes de la classe moyenne et les diplômés. Toutefois, étant donné que la grande majorité des travailleurs ne peut pas se permettre de ne pas occuper un emploi, surtout en l'absence de filets de protection sociale, il s'ensuit que le chômage ouvert, quoique réalité importante, n'est pas l'expression principale de ce gaspillage des ressources humaines.

Le sous-emploi, dans ses différentes manifestations (horaires de travail inadéquats, revenus inadéquats), est la condition ordinaire de l'écrasante majorité des travailleurs africains qui occupe des emplois peu productifs dans le secteur agricole et dans le secteur informel. L'emploi salarié décent, celui qui ouvre droit à des revenus décents et à une protection sociale significative, constitue l'exception plutôt que la règle. Le salariat n'est généralement pas le statut dominant en termes de relations d'emploi. Il s'agit plutôt des « indépendants », y compris en milieu urbain.

Une deuxième caractéristique structurelle est que la croissance de l'emploi a été alimentée essentiellement – souvent à plus de 90 % – par les emplois informels (ceux du secteur informel, plus ceux du secteur moderne) durant ces quatre dernières décennies. Le regain de croissance économique enregistré depuis le début des années 2000 n'a pas débouché sur une création massive d'emplois décents au niveau du continent. Cette réalité, habituellement rendue sous l'expression

291

jobless growth, implique que la croissance économique crée surtout des emplois informels en masse (Commission économique pour l'Afrique et Union africaine, 2010).

Enfin, troisième caractéristique structurelle importante : en raison de sa forte croissance démographique, l'Afrique est de nos jours la région où l'augmentation de la force de travail est la plus rapide. Cette tendance va s'affirmer plus nettement au cours de ce siècle.

Bref aperçu des tendances démographiques

La population du continent africain est estimée à 1,18 milliard en 2015, projetée (selon le scénario médian des Nations unies) à 1,68 milliard en 2030, 2,5 milliards en 2050 et 4,4 milliards en 2100. Autrement dit, l'Afrique représentera 20 % de la population mondiale en 2030, 25 % en 2050 et 39 % à l'horizon 2100.

Entre 2015 et 2050, la population mondiale va augmenter de 2,4 milliards. Plus de la moitié, c'est-à-dire 1,3 milliard d'habitants, se trouvera en Afrique. Entre 2050 et 2100, l'Afrique sera responsable de l'essentiel de la croissance démographique mondiale (128 %). L'Amérique du Nord et l'Océanie enregistreront une légère croissance démographique. Les autres régions – Asie, Europe, Amérique latine – verront leur population décroître en termes absolus.

À l'horizon 2100, le Nigeria sera la troisième puissance démographique du monde, avec 752 millions d'habitants, derrière l'Inde et la Chine. Au niveau africain, il sera suivi de la république démocratique du Congo (389 millions, 5e place mondiale), de la Tanzanie (299 millions, 8e place mondiale), de l'Éthiopie (243 millions, 9e place mondiale), du Niger (209 millions, 10e place mondiale), de l'Ouganda (203 millions, 11e place mondiale).

À l'heure actuelle, la population active (15-64 ans) de l'Afrique subsaharienne augmente chaque année de 17,5-18 millions. En 2030, le nombre de nouveaux entrants sur le marché du travail s'établira aux alentours de 27 millions. De manière générale, la population active potentielle devrait doubler, voire tripler dans quarante et un pays d'Afrique subsaharienne entre 2010 et 2050 pour atteindre un chiffre de l'ordre de 1,25 milliard (voir United Nations, 2015 ; FMI, 2015 ; Beaujeu *et al.*, 2011).

Face à ces tendances démographiques, la question est : sera-t-il possible d'absorber cette force de travail croissante dans des emplois décents? Ou, dit autrement, le *plein emploi décent* est-il une aspiration réaliste?

Pour y répondre, il peut être instructif de méditer l'expérience de l'Inde et de la Chine, deux pays qui ont été – et sont – confrontés à une pression démographique importante et qui ont obtenu des résultats économiques spectaculaires sur ces quatre dernières décennies. Le but d'un pareil exercice n'est pas bien entendu de comparer ces deux pays avec un continent de cinquante-quatre pays, avec ses diversités et ses singularités. Il s'agit plutôt de voir ce que nous pouvons apprendre des deux plus grandes puissances démographiques du monde d'aujourd'hui du point de vue de l'absorption de la force de travail.

Apprendre de l'Inde et de la Chine

Entre 1970 et 2014, le PIB par habitant de l'Inde a été multiplié par 10^3. Cette croissance économique a-t-elle permis la création massive d'emplois décents? Ou, du moins, a-t-elle permis une croissance de l'emploi décent supérieure à celle de la force de travail?

Chaque année, 15 millions d'Indiens entrent sur le marché du travail (Center for Equity Studies, 2014 : 111). Bien qu'élevé en termes absolus, ce chiffre est relativement faible car il correspond à un taux d'activité (56 %) bien en dessous de ceux observés généralement dans les pays en développement. Il résulte pour l'essentiel du faible taux d'activité des femmes[4] qui est de l'ordre de 31 % (Sharma, 2013 : 3).

Au cours des quatre dernières décennies, les créations d'emplois ont été relativement faibles eu égard à la croissance de la force de travail. Les secteurs généralement créateurs d'emplois ont été peu dynamiques. L'agriculture est toujours le premier employeur. Elle occupe un travailleur sur deux à l'échelle nationale et deux travailleurs sur trois en milieu rural. Le secteur manufacturier et les services occupent une part encore faible de l'emploi, respectivement 13 % et 27 % (Sharma, 2013 : 3).

Le paradoxe est que la période 1994-2010, où l'on a observé une accélération de la croissance économique, a généré beaucoup moins d'emplois que les deux décennies précédentes, où la croissance économique était beaucoup moins importante. À l'instar de l'Afrique, on retrouve donc en Inde le phénomène du *jobless growth*. Ainsi les emplois créés ont-ils été informels pour l'essentiel. L'industrialisation de l'Inde n'a pas mis fin aux emplois informels. Elle a plutôt accompagné leur développement. Dans le secteur manufacturier, le secteur informel contribue à hauteur de 20 % du PIB et 80 % de l'emploi et représente 99 % des établissements (Ghani *et al.*, 2015).

La mauvaise nouvelle est que le secteur moderne n'a pas été épargné par la tendance à l'informalisation de l'emploi. Plus de la moitié de l'emploi y est de nature informelle. Tous secteurs confondus, un travailleur sur deux occupe le statut d'«indépendant». Mieux, 92 % des travailleurs indiens, soit une population de 400 millions, une population supérieure à celle des États-Unis, n'ont pas accès à une protection sociale significative (Papola et Sahu, 2012 ; Center for Equity Studies, 2014 ; Sharma, 2013).

Notons enfin que le chômage des jeunes demeure préoccupant, notamment chez les diplômés qui représentent 30 % du total des chômeurs (Sharma, 2013). Même si le taux de chômage ouvert est généralement faible, en 2012 on estimait à 17 millions le nombre de personnes sans emploi à la recherche d'un emploi. Si l'on y ajoute les travailleurs pauvres, les sous-employés chroniques et les nouveaux demandeurs d'emploi, l'on arrive à un chiffre de 94 millions (Papola et Sahu, 2012 : 49).

En résumé, après quarante ans de croissance économique soutenue, et de progrès réels en termes d'industrialisation, moins de 10 % seulement de la population employée occupe un emploi décent en Inde.

S'agissant de la Chine, c'est un pays dont l'expérience est rendue unique par l'adoption de la politique de l'enfant unique à la fin des années 1970, laquelle aurait contribué à empêcher la naissance de 400 millions de Chinois, si l'on en croit les autorités chinoises[5]. En ce moment, la Chine est en train de faire face aux défis induits par cette politique antinataliste qui a été poursuivie sur près de quatre décennies. Il s'agit notamment du vieillissement de sa population, du déclin de sa force de travail et de l'apparition d'un phénomène de « pénurie de main-d'œuvre » dans certains secteurs.

Le PIB par habitant de la Chine a crû à un rythme annuel moyen de 9 % entre 1970 et 2014. Autrement dit, il a été multiplié par un facteur 44 sur cette période. Ces performances économiques remarquables ont stimulé une forte création d'emplois. L'emploi urbain a doublé durant les deux dernières décennies pour s'établir à 393 millions en 2014, année où il a surpassé l'emploi rural (Lam *et al.*, 2015). En termes sectoriels, l'agriculture représentait en 2012 34 % de l'emploi contre 30 % pour l'industrie et 36 % pour les services (Majid, 2015 : 46).

À la différence de la plupart des pays en développement, l'emploi informel urbain serait apparemment resté faible en Chine jusqu'au milieu des années 2000, en raison du contrôle des mouvements migratoires en provenance des zones rurales. Selon certaines estimations, qu'il faut prendre avec précaution au vu de la rareté et de la qualité des données disponibles, 60 % des emplois dans l'industrie et les services en 2012-2013 seraient informels (Schucher, 2014 : 32 ; voir également Liang *et al.*, 2016 et Zhou, 2016).

Le chômage des jeunes est particulièrement problématique, notamment chez les diplômés : 15 millions sur les 20 millions de travailleurs à la recherche d'un emploi sont des diplômés urbains (non-migrants). L'on craint d'ailleurs du côté du gouvernement chinois la menace d'un «printemps chinois» qui s'alimenterait du mécontentement des jeunes diplômés au chômage (Schucher, 2014 : 20). En effet, selon certaines estimations, toujours à prendre avec précaution, le nombre de chômeurs serait passé de 5,7 millions à 21,6 millions entre 1990 et 2011 (Majid, 2015 : 15).

Que retenir des expériences de l'Inde et de la Chine ? Ce sont deux puissances qui continuent de faire face à une pression démographique *moins* importante que celle à laquelle l'Afrique devrait être confrontée au cours du XXIᵉ siècle. Elles ont essayé chacune de ralentir l'augmentation de la taille de leur population active – la première via un retrait des femmes du marché du travail, la seconde via une politique antinataliste drastique. Bien qu'elles aient enregistré des taux de croissance économique importants durant les quatre dernières décennies, elles n'ont pas été capables d'absorber la majeure partie de leur force de travail dans des emplois décents.

Le point à propos de l'Inde et de la Chine peut être généralisé : l'emploi informel – ou, si l'on préfère, les formes d'emploi dites «atypiques» – constitue de nos jours la condition vécue par la majorité des travailleurs de l'Humanité, surtout ceux des pays du Sud. Après cinq cents ans de capitalisme, il est estimé au niveau mondial que 80 % des personnes d'âge actif (et leurs familles) n'ont pas accès à un système convenable de protection sociale (ILO, 2010 : 33). C'est dire donc que le modèle de l'emploi salarié régulier et décent est une exception historique. C'est à proprement parler la forme d'emploi qui mérite le qualificatif d'«atypique».

Face au spectre du chômage technologique, d'où vont venir les millions d'emplois décents ?

Face à ma thèse du caractère hautement improbable de l'atteinte du plein emploi décent, certains pourront, malgré tout, soutenir que l'Afrique, un continent qui dispose d'un réservoir important de ressources naturelles, a le potentiel pour créer des emplois décents à un rythme compatible avec l'évolution de sa force de travail. Cet argument est défectueux sous un double aspect.

Premièrement, il repose sur l'idée que l'on peut créer des emplois de manière illimitée, ce qui est une façon de ressasser le mythe de la croissance économique illimitée, une croyance absurde que l'écologie politique a aisément mise en pièces. Au-delà, si l'on réfléchit dans la perspective d'une civilisation «rationnelle» – non fondée sur le gaspillage (ce qui est le cas du capitalisme), le but ne devrait pas être de créer des emplois juste pour créer des emplois, mais plutôt de répondre à tous les besoins sociaux de la manière le plus économique possible. Dans cette perspective, certaines formes d'emploi ne devraient pas exister ou devraient être découragées en raison de leur caractère nuisible ou de leur caractère «irrationnel». La question importante ne serait plus «sommes-nous capables de créer des emplois?», mais plutôt «sommes-nous capables de répondre à tous les besoins sociaux avec le minimum de gaspillage?».

Deuxièmement, l'argument du potentiel important de création d'emplois décents ne prend pas en compte l'impact en termes de destruction nette d'emplois de la vague récente d'innovations technologiques. C'est le point sur lequel je vais m'appesantir ici.

Les récentes innovations technologiques ont pour effet de rendre le travail humain de moins en moins nécessaire dans la création des richesses sociales. Celle-ci dépendra de plus en plus du progrès scientifique et technique. L'anthropologue Paul Jorion (2014) parle de «baisse tendancielle du taux de travail». L'implication de cette loi est claire: la généralisation à l'échelle mondiale de la logique du «chômage technologique» que Keynes (1930) définissait ainsi: «un chômage dû à la découverte de moyens d'économiser la force de travail qui surpasse le rythme auquel nous pouvons trouver de nouveaux emplois pour la force de travail.» («This means unemployment due to our discovery of means of economising the use of labour outrunning the pace at which we can find new uses for labour.»)

Randall Collins (2014) en donne la définition suivante : « On appelle chômage technologique le mécanisme par lequel les innovations en matière d'équipement et d'organisation du travail permettent d'économiser de la main-d'œuvre : produire plus à un prix inférieur et avec moins de travailleurs[6]. »

Les mutations technologiques en cours obéissent à deux logiques principales : (i) obtenir plus de flexibilité – ajuster en permanence le processus productif aux nouveaux besoins et designs et (ii) réduire la part des salaires dans la valeur ajoutée. Elles n'économisent pas seulement sur le travail non qualifié. Elles économisent également sur le travail qualifié. Plus un travail est spécialisé, plus il est prévisible, plus il est susceptible d'automatisation, de robotisation et d'informatisation. Des emplois aussi qualifiés que celui de radiologue sont menacés. Pratiquement tout ce qui n'est pas vraiment créatif est susceptible d'être remplacé par les machines ou par les algorithmes. Aux États-Unis, une étude de deux chercheurs de l'université d'Oxford (Frey et Osborne, 2013) estime que 47 % de la force de travail américaine occupe un emploi qui sera remplacé à terme par un ordinateur. Un chiffre jugé conservateur par certains…

L'impact négatif en termes de création d'emplois des développements technologiques contemporains n'est pas une vision acceptée par tous les économistes. Certains tendent à penser, se basant sur une lecture particulière de la première révolution industrielle, que le progrès scientifique et technique va créer de nouveaux emplois dans des quantités au moins équivalentes au volume d'emplois qu'il détruit. Mais comparaison n'est pas toujours raison. Il y a deux différences fondamentales entre la révolution industrielle du XVIIIe siècle et la vague actuelle d'innovations technologiques.

La première tient au contexte. La première révolution industrielle n'a pas été capable en elle-même de débarrasser l'Europe de son surplus de travail de l'époque. Les transformations qu'elle a entraînées au niveau des processus productifs ont mis au chômage une frange importante des travailleurs occupés dans la petite production. La migration de masse vers les Amériques a été le principal moyen pour l'Europe de réduire significativement le surplus de travail induit par la révolution industrielle. C'est un point sur lequel on n'insiste généralement pas assez (Patnaik et Patnaik, 2017 : 56-57). Or l'une des principales caractéristiques de la mondialisation actuelle est que les mouvements de main-d'œuvre sont très faibles, surtout ceux qui interviennent dans l'axe Nord-Sud. Aux taux d'émigration en vigueur, pour relocaliser 10 % de la population pauvre des pays du Sud vers les pays du Nord, il faudrait deux cents ans (Milanovic, 2012 : 124) ! Cette différence de contexte historique explique également pourquoi les pays du Sud ne peuvent pas reproduire avec succès le modèle de développement suivi par l'Europe – le fameux « rattrapage par imitation ». Pour cela, il leur faudrait, comme l'a souligné Samir Amin (2013 : 142-143), cinq ou six Amériques !

La seconde différence majeure est que l'impact de la vague actuelle d'innovations technologiques n'est pas « sectoriel ». Il est transversal. Aucun secteur économique n'est épargné, pas même les services. Ce qui limite le potentiel de réallocation sectorielle de la main-d'œuvre victime de l'automatisation, de la robotisation et de l'informatisation. Dans ce contexte, l'on peut se demander d'où peuvent venir les millions d'emplois décents auxquels aspire la jeunesse africaine.

Ils ne viendront certainement pas de l'agriculture, nonobstant la nécessité de défendre en Afrique le maintien d'une agriculture paysanne. En effet, au cours du processus de développement économique, l'agriculture n'a pas vocation à créer des emplois. Elle doit plutôt en détruire dans des quantités phénoménales. Le surplus de travail du secteur agricole doit en principe être alloué dans le secteur secondaire et dans les services. La difficulté est que le secteur manufacturier, secteur traditionnellement intensif en main-d'œuvre, ne crée plus autant d'emplois que par le passé. Cette réalité, qualifiée de « désindustrialisation précoce » par certains économistes comme Dani Rodrik (2015) – « précoce » car la désindustrialisation intervient à un niveau de revenu très en dessous du revenu à partir duquel le processus de désindustrialisation a démarré dans les pays riches – s'observe notamment pour les pays récemment industrialisés.

Si la Chine s'en est mieux sortie que l'Inde sur le plan économique, c'est entre autres raisons parce qu'elle s'est industrialisée plus rapidement. Elle a pu créer des millions d'emplois dans le secteur manufacturier. Mais les tendances commencent à s'inverser. La Chine est en train de vivre cette désindustrialisation précoce : 16 millions d'emplois ont été détruits dans le secteur manufacturier chinois entre 1995 et 2002, ce qui représente 15 % de sa force de travail. À quoi ceci est-il dû ? Réponse : l'automatisation et la robotisation du secteur manufacturier. De nos jours, le commerce international de robots fait partie des marchés les plus dynamiques de l'économie mondiale, surtout en Chine (Ford, 2015 : 3, 10).

L'automatisation accélérée du secteur manufacturier a eu pour conséquences entre autres un *reshoring*, une inversion des processus de délocalisation. Comme les robots sont plus «productifs» que les ouvriers les plus mal payés de la planète, la nécessité des délocalisations mues par les différences dans les coûts unitaires de travail se fait de moins en moins sentir. Ainsi, avec le *reshoring*, des pays comme les États-Unis vont gagner en compétitivité, mais ce regain de compétitivité va n'avoir qu'un faible impact sur l'emploi.

Dans ce contexte, la problématique de l'industrialisation dans le cas de l'Afrique, et de celui des pays non encore industrialisés, se pose en de nouveaux termes (UNCTAD, 2016). Premièrement, il n'est pas certain que l'Afrique va profiter comme l'Asie du Sud-Est des délocalisations mues par les différences dans les coûts salariaux unitaires. Deuxièmement, si l'Afrique aspire à s'industrialiser et à exporter des produits compétitifs, elle devra elle aussi se tourner vers la voie de l'automatisation, de la robotisation et de l'informatisation. Ce qui veut dire qu'une Afrique industrialisée et compétitive sera une Afrique avec beaucoup moins d'emplois industriels qu'espéré.

À supposer que le développement économique de l'Afrique s'accélère, via une augmentation prodigieuse des gains de productivité, très peu d'emplois décents seront créés eu égard aux réalités observées de par le passé et à l'évolution projetée de la force de travail du continent.

Partant de là, la question qui se pose est de savoir si l'on va condamner la majorité des Africains à occuper des emplois qui seraient inutiles ou superflus dans une société mieux organisée simplement parce que nous n'osons pas imaginer un autre modèle de redistribution des gains de productivité.

Conclusion

André Gorz (2008 : 120) a écrit que « le plein emploi de type fordiste n'est pas reproductible par l'après-fordisme informatisé ». Les dirigeants africains devraient méditer ce propos plein de sagesse et en tirer les conséquences. L'Afrique a certes d'énormes potentialités économiques et une marge importante en termes de progrès économiques à réaliser. Des millions d'emplois décents pourront être créés dans un proche avenir pourvu que le continent se donne les moyens, et ait l'audace de développer son agriculture, son industrie, en misant notamment dans la transformation locale des ressources naturelles et des matières premières.

Mais le plein emploi décent est une illusion. Aucun gouvernement africain ne pourra créer suffisamment d'emplois décents pour sa jeunesse. À terme, dans un contexte où l'emploi salarié décent se fera *relativement* rare, un îlot dans un océan d'informalité, la priorité sera, au-delà de l'importance de ralentir la croissance démographique par des moyens non autoritaires (investissement dans l'éducation et renforcement de l'égalité hommes-femmes notamment), de mettre en place des politiques qui *déconnectent* l'accès à (i) un revenu décent, (ii) une protection sociale significative et (iii) des possibilités de financement des projets économiques de la détention d'un emploi salarié formel. Mettre en place un nouveau paradigme distributif, tel est le défi majeur à l'intersection de l'évolution démographique et des mutations technologiques contemporaines pour l'Afrique du XXIᵉ siècle.

Ces deux dynamiques en cours ont le potentiel de contribuer à l'éclosion d'une civilisation de l'abondance, de la gratuité, du partage et de la libération humaine. Par exemple, l'on parle souvent d'encourager la participation politique des classes populaires. Cette légitime aspiration demeurera un vœu pieux tant que les classes populaires ne seront pas libérées significativement de la dictature de l'emploi. Des horaires de travail réduits et une sécurité économique sont des préalables sans lesquels il est difficile d'entrevoir une réelle participation politique des gens ordinaires. Mais penser ainsi, c'est déjà articuler des logiques incompatibles avec le maintien du capitalisme et des institutions politiques et culturelles sur lesquelles il repose. D'où la question de savoir : le capitalisme, s'il a un avenir, est-il susceptible de créer l'avenir que nous voulons pour les jeunes d'aujourd'hui et de demain ? Pour ma part, je ne le pense pas. Quelle que soit la réponse apportée par les uns et autres, le débat mérite au moins d'être ouvert.

Notes

1. L'évolution démographique en Afrique est surveillée avec inquiétude par le Pentagone, en raison des tensions qu'elle ferait peser sur les ressources naturelles du Continent. Selon certains auteurs, le contrôle de la démographie des pays africains riches en ressources naturelles fait partie des raisons qui ont motivé la création d'Africom, l'une de ses missions étant de barrer l'accès de la Chine à ces ressources naturelles (Engdahl, 2009 : 78-79).

2. Du point de vue de la mesure statistique, le concept d'«emploi» désigne toute activité économique d'au moins une heure de temps exercée durant une période de référence donnée. Une définition aussi élastique permet (i) d'englober sous un même concept toutes les situations d'emploi quelles que soient leur durée ou leur fréquence, (ii) d'accorder la priorité à l'emploi sur le chômage qui est alors défini comme une situation d'absence d'emploi (zéro heure ouvrée durant la période de référence) et (iii) de mesurer le volume de travail qui entre dans la production en conformité avec le système de comptabilité nationale des Nations unies. Le concept d'emploi, dans son acception statistique, ne fait donc

pas la distinction entre les emplois de qualité (ou emplois décents) et les emplois dits «vulnérables», «précaires», «atypiques», etc. Comme nous le verrons ici, il est essentiel d'intégrer cet aspect qualitatif lorsque l'on parle de l'emploi dans les pays en développement (voir Sylla, 2013).

3. Les statistiques sur le PIB par habitant de l'Inde et de la Chine proviennent des Indicateurs de développement de la Banque mondiale : www.databank.worldbank.org

4. Il est probable que la faiblesse apparente du taux d'activité des femmes en Inde résulte de ce que ces dernières sont plus souvent impliquées dans des relations d'emploi «invisibles», c'est-à-dire qui échappent ordinairement à la mesure statistique.

5. Le chiffre est contesté par certains démographes au motif que la Chine avait entamé sa transition démographique avant l'adoption de la politique de l'enfant unique et que son développement économique a contribué également à la baisse des taux de fertilité. Deux éléments qui n'ont pas été tenus en considération dans les projections qui ont permis d'aboutir à ce chiffre de 400 millions (Whyte *et al.*, 2015).

6. Randall Collins prédit l'épuisement de la logique capitaliste au milieu du XXIe siècle en raison de l'incapacité dans laquelle sera le capitalisme de faire face à un chômage technologique généralisé. Sur les problèmes socioéconomiques associés au chômage technologique figurent notamment la croissance des inégalités, la destruction des bases économiques des classes moyennes et la difficulté à trouver des débouchés pour les produits mis sur le marché par les entreprises. Voir Ford, 2015.

Bibliographie

Samir Amin, «Postface», in Gabriella Roffinelli, *Samir Amin. La théorie du système capitaliste, critique et alternatives* (traduction de Florence Curt), Lyon, Parangon, 2013 [2005 pour la version originale].

Raphaël Beaujeu *et al.*, *Transition démographique et emploi en Afrique subsaharienne. Comment mettre l'emploi au cœur des politiques de développement*, Agence française de développement, avril 2011. http://www.afd.fr/jahia/webdav/site/afd/shared/PUBLICATIONS/RECHERCHE/Scientifiques/A-savoir/05-A-Savoir.pdf – visité en décembre 2016.

Center for Equity Studies, *India Exclusion Report 2013-2014*, Bangalore, Books for Change, 2014.

Randall Collins, «Emploi et classes moyennes : la fin des échappatoires», in Immanuel Wallerstein, Randall Collins, Michael Mann, Georgi Derlugian,

Craig Calhoun, *Le capitalisme a-t-il un avenir?* (traduction de Marc Saint-Upéry), Paris, La Découverte, 2014.

Economic Commission for Africa, African Union, *Economic Report on Africa 2010. Promoting high-level sustainable growth to reduce unemployment in Africa*, Addis Ababa, Economic Commission for Africa, 2010.

F. William Engdahl, *Full Spectrum Dominance. Totalitarian Democracy in the New World Order*, Progressive, 2009.

FMI (2015) *Perspectives économiques régionales. Faire face aux vents contraires*, Fonds monétaire international, 2015. Chap. 2 : «Comment l'Afrique subsaharienne peut-elle tirer parti du dividende démographique?», p. 27-48.

Martin Ford, *Rise of the Robots. Technology and the Threat of a Jobless Future*, New York, Basic Books, 2015.

Carl Benedikt Frey, Michael A. Osborne, «The future of employment : how susceptible are jobs to computerization», septembre 2013, University of Oxford,
http://www.oxfordmartin.ox.ac.uk/downloads/academic/The_Future_of_Employment.pdf

Ejaz Ghani, William Kerr, Alex Segura, «Informal tradables and the employment growth of Indian manufacturing», juin 2015, http://voxeu.org/article/employment-growth-indian-manufacturing

André Gorz, *Ecologica*, Paris, Galilée, 2008.

ILO, *World Social Security Report 2010-2011 : Providing Coverage in Times of Crisis and Beyond*, Genève, Organisation internationale du travail, 2010.

Paul Jorion, «La grande transformation du travail», *Le Monde*, 21-22 avril 2014.

John Maynard Keynes, «Economic Possibilities for our Grandchildren», 1930, in *Essays in Persuasion*, New York, W. W. Norton & Co., 1963, p. 358-373.

W. Raphael Lam, Xiaoguang Liu, Alfred Schipke, «China's Labor Market in the "New Normal"», IMF Working Paper 15/151, Fonds monétaire international, juillet 2015.

Zhe Liang, Simon Appleton, Lina Song, «Informal Employment in China : Trends, Patterns and Determinants of Entry», IZA DP n° 10139, 2016.

Nomaan Majid, «The great employment transformation in China», ILO Working Paper, n° 195, 2015.

Branko Milanovic, *The Haves and the Have-Nots. A Brief and Idiosyncratic History of Global Inequality*, New York, Basic Books, 2012.

T.S. Papola, Partha Pratim Sahu, «Growth and structure of employment in India. Long-Term and Post-Reform Performance and the Emerging Challenge», Institute for Studies in Industrial Development, New Delhi, mars 2012.

Utsa Patnaik, Prabhat Patnaik, *A Theory of Imperialism*, New York, Columbia University Press, 2017.

Dani Rodrik, « Premature Deindustrialization », NBER, Working Paper n° 20935, février 2015.

Günter Schucher, « A Ticking "Time Bomb"? – Youth Employment Problems in China », GIGA Research Unit: Institute of Asian Studies, 2014.

Alakh N. Sharma (ed.), *India Labour and Employment Report 2014. Workers in the era of globalisation*, Institute for Human Development, New Delhi, 2013.

Ndongo Samba Sylla, « Mesurer les difficultés d'absorption de la force de travail dans les pays en développement: les limites du concept de taux de chômage », *Revue internationale du travail*, vol. 152, n°1, 2013.

UNCTAD, « Robots and Industrialization in developing countries », Policy Brief n° 50, octobre 2016, United Nations Conference on Trade and Development, http://unctad.org/en/PublicationsLibrary/presspb2016d6_en.pdf

United Nations, *World Population Prospects. Key findings & advance tables. 2015 Revision*, Department of Economic and Social Affairs, Population Division, United Nations, New York, 2015.

Martin K. Whyte, Wang Feng, Yong Cai, « Challenging Myths about China's One-Child Policy », *The China Journal*, n° 74, 2015, p. 144-159.

Ying Zhou, « The State of Precarious Work in China », *American Behavioral Scientist*, 57 (3), 2013, p. 354-372.

Panser l'en-commun

*Contribution à une anthropologie
de la forfaiture politique au Sénégal*

Abdourahmane Seck

Le Dr Abdourahmane Seck est anthropologue et historien en poste à l'UFR des Civilisations, Religions, Arts et Communication de l'université Gaston-Berger de Saint-Louis où il enseigne au Centre d'étude des religions, qu'il a dirigé entre 2012 et 2014. Après *La Question musulmane au Sénégal. Essai d'anthropologie d'une nouvelle modernité* (Paris, Karthala, 2010), il a coédité, dernièrement, deux ouvrages: *Figures et discours de migrants. Mémoires de routes et de corps* (Paris, Riveneuve, 2015) et *États, islam et sociétés au Sénégal* (Paris, Karthala, 2015). Le Dr Seck est également auteur de divers rapports portant sur la sécurité et la géopolitique en Afrique de l'Ouest. Il est actuellement le directeur adjoint du Laboratoire d'analyse des sociétés et pouvoirs / Afrique-Diasporas (Laspad) et coordinateur de l'Observatoire des diasporas africaines (ODA).

Introduction

Était-il possible de sortir indemne de ces Ateliers de la pensée[1] ? Nous ne l'avons jamais cru. Une évidence qui exige de nous de la clarté par rapport à l'époque nous y est apparue de façon plus nette encore. Elle est que dans ce temps d'âpreté des contradictions sociales, nationales et internationales, rien de ce qu'on peut dire ou taire ne sera sans être engagé, d'une façon ou d'une autre, dans la mêlée[2]. Qu'est-ce que réfléchir et écrire alors, dans un tel contexte rapporté à la condition de l'Afrique et de ses pays, mais aussi de ses diasporas dans le monde et celles du monde en son sein ? Il se peut bien que la réponse ne puisse que découvrir une nouvelle question ! En effet, comment, toujours dans une telle situation, ne pas être comme condamné à repenser les rapports entre vocations, contraintes, risques et enjeux divers, j'allais dire dans nos tâches de veilleurs ? Éclairer et expliquer des soubassements, dévoiler des mécanismes, mettre en perspective des dynamiques, c'est, rapporté à tout cela, exposer autant que s'exposer. Voilà pourquoi, par ici donc, énoncer sur la tragédie du présent tient en des tensions brutales entre don de soi et arrachement de soi, horizon possible ou fatal, mais toujours sur fond d'expérience traumatique à retourner ou résilier.

C'est que, là d'où nous parlons, la déflagration a déjà eu lieu, et nous raisonnons dans son souffle : entrelacs où futur antérieur, insondable présent et passé proche se toisent. De ce lieu ou de ce temps de l'impact dont nous ne pouvons, ni d'ailleurs ne cherchons à échapper, ce que nous assumerons a à voir avec l'idée de prévenance, c'est-à-dire, ce besoin de parer à une présente inquiétude qu'il n'est possible d'entendre que parce qu'elle est signalée par un silence. Jacques Derrida le traduit en ces mots : « Le traumatisme reste traumatisant et incurable parce qu'il vient de l'avenir. [...] Le traumatisme a lieu là où l'on est blessé par une blessure qui n'a pas encore eu lieu, de façon effective et autrement que par le signal de son annonce. Sa temporalisation procède de l'à-venir[3]. » Ici et là, le traumatisme, pour nous, n'est rien d'autre que la conscience de notre condition humaine de cible gratuite. Vivre dans la condition de cible gratuite, et surtout réfléchir le coût et la nature des transactions sociales et politiques qui y garantissent la piètre survie, donne des sueurs froides. Dans un ordre d'échelle, le désastre semble juste indomptable, tant ce qu'il en faudra de saignées, de révolutions paradigmatiques, de désapprentissages et de langages à réinventer semble incommensurable[4]. Nulles options autres que celles-là, néanmoins : affronter la houle.

Et, jusque-là, il est vrai, il a été taclé, avec inspiration, toutes les fumeuses théories de l'Afrique des « sans », celle de la fameuse bibliothèque de la dénégation du XIXe siècle. Les théories adjacentes de l'arriération et, par suite, de l'impératif de rattrapage de l'Occident ont été parfaitement battues en brèche. Oui, il est vrai. Avons-nous, toutefois, assez avancé tout ce qu'il nous faut encore sur le barbarisme, insidieusement labile, du *ratage* que Cheikh Hamidou Kane rappelle à notre souvenir, en convoquant Césaire au détour d'une préface : « [...] Au bout du petit matin, cette ville plate – étalée... Et dans cette ville inerte, cette foule criarde si étonnamment passée à côté de son cri comme cette ville à côté de son mouvement, de son sens, sans inquiétude, à côté de son vrai cri, le seul qu'on eût voulu l'entendre crier parce qu'on le sent sien lui seul[5]... »

Ce n'est pas donc que nous ne courons pas, mais la course que nous menons n'est pas notre histoire[6]. L'ordre des raisons multiples qui nous tiennent dans l'attente prophétique des promesses de sa ligne finale (quand nous serons développés ou émergés) engage, en réalité, un *dispositif* au sens foucaldien du terme, autrement dit un ordre qui nous ceint de partout[7]. Si à beau le savoir, rien n'y fait, si à chaque rebuffade il nous réintègre, alors s'en départir, revient à dire : s'en déchirer. Cela, plus qu'un bon procès intenté à un « système », exige une *praxis* de la renaissance à une condition nouvelle, sous le double mode du gage et de l'irréversibilité, soutenait Fanon[8]. L'ordre intellectuel incapable d'assumer ceci est un *establishment*. Entre lui et « son » peuple gît une discorde sourde qui le surprendra dans son sommeil tranquille. La question n'est pas de battre sa coulpe. Elle est que transformer sans désir d'être affecté dans son potentiel, sa condition, son statut, ses ressources est une fiction sans fin[9]. Elle est, encore, cette question, dans le fait que les élites africaines, accessoirement imposteurs et confortablement rapines en plusieurs de ses segments, sont les racines et les rouages, le fonds inépuisable de personnels qui arriment le Continent à ce qui le rompt et l'afflige de maladresses, sous le joli sobriquet de la participation à l'ordre international. Un ordre dans lequel, est-il utile de le rappeler, elle ne décide de rien[10]. Là est un maillon faible qui, s'il n'était pas redressé dans ses ancrage et trajectoire, ne sera que d'un pauvre secours pour construire cette Afrique à venir que Fanon décrivait comme « l'Afrique de tous les jours, [...] pas celle qui endort, mais celle qui empêche de dormir, car le peuple est impatient de faire, de jouer, de dire[11] ».

Cette contribution s'applique à remonter au foyer du gâchis : un présent *démoncratique* à exorciser. Ses différentes sections s'exercent à discerner ce qui fait racine à la forfaiture politique et aussi ce que libère cette dernière dans le corps et les imaginaires de la nation. Elles s'appliquent, cependant aussi, à prospecter des zones de touche pour sutures, parcours de soins, de réparation de soi et de l'Autre. L'idée directrice qui les porte est que panser l'en-commun, réhabiliter son urgence, est une voie de réconciliation et de rédemption.

Les deux cas d'observation qui servent de matière à cette contribution sont, d'une part, la grâce présidentielle accordée à Karim Wade, condamné par la justice sénégalaise pour enrichissement illicite, et, d'autre part, une histoire banale d'une course en taxi à Dakar.

Nos deux cas sont loin d'être, sans aucun doute, les plus significatifs pour le propos que nous cherchons à tenir ici. En effet, ils auraient tant pu être d'autres lieux, occasions, acteurs… tant d'autres matières à penser. Cependant, ni l'un ni l'autre ne manque d'intérêt. Chacun, à sa façon, éclaire le foyer gâcheur, le lieu qui nourrit sans cesse le gouffre. Chacun, à sa façon, à travers les méandres des troubles décoloniaux et postnationaux, nous permet de sonder les plis de l'histoire qui nous rend vulnérables à la mort sans tribut, parce que nos existences ne cessent d'être «disponibles» pour les autres et même pour les nôtres.

De la dépossession ordinaire de soi… ou quand l'histoire se donne partout à lire

La présente section a été élaborée à partir de notes prises après une conversation animée avec un chauffeur de taxi à Dakar, en juin 2014. L'anthropologie buissonnière que nous pratiquons depuis des années sur le terrain sénégalais nous a appris que tous les chemins des conversations fortuites mènent, bien souvent, à la religion ou à la politique. De tout à rien ou de rien à tout, notre conversation avec notre compatriote a subitement pris pour objet l'héritage de l'ancien président de la République Abdoulaye Wade. Ce qu'il a fait ou laissé ici (*Li mu fi def* – en wolof).

D'un certain âge, la cinquantaine bien consommée, cet homme à la voix haute et assurée s'était évertué à m'expliquer pourquoi il ne pouvait ni comprendre ni admettre qu'on ne puisse pas «reconnaître que le vieux avait travaillé», autrement dit qu'il mérite de la nation. L'idée que Wade avait *réalisé* beaucoup de choses était un *leitmotiv* dans sa conversation. L'autoroute à péage occupait une place importante dans l'enthousiasme de sa démonstration à laquelle il n'était guère possible d'apporter quelques bémols. Était-il possible, par exemple, d'avoir avec lui une discussion au-delà du factuel des réalisations de Wade, échanger sur leur pertinence, leur coût, la transparence de leur exécution, sur ceux qui finalement en auront le mieux bénéficié? La chose semblait impossible, pas tellement du fait de son art rompu de la palabre, mais d'une sorte de sentiment, plus profond, qui semblait relever de l'indignation et de la tristesse.

L'idée simple que je tentais de suggérer sur le droit et le devoir citoyens de chercher à savoir si ces réalisations étaient ou non les plus opportunes ou conformes aux intérêts de la nation entière ou d'un petit groupe était systématiquement repoussée, comme n'étant pas, nécessairement, le *vrai* sujet. Le vieux avait *donné* au Sénégal ce que, avant lui, personne d'autre, à sa bonne place, n'avait voulu ou pu *donner*! Cela suffisait, à ses yeux, à faire le mérite du «Vieux» d'une part, et, d'autre part, de moi un *aigri* ou *ingrat* d'autant peu reconnaissant qu'il faisait partie d'un petit groupe de privilégiés (enseignants d'université) pour lequel le vieux avait «beaucoup fait» – de surcroît.

Ce monsieur était-il un énième inconditionnel de Wade et tout pouvait-il se clore à ce point de constat? Il nous semblait qu'au fond, notre compatriote ne pouvait, peut-être, même pas être soupçonné d'être un partisan tant que ça fanatique du président ou un naïf sans éducation. Son sens critique à l'égard de ma profession indiquait qu'il entend tout à fait l'idée de catégories sociales (indûment?) privilégiées. De même, les nombreuses piques dont il gratifiait, au passage, les anciens temps du Parti socialiste et ceux nouveaux de l'actuel régime du président Macky Sall indiquaient tout aussi bien qu'il entend tout à fait l'idée de pillage d'un pays par une élite prédatrice. C'est ce parti pris parfaitement conscient d'être indifférent au reste qui nous a interrogés. Comment se faisait-il que tous ces derniers aspects ne lui semblassent pas pouvoir peser plus lourd que ça, devant «les réalisations» (équipement) du vieux placé immédiatement sous ses yeux[12]? Qu'est-ce que cela nous apprenait dans notre histoire récente, tant à l'échelle individuelle que collective? Dans sa posture, quelque chose renvoyait ainsi à des contours flous d'une singulière condition: une existence à la qualité trouble.

Une hypothèse ne peut être évacuée d'un simple revers de main. Elle est que cet équipement est peut-être plus de l'ordre d'un fétiche qui produit une fascination dévastatrice; objet exposé et faire-valoir plus que, sans doute, instrument pratique; ce que l'ère des «Grands Projets» sort de terre envole dans un monde merveilleux. Monde dans lequel ce qui importe, seul, est ce qui grise et préserve d'une réalité nue. En ce sens, l'enchantement provoqué par les «Grands Projets» nous plonge aussi bien dans l'illusion de la modernisation qu'il nous place en face d'une dure réalité: celle d'une conscience dépossédée. La frénésie des «Grands Projets» sur le Continent va, ainsi, au-delà d'une énième formule de magie avec laquelle chaque nouveau régime entend envoûter sa société. Leurs usages et efficiences procèdent tant du cache-sexe que, dans une certaine logique, de l'illusion du désir qu'évoque Freud.

La permanence de cette conscience dépossédée, que renforcent les déséquilibres des relations internationales, va de pair avec tout acte, le plus misérable qu'il puisse être, pour peu que cela soit doté d'un coefficient de rehaussement de perceptions piégées du bien-être psychologique et social. Elle constitue également le fonds de garantie de leaderships politiques dont le sens de l'innovation tient à la capacité de repiquages de modèles d'autres, avec une complaisance à juste titre, du fait de la confusion souterraine entre la production des équipements publics et leurs intérêts patrimoniaux bien compris.

D'une certaine manière, les réalisations sans besoins d'inventaires, dont notre compatriote faisait la roue de l'histoire, comblent un mal, sans doute, profond : celui d'un sentiment de dénuement honteux. Or, comment ne pas le voir ? La blessure narcissique de cette insoutenable nudité plonge ses racines dans le travail colonial de sape des mentalités et de mise en attente de nos vies pour une autre condition à venir un jour, si nous travaillons bien et si nous avons de la chance !

Travail et apprivoisement du sort deviennent ainsi le lot le mieux partagé dans un pays chahuté par une histoire nationale et post-nationale que ne cessent de narguer les modalités de ses insertions contemporaines à l'ordre du monde. Cette suspension en l'air de nos élans et de nos vies s'amplifie tout comme elle se résorbe dans l'espace de courses aussi bien sociales que chauvines aux biens matériels domestiques et autres édifices nationaux grandioses[13]. La logique de réparation et d'habillement en contrepoint à cette course a alimenté bien des détournements de deniers publics, sans qu'elle ait suffisamment donné encore à penser la misère du coupable.

Si l'indignation et la fierté de notre chauffeur de taxi nous interpellent comme enjeu politique majeur et objet épistémologique, c'est bien qu'elles nous enjoignent de repenser combien, pendant trop longtemps, soins sans écoute et sans regard, remède sans attention et sans souci du patient furent la prescription indépassée à nos « troubles décoloniaux » et autres crises boulimiques. La conscience de dépossédé qui entraîne des formes de compensations troubles, aussi ostentatoires que superficielles déborde le clivage de classes. Ce qui, à nous, s'est révélé dans ce taxi est bien à l'image de nos littoraux dont la vue a été arrachée au plus grand nombre par une minorité barbare qui a élevé entre elle et le reste de la société des supermarchés et autres salles de sport avec vue sur l'Océan. Il est aussi à l'image de tous ces jeunes du Continent fascinés par l'idéologie managériale et le modèle de réussite socioprofessionnelle néolibérale et dont les accoutrements vaniteux sont désormais une part du paysage urbain.

Mais tout cela, tant symptomatique de défis qui nous sont impossibles à contourner, constitue en quelque sorte une bonne nouvelle. Elle est que nous ne pourrons plus continuer longtemps encore de nous cacher sous le manteau de compensations artificielles et fétichistes.

Oui, en *démoncratie* on peut hériter la République… parce que cela est pardonnable

Les vents de la tentation dynastique qui passe pour devenir une saillance dans l'imagination démocratique en cours sur le Continent ont soufflé sur le Sénégal. Cette section cherche, en un premier temps, à analyser ce qui a concouru à cette mésaventure qu'on peut nommer une forfaiture politique, dans ce pays ouest-africain qui a longtemps joui de la réputation de «vitrine démocratique» du Continent. Il s'agira, dans un second mouvement, d'analyser le sentiment d'indignation qu'elle a suscité et ce dont, éventuellement, il semble gros de renouveau.

Campons le décor. En 2000, le Sénégal entre dans le nouveau millénaire le sourire en bandoulière. Un baobab venait de s'y affaler – le croyait-on, du moins[14]. Quatre ans plus tard, sur un air de chanson, l'odyssée Karim Wade débuta. Les faiseurs de piètre élite entonnèrent : « En route vers le sommet ! » On ne s'était pas seulement contenté, afin de soigner les convenances, de lui octroyer en toute vitesse, quelques mois après la victoire du père, une carte nationale d'identité sénégalaise. Le nouvel homme fort de l'histoire avait besoin de quelques racines, davantage ténébreuses. Alors, de manière moins discrète que l'octroi de la carte d'identité nationale, on lui inventa un long passé de militant de l'ombre dans le parti de son héros de père et de sa longue marche vers le palais de la République.

Un énième fils de président, un énième scandale, quelques sobriquets tombés de la table de wikileaks[15], et quelques molles protestations contre quelques vagues devinettes du père sur ses intentions profondes, furent vite contenus.

On connaît la suite : rien ne fut assez beau, assez digne, assez à la hauteur de son intelligence, dans cette République qui n'est pas bananière pour autant, pour ne pas lui échoir par devoir et au nom des intérêts suprêmes de la nation. Tout ce qui pouvait passer au-dessus de nos cieux, tout ce que pouvaient contenir nos mers et tout ce qui pouvait séduire un investisseur à cette extrême pointe ouest du Continent furent réunis en ses bonnes mains. Après tout une nation majeure, démocratiquement décomplexée, mais confrontée à un grave problème de sous-développement, ne peut se permettre de laisser certaines considérations l'empêcher de tirer profit de deux « génies », à elle offert par les cieux, et qu'un accident de l'histoire a faits père et fils.

On connaît la fin, la fable se transforma en cauchemar, les rues de Dakar s'embrasèrent et des élections firent le reste. Un nouvel air flottait partout : plus jamais ça. Majestueuse dans l'âme, la nation ne se voulut guère rancunière et fit les choses en belle en raccompagnant, avec les honneurs dus au rang, le vieux. On parla de demande sociale forte et de nécessité de bonne gouvernance, alors des inventaires révélèrent matière à enquêter et les enquêtes matière à poursuivre. Le prince déchu, trop fier, refusa sa parole au tribunal. Il commit, toutefois, une impressionnante armée d'avocats chargés de convaincre la nation que leur client était la victime d'une chasse aux sorcières. Quand on leur demanda : « Mais, vraiment ? », ils déclamèrent avec emphase et trémolos dans les voix en chœur : « La vérité est qu'on veut l'empêcher d'être le prochain président de la République du Sénégal ! » Comme toujours, le peuple se divisa, certains crièrent à la méchanceté d'adversaires politiques jaloux et d'autres n'eurent d'yeux que pour le « retour de l'argent [volé] » au pays.

La justice fit son travail et trancha. Elle condamna le prévenu, en mars 2015, pour enrichissement illicite, à six ans de prison assortis d'une amende de 210 millions d'euros.

L'intrigue de l'histoire qui a mené, ici, du palais au pénitencier[16], connaîtra un rebondissement sous le numéro de décret 2016-880, sous la forme d'une grâce (présidentielle) tombée, au propre comme au figuré, dans la nuit du 24 juin 2016 au milieu du sommeil incertain des Sénégalais, dans un court communiqué du palais de la République[17].

Dans la symbolique des faits, rien ne fut hasardeux. Le 14 juin, le président de la République fait la tournée des maisons religieuses. La presse rapporte, sans démenti, que c'est pour leur annoncer, de manière privilégiée, la nouvelle de la libération prochaine de Karim Wade. La rumeur peut d'autant enfler qu'auparavant, dans un entretien accordé à un journal étranger, il déclarait proche la libération de Wade fils. Tout cela se passe en plein contexte de « Panama papers », avec des citations sans équivoques d'un des principaux coaccusés (également gracié) de Karim Wade[18].

Les principes du contrat social sénégalais ont été largement mis en avant par les chargés de communication de l'actuel régime pour rendre compte de cette séquence qui donna lieu à une communication publique de leur part montrant un président à l'écoute des sollicitations du leadership socioreligieux. Ce dernier n'avait cessé, en effet, de demander l'élargissement du fils de l'ancien président.

À la joie des partisans s'est mêlé pourtant un cri de cœur : celui de nombreuses familles de prisonniers autrement moins importants : « Et pour nous donc sans bras longs, qui intercédera en notre faveur[19] ? »

Les réceptions diverses qui ont accompagné la dramatisation de cette transaction politico-sociale, en ces termes, ont laissé entendre, au moins, deux types de registres.

Un premier, essentiellement porté par les lettrés de la démocratie[20] ! On parle de « félonie » et surtout on s'interroge : « Monsieur le président de la République, où trouvez-vous la force de regarder encore vos compatriotes les yeux dans les yeux[21] ? » Ce que pointe l'auteur de l'interrogation a à voir avec le fond de notre propos. Pour autant, en effet, qu'il puisse être permis de parler d'horizon ontologique, la forfaiture politique se nourrit de la mise en absence de la face de l'autre. En ce sens, le regard dont Mody Niang parle ne peut être que sur le mode de l'absence et de l'abolition. Dans cette opération d'effacement se perpétue un meurtre paradoxal, car la victime que le coup tue est une inexistence en tant que sa réalité a été, auparavant, anéantie dans une absence de reconnaissance. Le seul point où elle jouit d'une réification est le non-lien, le non-lieu, le non-être. C'est à ce prix que l'auteur de la forfaiture peut, presque innocemment, dormir tranquille après le pillage. D'une certaine manière, il n'a rien fait, il est une victime de ce dont « ses » ennemis cherchent, par simple animosité, à l'accabler. On lui en veut pour ce qu'il *est* ou ce qu'il *a*. Il ne peut pas plaider coupable et il demandera encore et toujours à être rétabli dans ses droits et ses avoirs légitimes. Tant que la loi l'y autorisera, il poursuivra ses poursuivants.

Un second sur lequel nous insistons plus longuement porte sur l'observation d'une manifestation organisée par le mouvement citoyen de jeunes Y'en a marre (YEM), le 23 juin 2016, au relais route d'Ouakam, à Dakar et célébrant l'anniversaire du 23 juin 2011. Cette date représente un moment clé dans le rejet populaire du projet dynastique des Wade. L'Assemblée nationale réunie pour voter une proposition de loi qui allait favoriser un tel ticket fut contrainte par la pression populaire à battre en retraite. Les récits qui nous inspirent ici l'analyse ont été recueillis à l'occasion de cette commémoration coïncidant avec le lancement, par le même mouvement citoyen de jeunesse (YEM), d'une campagne sociopolitique autour d'un slogan : « La justice tangue. »

Au nombre des témoignages entendus, nous retenons deux principalement portés par des femmes : mères, épouses et sœurs de prisonniers. Au rang de ces dernières, les parentes de deux jeunes du quartier de Colobane condamnés à vingt ans d'emprisonnement, de celui d'un jeune garçon lourdement condamné pour consommation de chanvre indien[22].

L'analyse de leurs interventions permet d'abord de sortir la parole de ces femmes d'un espace classique de confinement, celui de la domesticité et de la non-valeur publique. Ces femmes qui ont pris la parole ce jour-là n'ont pas porté une voix domestique ou alors pas seulement, elles ont énoncé sur leur situation objective, concrètement enchâssée dans une aventure collective : celle d'une communauté nationale avec ses lois, ses pouvoirs, ses imaginaires et ses forces en querelle. Elles portaient une demande de reconnaissance de leurs situations en interpellant la collectivité sur leurs droits, à elles aussi, de ne pas être amputées de la dimension fondamentale, ou se révélant comme telle, qui leur a été confisquée en son nom : celle de vivre avec les leurs et de jouir du bonheur d'être ensemble avec eux. L'enjeu de ces témoignages ou protestations, c'est bien l'équilibre de la justice, l'ordre de sa responsabilité pour chaque vie qu'elle peut impacter. Voilà ce qui ne cessait de raisonner dans cette audience. La grâce en passe, alors, d'être accordée à Karim Wade a plané sur tous les énoncés. L'auteur de la grâce fut invité à observer une attitude de bon père de famille, capable de prendre soin de la souffrance de cette dernière et, surtout, capable de la traiter avec le même niveau de sollicitude. Celles qui ont parlé ont fait appel à la générosité du chef de l'État, sollicité son pouvoir de grâce et son devoir de chef d'une même grande famille sénégalaise dont il doit prendre soin de manière équitable. Le podium fut ainsi un prétexte pour interpeller un personnage central, le « président de la République », dans un langage qui constitue une haute matière à repenser. En somme, le président est invité à lever les yeux sur des gens qui *existent*, eux aussi, et qui savent que leur bouée de sauvetage est d'échapper au non-lieu et au non-lien. C'est comme si, à défaut de pouvoir espérer l'équilibre ou l'équité dans le droit moderne qui ne leur accorde pas de regard, ce peuple demandait alors la justice de la famille, celle des parents, celle qu'il a appris à se représenter traditionnellement. Le paramétrage familial et patriarcal de la protection et des soins dus par le père à la progéniture a constitué un moment fort dans les prises de parole. Cette justice même du père, n'est pas, cependant, sans être avertie. Au-dessus d'elle, en effet, est cultivée une attitude de refuge en Dieu comme le Maître, en définitive, du dernier Jugement. Cette attitude voudrait ainsi dire à la justice incertaine et relative du père : « Vous avez sans doute le pouvoir de faire ou de défaire sur nous, à cette heure, mais gare à vous car il existe quelque chose de plus fort que vous et capable de juger et rendre la justice entre nous et vous. »

Dans ces différents déplacements ou localisations du droit, allant de ses vertus modernes à celles des imaginaires traditionnels ou encore populo-théologiques, se joue un rapport heurté à la question de la justice dans l'Afrique contemporaine[23]. Dans la réception donc de la grâce présidentielle accordée à Karim Wade, les registres peuvent être différenciés mais se rejoignent en un point : le *contrat social sénégalais* ne serait qu'un contrat social pour quelques-uns et non pour tout le monde et son expérimentation en cours semble être celui d'un espace-temps du mal-être et de l'absence de reconnaissance d'un grand nombre.

Ce sentiment de n'être pas de la partie peut être d'autant fort que les raisons et conditions de cette grâce de Macky Sall, critiquée comme inopportune par une partie de sa coalition politique, paraît ne point avoir encore révélé tout son mystère. Un mystère sur lequel prolifèrent de multiples supputations. L'ancien Premier ministre Idrissa Seck a parlé de « deal international » avec le Qatar et suggéré que Karim Wade y serait en résidence surveillée. Abdoulaye Wade, lui-même, indiquera en décembre 2016 que son fils serait exilé de force par Macky Sall et empêché de revenir au Sénégal. Quant à eux, les partisans du président, il n'est rien d'autre, dans cette grâce, qu'une simple raison humanitaire. Ce qui, ici donc, a été nuitamment acté et présenté comme la consécration de ce qui serait la bonne santé de notre vitrine démocratique et de sa tradition républicaine, faite d'entente plus que cordiale au sommet, entre détenteurs des pouvoirs temporels et spirituels, semble se dédoubler d'un autre niveau de dépossession. Un niveau dans lequel une question de périmètre de souveraineté semble engagée.

L'aventure Karim Wade a une généalogie : elle n'a pas germé sur une *folie* sans mémoire

Jusqu'en 2000, le Sénégal a vécu dans une démocratie sans alternance, à la faveur du Parti socialiste. Dans la démocratie clientéliste qui a rendu possible une si longue prise en otage du peuple sénégalais, le Parti démocratique sénégalais d'Abdoulaye Wade qui était proche du Parti socialiste dans sa genèse et sa logique organisationnelle n'a, de cesse, arrêté de se « faire la main », dans le délit et parfois le crime[24]. C'est à ce caractère irrégulier et parfois violent de la protestation politique et non à un quelconque *aggiornamento* du président Abdou Diouf que nous devons, aussi, « le meilleur code électoral du monde[25] ». Lorsque le PDS arrive au pouvoir en 2000, il s'est déjà forgé une expérience à toute épreuve dans l'art de rouler tout le monde dans la farine, y compris ses propres partenaires. À partir de cette perspective, on sent mieux comment la dialectique politique de fermeture du jeu démocratique instituée par le PS a entraîné de très mauvais jeux de répliques qui n'ont pas épargné les velléités même de dé-totalisation de son emprise politique. Partant, la nature des problèmes que le PS avait représentés pendant longtemps, non seulement lui avait survécu, mais elle s'était, de surcroît, refait une santé dans la solution même que la nation avait cru apporter à son sort, au moment où elle a cru l'avoir sortie de l'histoire après quarante ans de gouvernance.

À ce point précis, une hypothèse utile à ce qui suivra se défend. Elle repose sur l'idée que, bien avant la lettre, le parti démocratique sénégalais a représenté un prototype singulier de partis politiques qui trouveront leur plein essor à partir de 2000 – les partis-entreprises. Ces types de partis politiques sont une des conséquences des interventions des institutions de Bretton Woods sur le corps et les imaginaires de la nation dont les sens politiques possibles ont été parasités et brouillés. On n'a pas fini, en effet, de prendre la mesure de la fin qui se consolide sous nos yeux, des partis issus des matrices des mobilisations indépendantistes, à la faveur de ces partis-entreprises ou privés (*Gëm sa Bopp* / croire en sa bonne étoile). Comment nier que ce tournant d'essaimage des partis privés a consacré une profonde crise du politique ? Deux traits en sont symptomatiques : celui d'une crise des visages d'une part et, d'autre part, celui d'une faillite de la langue. L'apparition des guerriers et autres cow-boys, des onomatopées et autres insultes et cris comme unique horizon de discours politiques trouve son sol dans cette séquence courte mais dense de décomposition et de réduction du sens tout court des choses[26].

À tout considérer, ici, du point de vue de ce qu'il nous est donné de devenir dans un temps qui est celui de la forfaiture politique, alors il n'a pas été suffisamment fait remarquer que le Parti démocratique sénégalais (PDS) d'Abdoulaye qui, triomphalement, prend les destinées du pays, en 2000, ne pouvait accoucher que de ce dont il a été aussi le produit et dont quarante années de règne du Parti socialiste nous avaient déjà si bien instruits auparavant.

Aussi, dans la boîte à outils qui a servi à la politique hégémonique de l'homme fort de 2000, rien ne fut vraiment nouveau. La panoplie du clientélisme, du népotisme, du harcèlement judiciaire pour encadrer, punir ou coopter les bureaucraties administratives, les réseaux socioreligieux et les milieux d'affaires ou associatifs est restée la même· Certes, le PDS rajoute à tout cela la culture spécifique de son personnel politique issu, pour l'essentiel, de la rue. Ce personnel sera accusé, d'une manière fort instructive, par les classes moyennes relativement instruites d'avoir « dévalorisé » le « prestige » des hautes charges administratives ou de la carrière ministérielle. Celles-ci qui avaient investi dans la file d'attente vers le sommet, en cultivant soigneusement leur carriérisme politique ou administratif, se sont vues, de manière abrupte, submergées par la déferlante du personnel politique wadien. Toute une idéologie de la nostalgie d'un temps d'or fantasmé de la République, de ses pères fondateurs et génies tutélaires, du sens de la mesure de ses personnels de métier proliférera sur la base de cette blessure narcissique.

Et on peut, l'un dans l'autre, retenir que la construction du pouvoir hégémonique d'Abdoulaye Wade a reposé sur l'expérience que son parti a tirée de son affrontement avec le Parti socialiste et ses deux leaders au long règne (Senghor et Diouf). Au lendemain de l'alternance de 2000, la profusion des *discours de fiction*, aux relents rédempteurs, de la *longue marche de la démocratie sénégalaise*, a obstrué la possibilité de prendre en charge cet élément de l'analyse, nonobstant les déclarations qui se sont multipliées de la part des membres les plus influents du PDS sur leurs intentions d'«assurer la continuité de l'État» ou encore de «gouverner cinquante ans». Ici, il n'est pas seulement question de ce que le politique peut émanciper ou asservir, mais aussi surtout de son potentiel de déliquescence dans le parachèvement d'un modèle de gouvernance qui consiste à favoriser le choc de «variables» autour d'un chef qualifié de «seule constante[27]».

Débridage et hyperinformalisation[28] vont constituer, dans la veine de leurs ambitions déclarées, deux modalités fortes de reconfiguration des périmètres de possibilité du politique. Il faut aussi mentionner une autre fonction de ce débridage, et c'est le fait de maintenir la mémoire volatile et d'avoir raison des émotions et des sentiments en les épuisant dans une morale ambiante dans laquelle tout se succède et tout se vaut. Wade fut la seule ligne rouge. En dehors de celle-ci, tous les crocs-en-jambe furent permis. S'identifier exagérément à la ligne rouge, fondre sa volonté et sa raison en celle-ci devenait le bouclier le plus sûr en ces temps d'incertitude.

Il est remarquable de voir, du reste, que les hommes de Wade ne se sont pas seulement autodéfinis comme des «fils», mais surtout encore comme des disciples et mieux encore comme ses *baay-fall*[29], c'est-à-dire ses inconditionnels. Les abandons de la spatialisation politique et de ses critères de possibilité sont donc la règle et démontrer son zèle pour la seule constante devient la vertu du temps. En cette matière, le contexte d'approfondissement de l'ouverture médiatique et d'explosion proprement dite d'internet a, alors, concouru à l'éclosion de toute une économie de la publicité de soi, de toute une société nouvelle dans laquelle le sens de la mesure est disqualifiant. Des *crieurs*, à la bonne fortune, sont apparus sur toutes les scènes et ont tenu le haut du pavé. On assiste à des modifications des frontières de l'imagination politique. En effet, des impensables devenaient envisageables à force que la seule constante les susurrait à ses divers auditoires : les plus zélés des « jardiniers de ses rêves », les décrypter comme le « cheval » sur lequel miser. Dans cette course à se faire consacrer VIP par (le) maître, s'est consolidée tous les jours une ingénierie politique, sociale et culturelle de la surenchère. Les ressources pour briller plus que tout le monde ont tenu à tout ce qui pouvait susciter des flammes et des ferveurs. Le spectre du désastre est allé du chauvinisme le plus étroit au conservatisme religieux le plus inquiétant, en passant par le *guerriérisme* politique le plus court d'esprit.

Sur fond de passions et d'arts du spectacle au service de carrières en visibilité publique, la machine à dépolitiser a roulé à plein régime, boostée par une logique outrancière de moralisation familiale des contradictions politiques et sociales. En ce sens, le chaos qui s'est emparé, sous les Wade, de la délibération dans les affaires publiques n'a pas été qu'un simple accident ou un simple exemple d'incompétence. Il a eu la fonction d'occasionner un appel d'air qui permettait de reconfigurer le périmètre, les idiomes et les répertoires du politique. Dans cet ordre d'idées, il a exprimé deux logiques fortes.

Dans la première, il a été une condition nécessaire à l'affermissement de la privatisation des affaires de l'État, à travers le renforcement des moyens d'intervention des leaderships socioreligieux d'une part et, d'autre part, la promotion du projet dynastique des Wade. L'un et l'autre sont allés ensemble, laissant entrevoir un resserrement des élites sur fond de traditionalisme. Dans ce contexte, les affaires de la nation se sont réglées, bien plus décisivement, dans les arcanes de cérémonies familiales, à l'occasion de deuils, de mariages ou de baptêmes d'une part, et, d'autre part, à l'occasion d'énièmes cérémonies mémorielles qui, par ailleurs, conquéraient fiévreusement le calendrier national et républicain.

Dans la seconde, une autre dynamique se faisait jour, contradictoire, à bien des égards, avec la première. Il s'agit du grincement d'une loi d'or que l'on peut identifier comme la faiblesse de la règle de séparation des pouvoirs. En effet, pendant longtemps, entre celui qui exécute, légifère et rend la justice, il a existé une solidarité sinon politique, du moins clanique de fait, tournée vers la conservation du pouvoir qu'ils ont en partage. Chacun, à son propre niveau, jouait son rôle pour assurer la pérennité du système, sans même qu'une concertation préalable ne soit toujours nécessaire. Dans un tel système, les institutions de la République fonctionnent (certes si l'on veut), mais juste pour vider de sa substance la profession politique de l'espace public. La loi d'or qui a servi de soubassement à ce décalage entre le formalisme juridique des institutions du pays et leurs pratiques institutionnelles réelles a commencé à se fissurer à partir d'axes multiples référant aussi bien aux luttes de fractions à l'intérieur du parti présidentiel qu'aux effets induits des rentrées et des sorties de certaines forces de l'opposition dans l'appareil de gouvernance étatique. Les mécanismes de réajustement auxquels le Parti socialiste a été contraint de s'adonner ont constitué pour l'essentiel en des élargissements de la base politique de la gouvernance de l'appareil d'État. Cela a contribué à casser la capacité de reproduction partisane de cet État, dorénavant tapissé de multiples coins et recoins à la loyauté parcimonieuse. Ce phénomène s'est accentué sous Wade. Nombre de ses anciens premiers ministres ou ministres se sont retrouvés, par la suite, chefs de partis s'opposant à lui et disposant de sérieux relais dans les différentes artères de l'État.

Ces réalités contradictoires qui se combinent les unes aux autres génèrent une immense incertitude et ajoutent au désarroi du temps. Comme pris au piège et esseulés, les hommes deviennent vulnérables. Trop vulnérables.

L'homme qui nous a valu Karim Wade ne manque probablement pas de mérite quelconque, même involontaire. Et puisque c'est de lui qu'il s'agit, ici, alors il faut bien répondre à la question de qui dilapidait sa fortune, se faisait arrêter à la moindre toux, voyait les jeunes gens qui l'entouraient être partout renvoyés de leurs boulots, de leurs lycées, de leurs facultés, et tabassés comme de vulgaires malfrats ? Il faut bien répondre à la question : pour qui des fonds secrets colossaux (le fameux compte K2) étaient-ils ponctionnés des ressources nationales pour corrompre ses lieutenants[30] ?

La forfaiture politique déshumanise. Tel est le point. Elle frappe la confiance dans le lien et sape le fondement de la reconnaissance de l'autre, c'est-à-dire, tout ce qui fait un espace du politique et tout ce qui fait un homme à la hauteur de cet espace.

L'incroyable sagesse qu'il n'y aurait de « sénégalais qui n'ait son prix », qu'on a prêté à l'homme qui a procédé au meurtre du fils dans l'arène publique, en dit long sur la manière dont lui-même a été meurtri par l'histoire dont il a cru être le vainqueur, au point de penser qu'il pouvait, sans frais, lui offrir Karim en guise de prolongation. En ce sens, l'histoire qui (nous) a perdu Wade n'est pas simplement l'histoire d'un huis clos entre lui et le Parti socialiste, c'est aussi l'histoire de ce que fut l'incapacité du peuple sénégalais à empêcher la néantisation de Wade l'opposant, à s'opposer au meurtre d'un membre de la communauté. La fiction de la longue marche cache, à maints égards, un parcours de démonisation, fait de mécanismes souterrains peu avouables et par lesquels l'histoire prend du plomb dans les ailes. Bien avant même l'épreuve du pouvoir, voilà que, peut-être bien, cet homme était depuis longtemps déjà devenu tout ce qu'on l'a accusé d'avoir été, une fois là où l'espoir (souvent guère innocent) des Sénégalais l'a placé en 2000.

Voilà pourquoi se contenter de vouer le projet dynastique des Wade au tribunal de l'histoire ne permettra aucune reconstruction du politique, aucune réparation de la blessure du lien politique. C'est du reste ce qui nous vaut la grâce et le protocole par lequel ses auteurs ont pensé le faire passer sans aucun problème. Rompre le tourbillon exigera de remonter sa racine. Or les signes sont nombreux qui montrent une continuité des temps. Tout ce qui est velléité de ne pas rejoindre le cercle consacré est indexé, dénoncé, menacé et contraint à une marche de pénitence. L'État disputera la seconde pierre à la furia populaire dévastatrice et requinquée, auparavant, par des hommes sans visage et sans langue, qui ont pris en otage le sens de nos traditions en les réinventant à leurs exclusives faveurs.

La forfaiture politique naît de nos entrailles et prolifère là où la pensée critique a été défaite par les mafias drapées des plus beaux manteaux d'honorabilité, sous la clameur publique et les vociférations des cliques.

Des noms de la fabrique de l'indigence… aux signes qui valent la peine d'y croire encore… Pour ne pas conclure

Rompre la fabrique de l'indigence et des petits rêves au point précis qui les entretient et les renouvelle, sans cesse, voilà le défi majeur. Il ne se présente pas toutefois dans une formule fixe, mais plutôt sous une pression importante de signes qui vont dans tous les sens et de tendances qui se contredisent constamment en favorisant des faits, des sédimentations et effets de condensation génératrices de consistances et de sols divers. Cette polyphonie des possibles ne doit pas suspendre l'élan en l'air et installer une impression de purgatoire sans fin. Cela veut dire que cette Afrique dont on parle est là, déjà, ici et maintenant, dans sa misère et ses allégresses, ses ratés et son génie, ses fantômes et sa majesté, ses pudeurs et son exubérance, ses compromissions et sa résistance, dans un monde aux impérialismes ragaillardis et plus fous encore. L'entrée dans un monde multipolaire porté par les puissances du Sud n'y change rien. Ces dernières ne sont ni moins féroces ni moins expéditives que les autres. Elles sont tout autant engagées, dans le Continent, sur les mêmes lignes de continuité du renforcement néopatrimonial des familles et soutiens présidentiels et de la dépendance économique et politique du Continent. Même s'il est donc opportunément réactivé ici et là, l'esprit de Bandung[31] n'est, pour l'instant, d'aucun secours.

La propagande à la démocratisation et à la sécurité internationale n'y change rien non plus[32]. Au plan militaire, en effet, la promotion d'un agenda sécuritaire planétaire qui fonctionne aussi comme outil de redéploiement des stratégies d'influence politique des puissances impérialistes est devenue tout aussi bien une aubaine pour des régimes politiques africains esseulés qui n'ont jamais disposé d'autant de gadgets dangereux pour surveiller leurs oppositions, mais aussi leurs amis[33]. Au plan culturel, le phénomène est tout aussi remarquable. La Turquie, la Chine et l'Iran, de manière discrète ou somptueuse, se montrent aussi généreux en instituts, édifices, écoles, livres et tours touristiques que les pays du Golfe arabique dans les mêmes matières. L'Arabie Saoudite et Israël se distinguent particulièrement ces dernières années en offrant des pèlerinages non plus seulement aux présidents et hautes personnalités des milieux politiques et religieux, mais aussi aux universitaires, journalistes et animateurs du monde de la culture et de la société civile. Le renforcement des moyens bureaucratiques, politiques et financiers de la Francophonie et du Commonwealth est l'autre pendant de cette fiévreuse poussée d'embrassades. On peut lire, au plan économique, dans un rapport de l'Agence française de développement, ceci : «Au-delà des sphères académiques, le marché africain semble être devenu un horizon prioritaire pour de nombreuses entreprises et investisseurs (McKinsey & Company, 2010)[34]. » Cette trajectoire, clamée de plus en plus, de ses économies, est pourtant perçue, dès la fin des années 1990, dans de multiples autres rapports et enquêtes faisant du Continent l'endroit où les investissements directs étrangers étaient le plus lucratifs avec des retours sur investissements qui défiaient tout entendement. Dans cette courte, mais instructive période, le constat est que les circonstances qui lui sont favorables sont des facteurs de guerre d'influence que quelqu'un a nommés «carnages»[35]. Le développement, au plan international, de la diplomatie dite « maison » consacre, sous nos yeux, la capacité nouvelle des puissances mondiales, vieilles ou émergentes, à ne plus avoir strictement l'État ou sa société civile moderne pour interlocuteurs, mais à opérer dans l'espace de notre «informalisation du politique» [36]. On n'a pas encore assez pris la mesure explosive de cette intrusion d'autant riche en incertitudes qu'elle ne lésine pas dans ses liens avec la criminalité internationale qui concerne aussi bien des acteurs sociaux secondaires que des banques d'affaires et des mafias diverses[37].

Les politiques néolibérales appliquées aux populations africaines, avec la complicité tranquille et assumée des apprentis rois africains[38], frappent dans le tas et tuent aveuglément des masses de gens qui n'avaient pas demandé à être menacés par la pêche industrielle ou à dépendre des filières d'exportation agricoles du coton, de l'arachide ou du cacao. Elles les transforment en des sans-abri dans les villes, en des vendeurs de produits en plastique tombés de la grande usine du monde ou encore en soldats fanatisés pour généraux fous. Nous sommes au niveau du décombre. Sous le tumulte, l'impact est insidieux. Les politiques néolibérales épuisent les énergies individuelles dans des tensions sans qualité et cela donne ces logiques de compensation dérisoire évoquées plus haut qui se nourrissent de la dépossession de soi. À l'échelle de la nation, l'impact n'est pas moins profond. Le bradage et saccage des souverainetés sont une dimension politique nécessaire pour le maintien de la crise de dépossession[39]. Bien entendu, on peut toujours s'appesantir, dans ces conditions, sur les ambiguïtés et les complexités des uns et des autres. Le fait est que tout cela rend compte de procédures et processus qui sont violents et, comme tels, compromettent nos chances d'assumer le seul cri nôtre. Le cri de ceux qui, potentiellement, ont peut-être à enseigner de nouvelles voies à un modèle néolibéral facteur d'indigence intellectuelle, mentale et morale.

Documenter, encore et encore, l'échec et l'imposture des horizons politiques du développement et du modèle libéral démocratique et de marché est une tâche historique majeure qu'une élite intellectuelle engagée sur le terrain africain ne peut contourner. C'est un processus qui suppose des coups, peut-être, mais un processus salvateur. Il sciera, sans doute, des branches de légitimités aux racines extraverties; mettra fin, probablement, à des régimes de privilèges problématiques et reconfigurera, qui sait, un périmètre de leadership dont cette élite pourrait ne plus être le pôle sagace. Dans cette option, les leçons de l'histoire, tout comme les terrains de l'observation anthropologique, nous sont précieux. Ils nous réveillent de notre long sommeil démoncratique.

Pourquoi, en effet, va-t-on de déceptions en désillusions, et pourquoi même lorsque avance il y a, avance-t-on de manière si curieuse? À l'image du littoral dakarois confisqué[40], les embellies de la croissance africaine, qui nous valent tant de reconsidérations sur le marché libéral, rechigneront à faire de la place à tout le monde. De nouveau, comme sur la question de la demande populaire d'une justice juste, en tant qu'elle prend soin du lien, une autre et énième coupure se révélera à nous, sur et en nous. C'est une évidence : portées par des capitaux sans foi ni loi, et non par des logiques politiques d'équité et de responsabilité, ces croissances dont on nous gratifie contribueront, sauf vigilance, à la prolifération de zones protégées à l'intérieur d'espaces dévastés. Des décrochages sévères dresseront les uns contre les autres quartiers riches et pauvres des cités, de même que les villes et les campagnes, favorisant l'aggravation de la fissure du lien social et symbolique et la montée de la violence de tous contre tous.

Ce qui est donné à interrogation, dans un espace-temps politique et social où s'expérimente si facilement le fait de n'être rien, d'être disponible, d'être le dindon de la farce, c'est la logique maligne d'un héritage politique anthropophage que nous considérons comme une option civilisationnelle indépassable : l'État-nation postcolonial[41]. Héritage donc de l'histoire, cet espace-temps du politique est alors sujet à l'histoire, autrement dit, changeable, recomposable.

Il pourrait s'agir alors de lui opposer un projet de pansement de ce qu'il endommage : l'en-commun, le *mbokk* (wolof) ou parenté ou principe de communauté. Cet en-commun n'est pas un énième objet folklorique.

Il tient, d'abord de la matrice. Car *être*, c'est déjà être en partage, être dans le partage. C'est le fait d'être que nous avons, toutes et tous, en premier, en partage. Le *lien* est dès lors le premier des horizons et des espaces, le lieu de la réalisation de soi et de la préservation contre la régression ou retour dans la nuit. À divers degrés, cela est imprimé d'une manière forte dans le langage. En songhay, il semblerait que dire « c'est mon parent », c'est dire, en plus général, « c'est ma personne » (*Ay boraa no*)[42]. En hausa, le mot *zumunci* ne dit pas, par exemple, seulement la parenté ou ne désigne pas simplement quelqu'un qui est parent, mais il sert à exprimer aussi « ce qui est partagé ou ce qui est commun aux parents au sens large ».

Il tient ensuite du politique. Être ensemble, ce n'est pas être une foule solitaire, cela va avec un périmètre pratique de sens qui est le fait de pouvoir s'asseoir ensemble, autrement dit, de devoir cultiver la socialité. C'est pourquoi les Wolofs disent que la parenté se travaille. En hausa, la même idée est exprimée de manière plus évidente encore, puisque le mot qui traduit la socialité est *zamantakewe* dont la racine, *zama* signifie, littéralement, s'asseoir, mais, nous explique notre interlocuteur, doit être compris comme « être ensemble », « partager une vie avec quelqu'un ».

Il ne sera pas une panacée. Il doit se conquérir constamment dans le temps local et intime d'un recouvrement de la parole. Autrement dit, comment transformer en ressources politiques légitimes et équitables des outils et savoirs du quotidien qui disent le lien social et qui sont, très largement, possédés par tous. Des outils, langages et espaces que le poids des réalités politiques héritées des intrusions coloniales[43] n'a jamais vraiment réussi à obstruer l'efficience dans les transactions sociales. Au Sénégal, le mot *mbokk* dit à la fois parenté et partage, mais aussi inclusion. Ce terme, très courant dans la vie quotidienne, reste néanmoins exclu des mots avec lesquels nous nous exprimons quotidiennement sur le politique. Ceci est une forme, aliénante, de décentrement avec nos ressources symboliques les plus accessibles au plus grand nombre pour s'exprimer sur le lien social et donc sa charge politique. Sans doute, en cherchant à relocaliser un ordre possible du politique dans l'ordre des transactions sociales ordinaires, nous courons le risque de critiques multiples, mais il importe d'en passer par là d'autant que cette approche procède, à notre sens, moins d'une vision extensive ou indue du politique (même si cela l'était, et alors!) qu'un retour à son élan originel.

Panser le *mbokk*, le *zumunci*, l'*Ay boraa no* ou l'en-commun c'est empêcher la condition de possibilité de la forfaiture (du) politique qui est, d'une certaine manière, une capture privée que la démoncratie génère et avalise. Le pansement est ici soin et rappel de l'essentiel: ce qui ne nous appartient jamais en propre, mais qui nous inclut toujours nécessairement et, toujours, garantit, non seulement l'irréductibilité de notre part (ou notre âqh), mais surtout de notre juste part de *teranga* ou de notre prérogative à donner et recevoir[44].

Enfin, il se construira dans le temps des confrontations sociales et des jonctions avec les scènes mondialisées des nouvelles utopies du temps des Communs en fermentation depuis les périphéries jusqu'aux grands centres du système capitaliste.

Notes

1. C'est le lieu de remercier les organisateurs de ces Ateliers, en particulier Felwine Sarr et Achille Mbembe qui ont bien voulu nous associer à ces trois journées de réflexion.

2. De manière symptomatique, au cours de ces trois journées de tension commune, l'arc qui s'est dessiné a télescopé deux symboliques fortes. D'une part, celle d'un discours sur un monde, dont on nous dit qu'il reste certes difficile mais qui ne se serait jamais mieux comporté qu'aujourd'hui, et qu'il nous suffirait (nous Africains) de ne pas gémir mais de se retrousser les manches et d'apprendre à en tirer notre bonheur. Pour un rapide survol de cette posture, se reporter à un éditorial qui a pris le temps de ramasser tout ce qui lui semblait militer dans ce sens: «Le monde va-t-il si mal» disponible en ligne: http://www.rtflash.fr/monde-va-t-il-si-mal/article. La lecture des commentaires qui l'ont accueilli ne manque pas d'intérêt. D'autre part, celle d'un homme dont le souffle a été arrêté, sept fois net, malgré lui, par six policiers blancs décidés à éteindre la vie d'un Africain américain, un énième sur une liste dont Marc Lamont Hill, dans *Nobody: Casualties of America's War on the Vulnerable, from Ferguson to Flint and Beyond*, New York, Atria Books, 2016, égrène le triste record.

3. Nous remercions notre collègue Blondin Cissé, qui à la lecture d'un premier draft de cet article a attiré notre attention sur ce passage précis de Jacques Derrida dans *Voyou*, Paris, Galilée, 2003.

4. Les problèmes de conversion qui sont évoqués ici en rejoignent un autre soulevé par Paulin Houtoundji autour de la division internationale du travail scientifique reléguant les espaces et personnels africains en Zones d'écoulements de produits, de matières informatives premières à raffiner ailleurs et aussi de réserve linguistique et de communication pour certaines langues qui se sentent en danger. Voir Paulin J. Hountondji (éd.), *Les Savoirs endogènes : pistes pour une recherche*, Dakar, Codesria, 1994.

5. Aimé Césaire, *Cahier d'un retour au pays natal*, Paris, Présence africaine, 1971. Cité par Cheikh Hamidou Kane, dans *L'Afrique humiliée*, Paris, Fayard, 2008.

6. La possibilité de rompre le sentiment d'habiter sur la terre, en y étant confiné à la condition de simple suiviste, est sans doute ce qu'*Afrotopia*, de Felwine Sarr (Paris, Philippe Rey, 2016), a pu communiquer au public enthousiaste qui a accueilli sa critique de la tyrannie du rattrapage de l'Occident.

7. Voir Giorgio Agamben, *Qu'est-ce qu'un dispositif ?*, Paris, Rivages poches, 2014.

8. « Aussi le militant est-il celui qui travaille. Les questions posées au militant par l'organisation portent la marque de cette vision des choses : "Où as-tu travaillé ? Avec qui ? Qu'as-tu fait ?" Le groupe exige que chaque individu réalise un acte irréversible. [...]. Un nouveau militant était sûr quand il ne pouvait plus rentrer dans le système colonial », Frantz Fanon, *Les Damnés de la terre*, Paris, Gallimard, 1996, p. 489.

9. Au cours des Ateliers de la pensée, et notamment des débats à l'université Gaston-Berger de Saint-Louis, cette question a provoqué plusieurs réactions indiquant que la classe intellectuelle n'avait pas à battre autant sa coulpe. En réalité, personne ne l'invitait à cela (et encore !). Ce qui était pointé était, simplement, ailleurs et nous y revenons plus loin, dans le mouvement de cette contribution.

10. Sophia Mappa (éd.), *Les Métamorphoses du politique au Nord et au Sud*, Paris, Karthala, 2004.

11. Frantz Fanon, *Les Damnés de la terre, op. cit.*

12. Un thème de campagne du reste du vieux *weddi giss bokk ca* (en wolof) : l'évidence ne se nie pas.

13. Les fameuses voitures 4x4 bien prisées dans la panoplie des signes ostentatoires d'aisance n'ont pas pour rien le surnom significatif de « Pour toiser son ennemi ». De même, les arts du *sabotage* (se moquer aimablement de quelqu'un de manière directe ou par objet interposé) renvoient souvent à l'état de *sous-développement* (matériel s'entend) de son terroir, voire de son pays.

14. Diop Momar-Coumba, Diouf Mamadou, Diaw Aminata, «Le baobab a été déraciné. L'alternance au Sénégal», *Politique africaine*, 2000/2, n° 78, p. 157-179.

15. Voir la note du journal *Le Monde* à ce propos: http://www.lemonde.fr/ documents-wikileaks/article/2010/12/09/wikileaks-corruption-et-divisions-a-dakar_1451532_1446239.html

16. L'hebdomadaire *Jeune Afrique* a consacré un dossier aux fils de présidents africains qui nous inspire l'expression. Voir: «Fils de présidents: des portes du palais à celles du pénitencier», 9 janvier 2014. http://www.jeuneafrique.com/135065/ politique/fils-de-pr-sidents-des-portes-du-palais-celles-du-p-nitencier/

17. Le décret spécifiait, en son article 2, que Karim Wade et ses deux codétenus ne bénéficiaient, avec cette grâce, que de la seule exécution de leur peine d'emprisonnement restant au moment de celle-ci.

18. Voir Aliou Kane Ndiaye, «Panama papers – Sénégal – Pape Mamadou Pouye: prête-nom ou victime collatérale? Ce proche de Karim Wade est cité parmi les clients de Mossack Fonseca, le cabinet dont les listings alimentent le dernier scandale des paradis fiscaux», *Le Point Afrique*, 8 avril 2016, http:// afrique.lepoint.fr/actualites/panama-papers-senegal-pape-mamadou-pouye-prete-nom-ou-victime-collaterale-08-04-2016-2030918_2365.php

19. Propos répétés en boucle dans une manifestation publique du mouvement de jeunesse Y'en a marre, sur lequel nous revenons plus loin.

20. En référence au chapitre d'Aminata Diaw, «La démocratie des lettrés», in Momar-Coumba Diop (éd.), *Sénégal. Trajectoires d'un État*, Dakar, Codesria, 1992, p. 299-329.

21. Mody Niang est l'auteur de cette contribution que l'on retrouve à la page web: http://www.seneweb.com/news/Contribution/monsieur-le-president-de-la-republique-o_n_185274.html.

22. Les deux jeunes de Colobane ont été arrêtés à la suite de la mort d'un policier lors des manifestations violentes qui ont suivi l'annonce de la constitutionnalité de la troisième candidature d'Abdoulaye Wade.

23. Séverine Kodjo-Grandvaux discute quelques lignes de force de ce rapport, dans *Philosophie africaines* (Paris, Présence africaine, 2014). Ce qu'elle met en évidence et qui nous a préoccupé, ici, c'est bien cette question de la réparation du lien (social) comme enjeu vital que l'idée de justice poursuit dans la société traditionnelle africaine, idée qui se serait maintenue par ailleurs, aujourd'hui encore.

24. On peut se référer ici à l'ouvrage d'Abdou Latif Coulibay: *Wade, un opposant au pouvoir: l'alternance piégée?*, Dakar, Éditions Sentinelle, 2003.

25. Ce code de 1992 était une des contreparties d'un retour au calme après les violentes émeutes postélectorales qui se sont succédé au Sénégal entre 1988 et 1989.

26. Surtout à partir de sa deuxième mandature, le débat politique sénégalais, sous Wade, a pris une tournure dans laquelle l'affrontement physique pour épuiser les conflits a semblé être une modalité privilégiée. L'image la plus éloquente est sans doute celle d'un homme politique armé de deux pistolets et tirant sur une bande de nervis qui cherchaient à s'en prendre à sa mairie. Les faits remontent à décembre 2011.

27. Au cours de ses douze années de magistère, Abdoulaye aura connu de multiples surnoms, mais un qui dès le début se met en place en reflétant une certaine réalité des règles du jeu politique est la «seule constante». Abdoulaye Wade pousse à son paroxysme le modèle présidentialiste sénégalais dont l'historien et ancien activiste de gauche Abdoulaye Ly a proposé une étude critique dans *D'où sort l'état présidentialiste du Sénégal?* Saint-Louis-du-Sénégal, Xamal, 1997.

28. Les études sur l'État en Afrique ont beaucoup mis en exergue, à partir des années 1990, les logiques, causes et conséquences de son informalisation avec en toile de fond la question de sa criminalisation. Voir Jean-François Bayart, Stephen Ellis, Béatrice Hibou, *La Criminalisation de l'État en Afrique*, Paris, Complexe, 1997.

29. Le terme désigne une sous-branche de la confrérie sénégalaise des mourides. Les *baay-fall* présentent la particularité d'être un groupe qui se dédie aux tâches physiques de la confrérie et de son service de maintien d'ordre.

30. Sur l'histoire du PDS, on peut se référer aux travaux de Marcel Mendy et, en particulier, à son texte: *Wade et le Sopi: la longue marche*, M. Mendy éditeur, 1995.

31. La revue *Géopolitique africaine*, n° 31, juillet 2008, consacre un article à ce retour du non-alignement, sous la plume de Guy Feuer: «Visages nouveaux du non-alignement», p. 165-181.

32. Les textes sont nombreux qui montrent l'impasse des libéralisations démocratiques qui ont opéré sur le continent depuis les années 1990, dans le cadre d'une réflexion dont la base la mieux partagée est l'idée que l'État postcolonial constitue un facteur d'insécurité en Afrique, pour paraphraser le titre de l'ouvrage de Mwayila Tshiyembe (Paris, Présence africaine, 1990).

33. Au Sénégal, pays de tradition démocratique, un ministre de la République peut en toute filouterie donner à la classe politique cette incroyable réponse: «En ce qui concerne les écoutes téléphoniques, je ne peux ni confirmer ni infirmer, mais ce dont je suis sûr, c'est que nous veillons à ce que les données personnelles de tous les citoyens soient protégées.» Entre confirmation, bluff et menace à peine voilée, voilà où nous en sommes. Cité par *Les Échos*. Voir http://www.seneweb.com/news/Politique/aida-mbodj-et-les-ecoutes-telephoni ques_n_204476.html – consulté le 11 janvier 2016.

34. AFD, Macroéconomie & Développement, « La croissance de l'Afrique subsaharienne : diversité des trajectoires et des processus de transformation structurelle », mai 2015. Rapport disponible en ligne.

35. Pierre Péan a écrit *Carnage. Les guerres secrètes des grandes puissances en Afrique* (Paris, Fayard, 2010). Ce titre évocateur est l'occasion de rappeler une dimension qui est drôle dans la littérature de relativisation et de dénigrement des engagements militants autour de la France Afrique, c'est que même au plus ambigu de sa raison, elle ne fait que confirmer ce que déjà Lamine Senghor appelait, en 1927, « La violation d'un pays ».

36. C'est aussi dans ce sens que nous soutenons que les chancelleries occidentales sont devenues des grands acteurs islamiques dans la société sénégalaise. La diplomatie maison leur permet d'enjamber les espaces formels, pour s'immiscer dans d'autres qu'elles entrevoient comme aussi décisives à leur agenda. Voilà aussi ce qui fait de l'informalisation du politique une ressource prisée par les acteurs internationaux qui, à l'occasion, la favorise. Sur cette question de l'informalisation du politique en Afrique, on peut utilement lire Patrick Chabal et Jean-Pascal Daloz, *L'Afrique est partie. Du désordre comme instrument politique*, Paris, Économica, coll. « Analyse politique », 1999.

37. Déjà au milieu des années 1970, Jean Ziegler en décrivait des contours qui sont toujours aussi pertinents dans *Une Suisse au-dessus de tout soupçon*, Paris, Le Seuil, coll. « Combats », 1976. Dans *Les Seigneurs du crime. Les nouvelles mafias contre la démocratie*, Paris, Le Seuil, coll. « Essais », 2007 [1998], il démontrait également comment, à la suite du bloc de l'Est, on a assisté à un incroyable renforcement des mafias qui, partout, sont allées à l'assaut des principes de souveraineté et de démocratie, achetant et tordant le bras à nombre de décideurs dans le monde, enjambant allègrement les souverainetés nationales. De nombreuses situations décrites sur le continent en rapport avec ce principe de la globalité éclairent sur les liens ténus entre acteurs locaux et internationaux du crime organisé. Luc Sindjoun a, dans cette perspective, montré dans son ouvrage *Sociologie des relations internationales africaines* (Paris, Karthala, 2002), comment des acteurs secondaires disposant de fiefs à l'intérieur de souverainetés territoriales données se sont retrouvés parfois avec des moyens bien plus importants que les États qui incarnaient ces souverainetés et qu'ils ont combattus. Bien entendu, en toile de fond à ces ruptures de souveraineté et de territorialité, l'exploitation du sol et du sous-sol dans le cadre de contrats internationaux est une donnée importante. Les exemples de Laurent-Désiré Kabila ou encore de Charles Taylor ou des autres groupes rebelles (p. 70) sont évoqués dans son travail. Mais il existe d'autres formes de connexion internationale autour du crime organisé que décrit le travail d'enquête de terrain de Stephen Ellis dans son ouvrage posthume : *This Present Darkness. A History of Nigerian Organised Crime*, Londres, Hurts and

Company, 2016. Dans cette enquête, des connexions nigérianes des barons de la drogue sont décrites jusqu'en Asie et en Amérique latine.

38. Le leadership politique contemporain africain fonctionne à bien des égards comme les apprentis rois décrits dans les travaux de Frederick Cooper. Voir par exemple *L'Afrique depuis 1940* (traduction de l'anglais par Christian Jeanmougin, Paris, Payot, 2008), ou encore *L'Afrique dans le monde. Capitalisme, empire, État-nation* (traduction de l'anglais par Christian Jeanmougin, Paris, Payot, coll. «Bibliothèque historique», 2008).

39. Deux œuvres récentes permettent de saisir dans une extrême nudité et finesse cette crise de la dépossession de soi. Dans *La Gloire des imposteurs. Lettres sur le Mali et l'Afrique* (Paris, Philippe Rey, 2014), les auteurs Aminata Dramane Traoré et Boubacar Boris Diop arrivent à faire saisir le niveau de brutalité inouïe avec laquelle une puissance impériale peut frapper et tout arracher à sa victime, jusqu'à sa conscience qu'elle l'a dépossédé. C'est plus qu'une simple affaire de violence militaire mettant en exergue les guerres de la France en Afrique, c'est le pillage de ce qui faisait de la victime un homme. *Politiques de l'inimitié* d'Achille Mbembe (Paris, La Découverte, 2016), montre comment cet homme battu, abattu, isolé au fond d'un cachot et contraint au silence, cet homme qui est le produit de «la société [relation] d'inimitié», cet homme devenu malade réclame un soin qui s'appelle être maintenu dans le lien, la relation avec le monde, avec les autres. Le lien est ce qui le protège de la mort.

40. Des citoyens qui se sentent spoliés s'organisent et tente de mener des campagnes de sensibilisation et d'action. http://www.unevieenafrique.com/defense-du-littoral-senegalais-un-etat-des-lieux-pessimiste-juin-2015

41. Cet héritage historique, nous dit Frederick Cooper, s'est fermenté entre l'immédiate seconde Grande Guerre et le moment des indépendances. Voir les deux références citées *supra*.

42. Notre collègue Mohomodou Houssouba, qui nous a consacré du temps dans ce travail, nous donne les compléments suivants : «*Ay boraa no.* (*Ay* – je / mon ; *boro* – personne (forme définie *boraa*) *no* – marque de l'existence / être». Notre collègue Abdoulaye Sounaye nous a aidé à construire ce paragraphe en nous consacrant également de la disponibilité et en partageant avec nous sa connaissance du hausa. Qu'ils soient tous les deux remerciés ici avec notre profonde gratitude.

43. L'importance de ces héritages est loin d'être négligeable. Voir les deux tomes qui leur ont été consacrés en Afrique de l'Ouest : Charles Becker, Saliou Mbaye, Ibrahima Thioub (dir.), *AOF : réalités et héritages. Sociétés ouest-africaines et ordre colonial, 1895-1960*, Dakar, Direction des archives du Sénégal, 1997.

44. Abdourahmane Seck, «Après le développement : détours paradigmatiques et philosophie de l'histoire au Sénégal», *Pensée contemporaine et pratiques sociales en Afrique : penser le mouvement*, 2015/2, n° 192, p. 13-32.

Bibliographie

AFD, Macroéconomie & Développement, «La croissance de l'Afrique sub-saharienne : diversité des trajectoires et des processus de transformation structurelle», mai 2015. Rapport disponible en ligne.

Giorgio Agamben, *Qu'est-ce qu'un dispositif?*, Paris, Rivages poche, 2014.

Jean-François Bayart, Stephen Ellis, Béatrice Hibou, *La Criminalisation de l'État en Afrique*, Paris, Complexe, 1997.

Charles Becker, Saliou Mbaye, Ibrahima Thioub (dir.), *AOF : réalités et héritages. Sociétés ouest-africaines et ordre colonial, 1895-1960*, Dakar, Direction des archives du Sénégal, 1997.

Aimé Césaire, *Cahier d'un retour au pays natal*, Paris, Présence africaine, 1971.

Patrick Chabal et Jean-Pascal Daloz, *L'Afrique est partie. Du désordre comme instrument politique*, Paris, Economica, coll. «Analyse politique», 1999.

Frederick Cooper, *L'Afrique depuis 1940* (traduction de l'anglais par Christian Jeanmougin), Paris, Payot, 2008.

–, *L'Afrique dans le monde. Capitalisme, empire, État-nation* (traduction de l'anglais par Christian Jeanmougin), Paris, Payot, coll. «Bibliothèque historique», 2008.

Abdou Latif Coulibay, *Wade, un opposant au pouvoir : l'alternance piégée?*, Dakar, Éditions Sentinelle, 2003.

Aminata Diaw, «La démocratie des lettrés», in Momar-Coumba Diop (éd.), *Sénégal. Trajectoires d'un État*, Dakar, Codesria, 1992, p. 299-329.

Momar-Coumba Diop, Mamadou Diouf, Aminata Diaw, «Le baobab a été déraciné. L'alternance au Sénégal», *Politique africaine*, 2000/2 (n° 78), p. 157-179.

Stephen Ellis, *This present darkness. A History of nigerian organised crime*, Londres, Hurts and Company, 2016.

Frantz Fanon, *Les Damnés de la terre*, Paris, Gallimard, 1996, p. 489.

Guy Feuer, «Visages nouveaux du non-alignement» *Géopolitique africaine*, n° 31, juillet 2008, p. 165-181.

Paulin J. Hountondji (éd.), *Les Savoirs endogènes : pistes pour une recherche*, Dakar, Codesria, 1994.

Jeune Afrique, «Fils de présidents : des portes du palais à celles du pénitencier», 9 janvier 2014. http://www.jeuneafrique.com/135065/politique/fils-de-pr-sidents-des-portes-du-palais-celles-du-p-nitencier/

Séverine Kodjo-Grandvaux, *Philosophie africaine*, Paris, Présence africaine, 2014.

Marc Lamont Hill, *Nobody : Casualties of America's War on the Vulnerable, from Ferguson to Flint and Beyond*, New York, Atria Books, 2016.

Le Monde: http://www.lemonde.fr/documents-wikileaks/article/2010/12/09/wikileaks-corruption-et-divisions-a-dakar_1451532_1446239.html

Abdoulaye Ly, *D'où sort l'état présidentialiste du Sénégal?*, Saint-Louis-du-Sénégal, Xamal, 1997.

Sophia Mappa (éd.), *Les Métamorphoses du politique au Nord et au Sud*, Paris, Karthala, 2004.

Achille Mbembe, *Politiques de l'inimitié*, Paris, La Découverte, 2016.

Marcel Mendy, *Wade et le Sopi: la longue marche*, M. Mendy éditeur, 1995.

Aliou Kane Ndiaye, «Panama papers – Sénégal – Pape Mamadou Pouye: prête-nom ou victime collatérale? Ce proche de Karim Wade est cité parmi les clients de Mossack Fonseca, le cabinet dont les listings alimentent le dernier scandale des paradis fiscaux». *Le Point Afrique*, 8 avril 2016, http://afrique.lepoint.fr/actualites/panama-papers-senegal-pape-mamadou-pouye-prete-nom-ou-victime-collaterale-08-04-2016-2030918_2365.php

Mody Niang, «Monsieur le président de la République, où trouvez-vous la force de regarder encore vos compatriotes les yeux dans les yeux?» http://www.seneweb.com/news/Contribution/monsieur-le-president-de-la-republique-o_n_185274.html

Pierre Péan, *Carnage. Les guerres secrètes des grandes puissances en Afrique*, Paris, Fayard, 2010.

Recherche & Technologie, Lettre d'information: «Le monde va-t-il si mal» – disponible en ligne: http://www.rtflash.fr/monde-va-t-il-si-mal/article

Felwine Sarr, *Afrotopia*, Paris, Philippe Rey, 2016.

Abdourahmane Seck, «Après le développement: détours paradigmatiques et philosophie de l'histoire au Sénégal», *Pensée contemporaine et pratiques sociales en Afrique: penser le mouvement*, 2/2015, n° 192, p. 13-32.

Lamine Senghor, *La Violation d'un pays et autres écrits anticolonialistes*. Présentation de David Murphy, Paris, L'Harmattan, 2012 [1927].

Luc Sindjoun, *Sociologie des relations internationales africaines*, Paris, Karthala, 2002.

Aminata Traoré, *L'Afrique humiliée*, Paris, Fayard, 2008.

Aminata Dramane Traoré et Boubacar Boris Diop, *La Gloire des imposteurs. Lettres sur le Mali et l'Afrique*, Paris, Philippe Rey, 2014.

Mwayila Tshiyembe, *L'État postcolonial, facteur d'insécurité en Afrique*, Paris, Présence africaine, 1990.

Jean Ziegler, *Une Suisse au-dessus de tout soupçon*, Paris, Le Seuil, coll. «Combats», 1976.

–, *Les Seigneurs du crime. Les nouvelles mafias contre la démocratie*, Paris, Le Seuil, coll. «Essais», 2007 [1998].

V

Les chemins de l'universel

Sami Tchak

Né en 1960 au Togo, Sami Tchak, titulaire d'une licence de philosophie et d'un doctorat de sociologie, est auteur de huit romans dont *Place des Fêtes* (Paris, Gallimard, 2001) et de cinq essais dont *La Couleur de l'écrivain* (Ciboure, La Cheminante, 2014). Il a obtenu le Grand Prix littéraire d'Afrique noire pour *La Fête des masques* (Paris, Gallimard, 2004), le prix Ahmadou-Kourouma pour *Le Paradis des chiots* (Paris, Mercure de France, 2006), le prix Ahmed-Baba pour *L'Ethnologue et le Sage* (Libreville, éditions ODEM, 2013) et le prix William-Sassine pour sa nouvelle « Vous avez l'heure ? ».

L'universel est l'unique destination de la littérature, de toute littérature. J'entends ici par universel ce qui touche profondément à l'humain au-delà des spécificités historiques, géographiques, politiques, religieuses... Bien des discours au sujet des écrivains africains m'incitent à rappeler cette évidence. «Certains écrivains africains de la nouvelle génération situent leur roman hors d'Afrique, dans le vaste monde, ils veulent toucher à l'universel.» Deux idées fausses au moins se logent dans de tels raisonnements ou affirmations: d'abord l'universel, c'est le dehors, mieux, le lointain, surtout l'espace occidental (confusion entre l'universel et des thématiques au cœur de la mondialité, pour ne pas dire de la mondialisation ou de l'occidentalité), ensuite, l'Afrique comme lieu des théâtralités si spécifiques qu'elles ne pourraient se comprendre qu'à partir de la compréhension de l'Afrique (nous sommes – ils sont – très différents d'eux – de nous.) Or, en littérature, l'universel réside moins dans les thématiques que dans leurs traitements, il réside partout où une parcelle d'humain existe pour incarner notre commune condition.

Donc, on peut, doit, l'atteindre même à partir d'une chambre, voire de l'intérieur d'une gourde, comme on peut juste rester sur les flots du vaste monde, loin des intériorités significatives de la condition humaine. Le local, avec ou sans ses murs, suffit à l'Homme. Le dehors, même lorsqu'on le prend par le bout le plus mondialisé possible, n'est pas en soi universel, mais le lieu de ses possibilités.

La vérité est plus simple à exprimer : qu'il s'agisse des littératures africaines ou de la littérature en général, les œuvres fortes ne sont pas la règle, il faut toujours savoir, au-delà des subjectivités des goûts et des jugements, les extraire des flots de livres ordinaires, interchangeables, qui ont trouvé (sur le continent africain par exemple, mais le phénomène est mondial) de nouvelles conditions favorables avec l'autoédition, véritable fléau qui entérine l'idée que tout vaut tout, et dans la multiplication de maisons d'édition se contentant d'imprimer des manuscrits non relus pourvu que leurs auteurs aient obtenu des subventions importantes (une forêt où les essences précieuses sont rares). Des auteurs autoédités dont certains, à partir de leurs textes et surtout au bout de quelques secondes de discussion, laissent planer la pénible impression d'un manque de culture générale, d'un manque de curiosité pour les livres (ils semblent avoir si peu lu, même ceux qui se prévalent de leurs diplômes et de leur titre d'enseignant).

Certes, des grandes maisons d'édition aussi sortent des livres ordinaires qui, si je reste toujours dans le cadre africain, s'inscrivent souvent au cœur des drames les plus marquants, mais avec des traitements qui apparentent la littérature à une démarche sociologique holiste, où les phénomènes sont pris comme un tout avec des personnages, même ceux qui en tiennent lieu de héros, manquant singulièrement d'épaisseur, puisqu'ils ne servent que d'alibis dérisoires pour des discours sans originalité. Cependant, avec certains circuits classiques d'édition, les sélections sont objectivement plus rigoureuses.

Dans tous les cas (et il s'agit ici moins de réflexions que de souhaits qui me concernent aussi), l'impression d'un « boum » des littératures africaines, cette impression qui naît des publications de plus en plus nombreuses, ne doit en aucun cas nous détourner des exigences au cœur du travail de tout écrivain.

Exigences qui touchent à la poésie de la théâtralité spécifique. L'espace où se situent le théâtre du roman et ses contraintes spécifiques influe peut-être sur l'esthétique de l'auteur, de chaque auteur, mais ce que celui-ci nous apprend demeure en nous comme un écho durable grâce à son esthétique, à sa poésie, si celle-ci est au service du fond. La mise en scène d'une tragédie humaine à Dakar par exemple nous apprend beaucoup de choses sur Dakar, sur des schèmes culturels qui ne nous sont pas forcément familiers, mais au-delà du dépaysement et de cet enrichissement, la langue, la structure, le style et l'atmosphère nous permettraient de mieux habiter l'univers singulier de l'auteur.

Exigences qui touchent au traitement des intériorités certes spécifiques des individus mais qui soient aussi le lieu des questionnements philosophiques, profondément philosophiques, qui aillent au-delà de la peinture et de la mise en scène, parfois caricaturales, voire exotiques (ce qui se joue à l'intérieur d'un individu, quels que soient son âge, sa condition sociale, son sexe, le lieu où il vit, peut m'être étranger, éloigné, assez extérieur, mais il n'est pas un questionnement essentiel qu'un humain puisse se poser qui ne touche pas aussi, forcément, à mon humanité. Je n'ai pas à m'identifier nécessairement à un personnage, mais à trouver en lui l'écho le plus intime de l'humanité qu'il partage avec tous les humains).

Exigences de densité pour nous éloigner des personnages dérisoires, manquant singulièrement de profondeur et d'épaisseur psychologique pour incarner avec originalité ce qui n'est pas original : la beauté et la tragédie de l'humain à partir de ses conflits et questionnements les plus intimes, à partir de ce qu'il porte d'invariant, c'est-à-dire d'universel (au-delà de l'extrême variabilité des éléments extérieurs qui agissent sur notre psychologie, influent sur nos conditions de vie, nous différencient les uns des autres, chaque humain porte en lui l'essentiel de l'humanité, dans tous ses contrastes, et c'est ce que cherche à atteindre l'écrivain. Ce que j'ai déjà dit plus haut).

Il s'agit, et je place mon souci au cœur des littératures africaines, de l'aspiration à des visions du monde qui ne soient pas banales, mais portées par des esthétiques suffisamment originales pour résister au temps. Il s'agit d'un souhait pour davantage de grands livres, portés par de véritables souffles, de véritables imaginaires, de véritables créations, par-delà le théâtre marquant des foires.

Ces questionnements, ces souhaits, je les avais déjà formulés, sous la forme de critiques, dans certains de mes livres, comme *Al Capone le Malien* où je mettais dans la bouche de mon personnage Namane Kouyaté les mots suivants (après qu'il avait parlé d'un féticheur qui collectionnait aussi des voitures de luxe, un personnage assez complexe, trouble) : « Les littératures africaines sont rarement à la hauteur de nos héros. Tu ne verras personne au Mali consacrer un roman fort, dense, complexe à un personnage aussi riche et plein de contradictions que Moustapha Diallo, l'homme ancré dans nos valeurs les plus profondes et tout aussi séduit par la brillance du monde abâtardi. Nous sommes si riches culturellement, notre quotidien est une véritable féerie, même dans ses moments les plus tragiques. Mais pas de romans, ou si peu, qui expriment cette complexité. Beaucoup de nos écrivains africains produisent des caricatures sur leur pays et sur l'Afrique. Ils ne parviennent pas à la hauteur de leur propre vérité. Il manque à leurs écrits une âme que seul peut conférer à un texte un véritable ancrage culturel. »

Dans *La Couleur de l'écrivain*, j'ai mis aussi dans la bouche du Professeur Fictif la charge suivante : « Si beaucoup de vos romans (à vous auteurs dits de la nouvelle génération) témoignent d'une apparente évolution tant au niveau des formes que des contenus, il n'est pas difficile de se rendre compte, dans bien des cas, de l'absence d'une réelle innovation dans les esthétiques. Bien sûr, vous faites de plus en plus différemment, mais faire différemment ne signifie pas innover. L'innovation n'est pas affaire d'artifice semblable à la manière dont le paon théâtralise ses plumes pour séduire sa femelle. Elle est une question de densité, d'envergure. Aucun artifice au niveau de la forme ne suffit à masquer la pauvreté d'un texte. »

Une fois que j'ai exprimé ces souhaits, il y a une réponse que l'on pourrait me faire, avec raison : « Écris, toi, ce grand livre auquel tu aspires!» Car, pourquoi un écrivain tenterait-il de dire ce que l'écrivain devrait faire, au lieu de le prouver par son propre art? Mais les souhaits et les réflexions que je formule, bien qu'ils me concernent d'abord, n'auraient pas eu de sens s'ils n'avaient concerné que moi, moi qui, dans ce concert global, tente d'apporter ma propre partition. Aussi, en les exprimant, je ne suis pas en train d'affirmer, contrairement aux critiques radicales de mes personnages que j'ai cités, que des écrivains africains n'ont pas produit de grands textes. Au contraire, c'est parce que je suis héritier de nombre de ces textes-là que je peux mesurer une sorte de déclin ou sentir un besoin d'innovation qui n'est qu'une forme de respect pour ce qui existe déjà.

Dans les années 1990, lorsque des jeunes écrivains mexicains créaient un mouvement littéraire appelé le Crack, ils aspiraient juste à prendre de nouveaux chemins pour être à la hauteur de leurs aînés dont ils estimaient que les voies avaient été épuisées. Celui qui devint le plus connu d'entre eux, Jorge Volpi, l'avait exprimé clairement en répondant aux questions du journaliste Bruno Corty, pour *Le Figaro*, en mars 2009, quand le Mexique avait été l'invité d'honneur du Salon du livre de Paris: «Notre mouvement littéraire, le Crack, n'a pas été créé dans les années 1990 pour instruire le procès de Garcia Marquez et de cette génération d'écrivains qu'on a appelée le Boom mais pour réfuter l'idée du "réalisme magique" comme unique moyen d'expression de la littérature latino-américaine. Ceux de ma génération ont dit que ce qu'ils aimaient dans le Boom, c'était avant tout son côté cosmopolite.»

Mais, tenter de s'affranchir du réalisme magique (comme affirmer que la négritude est un courant dépassé) n'aurait pas suffi à donner du sens à ce mouvement, il a fallu aussi que nombre de ses membres, dont Jorge Volpi lui-même, proposent des textes d'une densité soutenant la comparaison avec celle qui avait valu aux livres de leurs aînés l'intérêt et le respect que l'on sait. Le Crack avait surtout offert à ses représentants la possibilité de réflexions collectives pour favoriser l'émergence et l'épanouissement de quelques singularités. Ce que ces écrivains définissaient comme lignes esthétiques les concernait d'abord, mais avait aussi un intérêt plus général au cœur de la pensée littéraire.

On peut résumer leur souci à cette question : « Par rapport à ce qui existe déjà, à ce qui a été déjà fait, quand on est issu d'un pays comme le Mexique avec des écrivains comme Juan Rulfo, Octavio Paz et Carlos Fuentes, et surtout quand on appartient au sous-continent sud-américain qui compte un nombre élevé de grands écrivains, par rapport à tout cela, quelles questions nouvelles se poser, quelles questions se poser à nouveau, pour, en tant que génération, éviter le déclin, parvenir à des résultats comparables avec des voies différentes ? »

Il y a là l'expression d'une crainte : celle de devenir des écrivains dérisoires, offrant au monde des sous-produits des classiques dont ils se sont nourris. Ce qu'ils cherchaient surtout à éviter, c'était d'être ceux qui deviendraient la référence négative, ceux par qui la littérature mexicaine (latino-américaine) allait amorcer une phase de dévitalisation. Les membres du Crack étaient – sont – héritiers d'imposantes références littéraires locales et veulent – voulaient – en être dignes.

Je me réfère souvent aux écrivains latino-américains parce que bien de leurs œuvres ont puisé leur force dans des drames que notre continent connaît aussi. Ils ont créé des œuvres denses, complexes, à partir de situations de violence extrême, de dictatures des plus sanglantes. Mais aussi, là-bas, se posent des questions que nous nous posons : l'absence d'espaces pour une véritable critique littéraire et d'un lectorat local suffisant. Par exemple, à la question du journaliste Bruno Corty, du *Figaro*, le 12 mars 2009, « Dans un pays (le Mexique) de cent millions d'habitants, dont vingt-deux millions résident dans la capitale, pourquoi les écrivains sont-ils aussi peu lus ? », Jorge Volpi donne une réponse qui renvoie à des réalités familières aux écrivains africains dans leurs rapports avec les lectorats de leur propre pays : « C'est simple : le réseau de librairies est très faible et on compte peu de maisons d'édition. Alors que nous représentons le quart de la population d'Amérique latine hispanophone, le tirage moyen d'un roman au Mexique est de deux mille exemplaires… Cela n'inclut évidemment pas les publications pirates imprimées et distribuées par les mafias, qui représentent 25 % des livres vendus au Mexique!»

Et au sujet de la critique littéraire au Mexique, il répond: «La critique littéraire de qualité a totalement disparu. L'écrivain n'a jamais été aussi libre et aussi seul!»

Ces questions, l'absence de lectorat local, le nombre assez réduit ou l'inexistence de véritables maisons d'édition et le défaut d'un espace pour une véritable critique littérature appartiennent à la sociologie de la littérature, mais elles ont aussi un impact assez négatif sur la production littéraire elle-même, dans la mesure où elles renvoient directement, surtout pour des auteurs publiant sur place dans nos pays, à des contextes peu propices à l'émulation, chacun, à partir de ses écrits, autoédités le plus souvent, parlant, avec un risible contentement, de «mes œuvres», des «œuvres» qui n'affrontent ni le public ni aucune instance de légitimation digne de ce nom.

Or, c'est parce que nos littératures se font dans des conditions peu idéales que certaines questions, qui semblent inutiles ou n'être que des resucées, deviennent importantes. L'écrivain, dans sa solitude, porte la prétention de dire l'humain. Quelles que soient les contraintes objectives et subjectives qui sont les siennes, son horizon ne devrait nullement être brouillé, et cet horizon, comme je l'ai déjà dit, demeure un et un seul: l'universel. Et lorsqu'une peinture n'y aspire pas ou ne l'atteint pas, il y a caricature, exotisme. L'exotisme, pour moi, c'est une théâtralité spécifique assez superficielle pour n'être tout au plus qu'amusante.

Le refus de l'exotisme est une exigence pour une lecture respectueuse, plus respectueuse, d'un ensemble de littératures, les africaines, réduites souvent à leurs théâtralités extérieures, nombre d'auteurs eux-mêmes jouant à maintenir ce regard superficiel qui ne manque pas de sincérité, paradoxalement, mais c'est aussi le lieu d'une condescendance pas forcément subtile.

Les exigences d'universalité que s'impose, que devrait s'imposer, un écrivain, en vue de l'universel à partir d'un ancrage, sont indispensables à son dialogue avec les siens et avec le monde. Elles sont aussi nécessaires dans sa quête, au-delà de l'adhésion plus ou moins massive du public, de sens et de postérité.

Réenchanter le monde : Husserl en postcolonie

Bado Ndoye

Bado Ndoye est spécialiste de phénoménologie, d'épistémologie et d'histoire des sciences. Après avoir enseigné la philosophie pendant une dizaine d'années au secondaire, il est aujourd'hui en poste à l'université Cheikh Anta Diop de Dakar. Ses travaux portent pour l'essentiel sur la phénoménologie husserlienne, l'histoire des sciences et la philosophie politique.

Lorsque, reprenant le concept wébérien de «désenchantement du monde», Marcel Gauchet[1] parle de l'avènement de la modernité et définit celle-ci comme «épuisement du règne de l'invisible», ce qu'il a en vue n'est pas seulement la fin du théologico-politique, mais surtout la naissance d'un paradigme où toute forme d'idéalité comme telle est désormais révoquée ou à tout le moins capturée sur le plan de l'immanence, selon les règles d'une rationalité objectiviste stricte ainsi que le suggère la très forte métaphore de «cage d'acier» (Weber) du capitalisme[2]. Le naturalisme, qui avait fait la preuve de sa fécondité dans les sciences expérimentales depuis Galilée en délestant les phénomènes naturels de leurs qualités secondes, encadre désormais la compréhension de la réalité humaine et sociale, de sorte que l'on n'a affaire là aussi qu'à des entités observables et manipulables.

Dès lors, le désenchantement se charge d'une nouvelle signification, celle d'une perte irrémédiable du sens, c'est-à-dire d'une finalité éthique régissant l'existence humaine. Si la crise du capitalisme est structurelle, au sens où elle est d'une certaine manière consubstantielle à l'essence même de celui-ci, cela tient à cette orientation méthodologique qui ne voit en chaque citoyen qu'un simple consommateur, sans égard pour ses appartenances et son système de

355

valeurs, l'enjeu étant d'homogénéiser le Marché de sorte qu'aucune résistance d'ordre culturel ne puisse l'entraver et lui faire obstacle.

Ce processus explique que l'unification du marché mondial sous la bannière du capital ait été accompagnée au plan conceptuel par une métaphysique de l'Histoire d'inspiration théologique, une métaphysique pour laquelle la pluralité des mondes culturels est une aberration, c'est-à-dire une déperdition d'être, l'universel ne pouvant se satisfaire que d'une conception moniste du réel. Le désenchantement du monde est donc l'expression culturelle de la crise du capitalisme, les deux phénomènes sont perçus comme l'expression d'une dynamique historique. Nous voudrions montrer dans les lignes suivantes que, si Edmund Husserl peut apparaître à bien des égards comme le philosophe de l'«humanité européenne», celui qui radicalise et achève jusqu'à un certain point cette métaphysique de l'Un, il reste que par certaines de ses intuitions les plus profondes – le concept de *Lebenswelt* (monde de la vie), qu'il élabore dans les années 1930, à la fin de sa vie en est le plus décisif –, il a aussi contribué à déconstruire la conceptualité classique et l'unité d'une Histoire mondiale jusque-là pensée et centrée sur l'Occident. À quelles conditions le concept de monde-de-la-vie peut-il comporter la vertu de pluraliser le monde, et (re)donner ainsi aux cultures locales une nouvelle dignité théorique? Cela suffit-il pour considérer Husserl comme un lointain ancêtre de la pensée postcoloniale? C'est ce que nous nous proposons d'examiner ici.

Husserl postcolonial?

Husserl, on le sait, passe pour le philosophe qui ne s'est guère soucié de l'Afrique. Quand il lui arrive de parler des Africains, ou des non-Occidentaux en général, c'est presque toujours par contraste avec une certaine idée qu'il se fait de l'«humanité européenne» dont il s'agit de dégager l'essence, comme si celle-ci ne devait pouvoir se définir et garantir ses fondements qu'en s'opposant à une extériorité radicale. Ses propos sont alors si scandaleux que l'on se demande s'il avait jamais prévu qu'il serait un jour lu, critiqué et commenté par des Papous, des Indiens, des Tsiganes ou des Africains, ces figures radicales de l'altérité[3]. Pourtant, par le plus grand des paradoxes, il est de ceux qui ont le plus contribué à déconstruire le paradigme classique de la philosophie des Lumières qui a unifié l'Histoire mondiale en une seule téléologie, en libérant la possibilité d'une pensée du pluralisme pour laquelle l'universel ne peut plus se penser sous la forme d'une idée platonicienne, mais plutôt comme une exigence à construire à partir de nos enracinements particuliers dans des mondes culturels toujours hétérogènes. Le concept de *Lebenswelt* (monde de la vie) qu'il élabore, confronté à l'urgence de penser l'Histoire du fait de la montée des fascismes en Europe, inaugure cette nouvelle conceptualité qui bouleverse de fond en comble non seulement la figure de la Raison qui a jusque-là orienté la « métaphysique occidentale », mais aussi les fondements de l'anthropologie philosophique classique. Il s'agit désormais de rapporter l'ego à la substructure culturelle qui le porte à son insu, par une phénoménologie du « monde environnant » (*Umwelt*). Dans la fameuse lettre à Lucien Lévy-Bruhl, il met en chantier une nouvelle compréhension du concept de relativisme dont on peut parfaitement faire la pierre angulaire d'un monde ouvert et polycentré[4].

Pour un tel monde, l'universel n'est jamais une donnée première mais ce qui d'emblée fait défaut. C'est pourquoi il doit être conçu comme une exigence qu'appelle précisément l'insuffisance du donné à se soutenir tout seul. En d'autres termes, l'universel ainsi conçu est une tâche infinie que rend d'autant plus urgente la fragmentation du monde en une pluralité d'univers culturels centrés sur eux-mêmes et ne se justifiant plus par une téléologie immanente qui les porterait à se résorber dans le sillage de l'histoire européenne où ils viendraient s'annuler. Avec la figure du sujet et de la Raison qui émerge dans les années 1930 à partir de la thématisation de la *Lebenswelt*, il s'agit désormais pour Husserl de reconnaître que le postulat d'un ego sans monde et sans passé est un mythe. L'archéologie qu'il élabore dans la *Krisis* montre que les idéalités logico-formelles s'édifient en dernière instance sur une substructure de croyances, de pratiques et d'opinions qui leur confère forme et unité, contrairement à ce que réclamait l'exigence méthodologique qui avait caractérisé les *Recherches logiques*, dans les années 1910, d'une science ne devant rien présupposer et capable de tout élucider. En gros, ce que le concept de *Lebenswelt* permet de penser, c'est ce que l'on pourrait appeler la secondarité du sujet par rapport aux données préscientifiques qui le constituent comme tel dans le monde de la vie.

Mais qu'est-ce que le monde de la vie? Dans une première approximation, il désigne le monde tel qu'il se donne dans notre expérience quotidienne, en opposition à l'image que s'en font les sciences expérimentales et qui est constitué d'abstractions et de formules mathématiques. Sous ce rapport, il désigne ce qui se donne d'emblée à nous sous la forme d'apparitions sensibles subjectives qui varient d'un individu à un autre. La science classique, celle qui va de Galilée à Newton, est édifiée sur le principe que cette couche sensible du monde – ces «qualités sensibles» – n'est qu'une apparence subjective dont il faut faire abstraction si l'on veut accéder à l'être vrai de l'univers, c'est-à-dire à la structure mathématique qui en est l'armature souterraine[5]. Par cette démarche de réduction, sans doute nécessaire pour toute pratique scientifique, ce que la science écarte, c'est globalement le caractère sensible de ce monde où nous vivons, caractère qui en fait pourtant un monde humain. Husserl montre que l'on n'a ici le choix qu'entre deux options: soit on considère que cette réduction galiléenne a une signification strictement méthodologique, ce qui revient à dire d'une part que les exigences de la connaissance scientifique sont telles que l'on ne peut prendre l'expérience subjective comme critère et comme mesure de validation de la démarche scientifique; d'autre part que ce qui seul se prête à la quantification est la matière et ses mouvements. On se souvient que Descartes était animé des mêmes intentions lorsqu'il séparait *res cogitans* et *res extensa*.

Husserl ne rejette donc nullement ce *naturalisme de méthode*, et à plusieurs endroits de son œuvre il ne cesse d'en répéter la nécessité dans l'approche des phénomènes naturels ; ou bien l'on confère à la réduction galiléenne une signification ontologique, ce qui veut dire qu'au-delà de sa signification méthodologique elle correspond à la réalité même des phénomènes. Alors ce qu'elle met hors jeu – à savoir cette vie subjective avec l'ensemble de ses modalités –, on le tiendra pour rien, ou tout au plus pour une simple apparence, une sorte de double phénoménal de la réalité. Ici, par un glissement insensible, la science a cédé la place à l'idéologie scientiste qu'elle suscite souvent, mais qu'elle n'implique pas comme une nécessité d'essence. Prendre la mesure de cette réduction galiléenne qui ouvre l'espace de la modernité, c'est se rendre compte qu'en mettant de côté les qualités sensibles de l'univers, elle n'élimine pas seulement des déterminations inessentielles à l'objet. Elle élimine aussi et surtout la vie subjective, la vie phénoménologique absolue, celle du sujet connaissant. Or, si la science est le fait d'un sujet, elle est nécessairement une prestation subjective. En effaçant le sujet du procès de la connaissance, la science ne fait pas que l'ignorer comme sujet, elle le rabat aussi sur le plan des objets, puisqu'il devient de fait un objet comme un autre, ce qui revient à ne plus pouvoir penser la question de l'homme que sur le mode de la naturalisation, c'est-à-dire de l'objectivation réifiante qui consiste, dans ses versions les plus radicales, à rabattre l'humanité sur une animalité originaire d'où elle ne pourrait décoller.

En d'autres termes, en étêtant ce qui dépasse le plan de la réalité physique, on se coupe de toute transcendance – ce concept n'étant pas à entendre au sens strictement religieux, même s'il ne l'exclut pas –, c'est-à-dire, en un mot, de l'univers des valeurs, des idéaux et du sens que l'on inscrit dès lors sur le plan strict de la factualité des objets. Le réel se ramène à une seule de ses déterminations, en l'occurrence la matière et ses constituants élémentaires. En renonçant ainsi à penser l'homme comme esprit, ce qui revient à ne considérer que sa dimension corporelle, c'est toute la richesse de notre vie spirituelle qui est réduite à n'être plus qu'une simple excroissance de notre cerveau, ainsi que tente de l'établir le paradigme naturaliste dans les neurosciences.

Cette conjoncture intellectuelle a indirectement produit le positivisme qui, à son tour, a secrètement nourri les philosophies antihumanistes des années 1970 centrées sur la mort de l'homme. Quand Foucault dit que l'homme est un fait contingent qui disparaîtra le jour où les conditions qui ont favorisé son apparition changeront, il se rallie de fait à cette matrice positiviste. Or qu'est-ce qu'une humanité qui n'est à ses propres yeux qu'un simple fait empirique contingent ? Si l'on pense aux potentialités destructrices, voire sacrificielles, que peut avoir une telle thèse dans un contexte aussi explosif que celui de la montée des fascismes dans les années 1930 en Europe, on comprend en quoi l'exigence de refondation des sciences chez Husserl est avant tout une exigence éthique. En effet, le désenchantement du monde que produit la science galiléo-newtonienne, au-delà des questions épistémologiques qu'elle pose, implique surtout des enjeux éthiques qui font que la crise ne peut être surmontée que si l'on arrive à reconnecter les deux pôles du procès de la connaissance que sont le sujet et l'objet.

À cette tâche répond le concept de *Lebenswelt* que Husserl retrouve par une démarche régressive qui passe de la sphère de l'ego cogito (1) à la corporéité (2) et enfin à celle du monde environnant (3), là où le sujet découvre que le procès d'individuation par lequel il croyait pouvoir s'autosaisir comme sujet autonome est en fait un processus collectif, celui du groupe. C'est vers l'intersubjectivité transcendantale comprise comme donnée originaire *a priori* qu'il faudrait plutôt se tourner, puisqu'elle seule peut se donner l'horizon infini de l'objectivité comme corrélat et constituer ainsi le monde. Husserl est allé très loin dans cette direction lorsqu'il montre que, si le sujet transcendantal est toujours pris dans un réseau de relations sociales, alors ce sont les sciences sociales, en l'occurrence cette sociologie intentionnelle qu'il a toujours appelée de ses vœux, qui doit prendre la relève de la phénoménologie. En 1935, à l'occasion de la parution de *La Mentalité primitive*, Husserl donne un contenu phénoménologique concret à l'importance des sciences historiques et à la reconnaissance de fait du relativisme culturel comme moment nécessaire. Dans la lettre à Lucien Lévy-Bruhl, il écrit : «Bien entendu nous savions depuis longtemps que chaque être humain a sa "représentation du monde", chaque nation, que chaque sphère culturelle supranationale vit pour ainsi dire dans un monde autre que celui qui l'entoure et nous savions encore qu'il en va de même pour chaque période historique. Mais face à cette généralité vide, votre œuvre et son excellent thème nous ont fait sentir quelque chose qui bouleverse par sa nouveauté : il est, en effet, possible, important au plus haut point et grand de se donner pour tâche de "sentir de l'intérieur" une humanité fermée, vivant dans une socialité vive et générative, de la comprendre en tant qu'elle a le monde dans sa vie sociale uniformisée, et à partir de celle-ci, un monde qui n'est pas pour elle "représentation du monde" mais qui pour elle est le monde véritablement existant. Par là nous parvenons à appréhender, identifier et penser leurs manières, donc leur logique ainsi que leur ontologie, celles du monde environnant avec les catégories correspondantes[6]. »

Pluraliser le monde

Cette lettre est capitale pour notre propos parce qu'elle jette les bases d'un nouveau paradigme dans lequel il devient envisageable, dans le cadre de la phénoménologie husserlienne, de poser à nouveaux frais la possibilité d'une pensée de l'altérité et du pluralisme que l'ontologie classique et la métaphysique de l'Un avaient jusque-là étouffée. Husserl prescrit ici une recommandation méthodologique qui semble indiquer qu'il ne se contente plus de la seule opération de variation eidétique pour saisir idéalement l'altérité dans ses formes culturelles les plus étrangères. Il pose désormais la nécessité de la rencontre effective avec les cultures historiques, seule façon de comprendre de l'intérieur ce qu'il en est de leur monde environnant. En d'autres termes, il faut savoir séjourner dans l'élément du particulier que constitue chaque formation culturelle afin de la sentir de l'intérieur, dans ce qu'elle peut avoir, comme aurait dit Bergson, d'unique et d'inexprimable.

Or, seule l'anthropologie est en mesure de fournir de telles connaissances, ainsi que l'explique Merleau-Ponty pour qui non seulement le moment du relativisme est nécessaire et peut-être indépassable, ainsi qu'il a compris la lettre de Husserl, mais qu'il faudrait surtout inverser les rôles de l'ethnologie et de la philosophie, ce qui reviendrait à proscrire la prééminence de cette dernière sur les sciences historiques[7]. Il y aurait ainsi un premier Husserl, idéaliste et donc insensible à la réalité historique, un Husserl pour qui la réduction eidétique, dans son opérativité formelle, suffit à saisir la réalité des sociétés étrangères, et un second Husserl pour qui l'hétérogénéité de fait des cultures ne saurait être dépassée simplement par le recours aux essences morphologiques : il faut, dès lors, prendre pour point de départ les méthodes et les ressources que l'anthropologie et les sciences historiques mettent à notre disposition.

On voit tout de suite que la rationalité qui émerge de cette thématisation de la *Lebenswelt* n'a plus grand-chose à voir avec celle de la phénoménologie des débuts, celle qui s'élabore dans les années 1910. Ici, il est clairement explicité que la science s'édifie sur un socle de présupposés, de croyances, de valeurs et de pratiques, bref, un univers de sens qui lui préexiste, univers qu'elle ne peut prendre en retour pour thème que si elle renonce à l'exigence idéaliste d'une science centrée sur un ego transcendantal qui ne présuppose rien, et qui peut, dès lors, tout élucider. La science doit reconnaître, en d'autres termes, que son principe ne lui est pas immanent, mais réside, enfoui, dans les profondeurs d'une primordialité qui lui échappe ; il s'agit, par une démarche archéologique, de dégager méticuleusement, par une fouille systématique des couches sédimentées, les sols étagés les uns après les autres, afin d'accéder au sol premier qui constitue la condition de possibilité de la philosophie comme science «des premiers principes et des premières causes», ainsi que l'entendait Aristote[8].

Quelle leçon pouvons-nous en tirer pour ce qui nous préoccupe ici? D'abord, on voit tout de suite que par cette conceptualité de type nouveau il devient possible de montrer que l'ego porte toujours la marque de son inscription dans un sol de valeurs et d'idéaux, et que c'est à partir de cette inscription originaire qu'il va vers l'idéal de la norme, que celle-ci soit éthique, esthétique ou épistémologique. Ce qui est premier n'est pas tant la norme – celle-ci n'étant pas une donnée factuelle – que les conditions mondaines, c'est-à-dire culturelles, de son apparition. Or de telles conditions ne peuvent être qu'hétérogènes les unes aux autres, du fait qu'elles traduisent la pluralité et la diversité inéliminable des situations historiques de l'humanité. On voit tout de suite que, si le propre des sciences expérimentales est de transcender cet enracinement local et de viser l'universel, il reste qu'elles s'enracinent dans le sol de la praxis sociale[9]. Quant aux sciences historiques, elles sont assujetties à la nécessité de donner une signification théorique à cet enracinement dans le local.

Le deuxième constat – qui découle du premier – est que cette thématisation a pour mérite de défaire l'Histoire avec un grand H en une pluralité d'histoires singulières, et donc de requalifier l'histoire universelle après que le nécessitarisme de la dialectique hégélienne a tenté de la réduire à la seule histoire européenne. Il ne peut donc plus y avoir de *Weltgeist*, un Esprit du monde au sens de Hegel, puisque chaque culture est en soi un univers de sens, par le simple fait qu'il se donne le monde et se justifie par elle-même, c'est-à-dire du point de vue de sa propre téléologie. Chacune d'elles peut être vue comme une actualisation de ce que l'esprit humain, dans sa plasticité infinie, peut devenir. Cette pluralité des devenirs humains doit donc être comprise avant tout pour ce qu'elle est, à savoir une fragmentation de l'expérience humaine en une pluralité d'expériences et de parcours, tous équivalents, puisque chacune d'elles traduit une figure de ce que l'intelligence humaine, placée dans un contexte donné, est en mesure de réussir.

Cette pluralisation du monde ne peut être pensée jusqu'au bout que si l'on conçoit l'histoire universelle comme un devenir poly-centré, c'est-à-dire une histoire éclatée, et *a priori* non totalisable. En d'autres termes, ce que j'entends ici par polycentrisme historique, c'est l'idée selon laquelle l'histoire mondiale est une polyphonie de récits, chacun racontant une épopée singulière du destin de l'homme, un devenir à partir d'une pluralité de centres interagissant selon une dynamique aléatoire dont on ne peut, *a priori*, déterminer avec pré-cision la trajectoire. On voit tout de suite qu'une telle conception de l'Histoire ne peut relever, dans sa conception, que du paradigme de la complexité, plutôt que de celui, déterministe, hérité des modèles linéaires de la dynamique galiléo-newtonienne. Pour cette raison, il exige une approche nouvelle, dans laquelle chaque centre, en ce qu'il influence les autres, est aussi influencé par eux, selon cette logique de la «confusion-conjugaison» par laquelle l'historien sénégalais Mamadou Diouf a défini l'ontologie du paganisme. Un monde poly-centré est donc un monde pluralisé, c'est-à-dire un monde dans lequel les expériences humaines des peuples sont toutes non seulement irré-ductibles, mais surtout équivalentes.

Or il me semble que l'une des thèses centrales des études postcolo-niales renvoie précisément à cette fragmentation du monde en entités indépendantes, fragmentation qu'il faut bien voir comme une consé-quence des critiques adressées à l'humanisme des Lumières au nom duquel les peuples de la terre furent assujettis et niés. Paraphrasant Castoriadis, Achille Mbembe résume la principale critique faite à cet humanisme par le postcolonial: «Il n'y a que moi qui vaut. Mais je ne peux valoir en tant que moi que si les autres, en tant qu'eux, ne valent rien[10].» Réenchanter le monde, cela voudra donc dire donner à réentendre cette polyphonie des récits, cette totalité non totalisable par laquelle l'humanité existe dans sa diversité indomptable en une multitude d'entités culturelles, chacune exprimant à sa manière le génie de l'homme[11].

Mais une fois que l'on a posé cette pluralisation du monde en autant de mondes culturels différents, on n'a fait que la moitié du chemin. Ce serait faire injure à l'esprit que de croire que les réalisations historiques par lesquelles il se manifeste peuvent être si fermées sur elles-mêmes et si étrangères les unes aux autres qu'il lui serait possible d'en être captif au point de ne pouvoir les faire dialoguer. Si chaque culture est un monde, elles ont toutes en commun d'apparaître sur le fond d'un monde englobant qui les constitue dans l'horizon de leur déploiement. Cela veut dire que le relativisme, tel que revendiqué dans la lettre à Lévy-Bruhl, ne peut pas être le dernier mot de la connaissance scientifique selon Husserl, qui ne renonce pas à dégager les structures aprioriques universelles de la socialité, qu'il trouve, en gros, dans l'historicité qu'il faut voir comme la principale caractéristique de l'humanité, puisque aucun peuple n'est au ras de la naturalité, mais qu'ils sont tous, d'une façon ou d'une autre, historiques.

Ce qui donne du poids à une interprétation comme celle que Merleau-Ponty a faite de cette lettre, c'est la possibilité de dialogue interculturel auquel, en lecteur iconoclaste de Husserl, il tente de donner un contenu théorique cohérent. La posture antiplatonicienne de Merleau-Ponty consiste à dire que ce dialogue n'est pas possibilisé par quelque entité métaphysique logée quelque part dans un univers hypostasié des essences, que l'on appellerait l'universel, et qui, surplombant les cultures depuis cette position d'exterritorialité, les jugerait du dehors. En fait il n'y a rien au ciel, et tout se joue sur le plan strict de l'immanence, de façon transversale. L'« universel latéral » qu'il élabore répond à la nécessité de penser l'interculturalité sous la forme d'une transaction par laquelle les significations passent d'un univers à un autre, d'une langue à une langue, ainsi que l'établit Souleymane Bachir Diagne par la philosophie de la traduction[12]. Il n'y a rien au ciel, cela veut dire que l'universel n'est pas une donnée factuelle qui pourrait se confondre avec une culture particulière, mais doit être une construction, une élaboration patiente opérée sur la base des données historiques particulières. L'humanisme porté par une telle conception de l'universel serait alors riche de toutes les déterminations historiques particulières et ne serait plus l'expression théorique de la domination impériale de l'Occident.

Cet humanisme d'un type nouveau, Senghor et Nyerere en ont été les chantres, à une époque où l'antihumanisme théorique althussérien, d'inspiration positiviste, faisait florès. Senghor n'a jamais partagé la lecture althussérienne d'une «coupure épistémologique» qui voit dans l'humanisme du «jeune Marx» une survivance idéaliste que les acquis du *Capital* surmonteront dans la clarté lumineuse d'un discours arrivé à sa maturité scientifique[13]. Il est aujourd'hui de la plus haute importance pour la pensée africaine contemporaine de le réactiver dans la perspective d'une réappropriation d'un socialisme de type nouveau, pensé du point de vue des valeurs africaines de solidarité. Le réenchantement du monde est à ce prix.

Notes

1. Marcel Gauchet, *Le Désenchantement du monde. Une histoire politique de la religion*, Paris, Gallimard, 1985.

2. Max Weber, dans *L'Éthique protestante et l'esprit du capitalisme* (traduction de Jacques Chavy, Paris, Gallimard, 2004), évoque la «cage d'acier» du capitalisme pour rendre compte du diagnostic que l'on peut poser sur la société capitaliste. Selon lui, le capitalisme est devenu par la force des choses une sorte de machine dans laquelle les conduites humaines sont soumises à des contraintes formelles d'efficacité et de rendement, qui les privent de toute signification humaine pour le sujet. En d'autres termes, nous vivons dans une sorte d'engrenage où nous ne sommes plus que des rouages fonctionnant pour un système sur lequel nous n'avons plus de prise.

3. Au moment où Husserl écrivait que, si l'Europe comprend bien la téléologie historique qui l'anime, elle ne «s'indianisera jamais» (*La Crise des sciences européennes et la philosophie transcendantale*, Paris, Gallimard, 1976), l'Inde était depuis longtemps déjà une référence philosophique majeure en Europe, pour des philosophes aussi importants que Nietzsche et Schopenhauer.

4. Edmund Husserl, «Lettre à Lucien Lévy-Bruhl», *Gradhiva*, n° 4, 1988.

5. Edmund Husserl, *La Crise des sciences européennes et la philosophie transcendantale, op. cit.*

6. Edmund Husserl, « Lettre à Lucien Lévy-Bruhl », *loc. cit.*

7. Pour Merleau-Ponty, « il y aurait une autonomie de la philosophie après le savoir positif, non avant. Elle ne dispenserait pas la philosophie de recueillir tout ce que l'anthropologie peut nous donner, c'est-à-dire au fond de faire l'épreuve de notre communication avec les autres cultures ; elle ne saurait rien soustraire à la compétence du savant qui soit accessible à ses procédés de recherche. [...] Mais l'anthropologie, comme toute science positive et comme l'ensemble de ces sciences, si elle est le premier mot de la connaissance, n'en est pas le dernier ». Maurice Merleau-Ponty, *Signes*, Paris, Gallimard, 1960, p. 136.

8. Aristote, *Métaphysique*, A, 982 b 8.

9. Pour Husserl, « l'idée d'une nature abandonnée à elle-même, qui ne soit pas mue (et, en général, changée) de façon égoïque par de sujets égoïques, peut ainsi être construite en tant que possibilité fictive, mais en tant que possibilité : le monde comme nature, comment il se déroulerait si tous les sujets égoïques en général abandonnaient en même temps quelque intervention que ce soit ». *Autour des* Méditations cartésiennes, Grenoble, J. Million, 1998, p. 292. La notion de « possibilité fictive » indique clairement que l'idée d'une nature primordiale qui serait le fondement ultime est une idée à rapprocher de ce qu'est la fiction de l'état de nature au sens où Rousseau l'avait conçue, c'est-à-dire, simplement une idée régulatrice nécessaire sur le plan de la théorie, mais non réelle comme effectivité empirique.

10. Achille Mbembe, « Qu'est-ce que la pensée postcoloniale ? », *Esprit*, décembre 2006.

11. C'est à la métaphore du rhizome, telle que reprise par Édouard Glissant à Gilles Deleuze et Félix Guattari, que l'on pense immédiatement ici comme modèle théorique pour décrire ce monde dé-centré dont la loi est désormais l'interaction : « Quand j'ai abordé la question [de l'identité], je suis parti de la distinction opérée par Deleuze et Guattari, entre la notion de racine unique et la notion de rhizome. Deleuze et Guattari, dans un des chapitres de *Mille Plateaux* (qui a été publié d'abord en petit volume sous le titre de *Rhizome*), soulignent cette différence. Ils l'établissent du point de vue du fonctionnement de la pensée, la pensée de la racine et la pensée du rhizome. La racine unique est celle qui tue autour d'elle alors que le rhizome est la racine qui s'étend à la rencontre d'autres racines. J'ai appliqué cette image au principe d'identité. Et je l'ai fait aussi en fonction d'une "catégorisation des cultures" qui m'est propre, d'une division des cultures en cultures *ataviques* et cultures *composites*. » *Introduction à une poétique du divers*, Paris, Gallimard, 1996.

12. «Une seule langue nous enferme dans une seule pensée», Roger Pol-Droit, Rencontre avec un philosophe d'ailleurs : http://www.cles.com/enquetes/article/une-seule-langue-nous-enferme-dans-une-seule-pensee – consulté le 15 février 2017.

13. Rappelons que la critique althussérienne de l'humanisme s'appuie sur une analyse de la «coupure» qui affecte la production théorique de Marx à partir des années 1884-1885, et qui fait entrer la dialectique et le matérialisme dans une phase proprement scientifique, l'enjeu étant de repérer le moment décisif qui conduit Marx «de la critique radicale des prétentions *théoriques* de tout humanisme philosophique» à «la définition de l'humanisme comme *idéologie*», *Écrits philosophiques et politiques*, t. II, Paris, Stock-Imec, p. 500. Ce passage voit, dans ce qu'il est convenu d'appeler les écrits du «jeune Marx», des restes d'idéalisme, thèse que Senghor rejette puisque, pour lui, l'humanisme ici déprécié est justement ce qui fait tout l'intérêt de la philosophie marxienne.

Écrire les humanités à partir de l'Afrique

Felwine Sarr

Felwine Sarr est un universitaire et écrivain sénégalais né le 11 septembre 1972 à Niodior, dans les îles du Saloum. Il enseigne à l'université Gaston-Berger de Saint-Louis. Ses travaux académiques portent sur les politiques économiques, l'économie du développement, l'épistémologie et l'histoire des idées religieuses. Il a publié, à ce jour, *Dahij* (Paris, Gallimard, 2009), *105 rue Carnot* (Montréal, Mémoire d'encrier, 2011), *Méditations africaines* (Montréal, Mémoire d'encrier, 2012) et *Afrotopia* (Paris, Philippe Rey, 2016). Il est le cofondateur de la maison d'édition Jimsaan et l'éditeur de la revue *Journal of African Transformation* (Codesria-Uneca).

La réflexion que je soumets à votre attention s'articule autour de la question de l'*écriture des humanités à partir de l'Afrique*. Elle part du postulat de la diversité des modes d'approches du réel selon les civilisations et les époques, la pluralité des modes de connaissance, ainsi que la relativité gnoséologique et épistémologique. Elle se propose de penser la pluralité des aventures de la pensée humaine en partant de l'idée de l'égalité de principe des différentes traditions de pensée et en prenant acte de leur incommensurabilité.

Cela nous amène à envisager ces différentes traditions de pensée à partir de leurs horizons et des configurations du pensable qu'elles proposent, comme des aventures singulières de l'esprit qui se sont développées de manière parallèle et adjacente, tributaires des cultures desquelles elles émanent (François Jullien).

Penser ces questions en contexte africain appelle un recentrement épistémique nécessaire à une meilleure fécondité des sciences sociales ayant pour objet l'Afrique. Celles-ci, pour être opérantes, doivent mieux être articulées aux réalités sociales qu'elles tentent d'élucider. Il s'agit d'intégrer la complexité des formations sociales africaines et les assumer dans leur spécificité culturelle et historique. Ce qui nécessite un travail de déplacement à l'intérieur des champs des savoirs constitués et de reprise ; un acte de penser qui s'enracine dans le présent, et qui porte une attention particulière à son milieu archéologique et aux tendances réelles des sociétés qu'il appréhende. Mais de manière plus fondamentale, il s'agit d'accéder à une connaissance plus approfondie des sociétés et cultures africaines, parce que fondée sur leurs propres critères gnoséologiques. Pour cela, il est nécessaire de prendre en charge d'autres modes d'appréhension de la réalité que le savoir scientifique tel qu'il s'est constitué jusque-là. L'exploration de territoires relativement inabordés que sont les ontomythologies et les épistémogonies africaines ouvre à une meilleure prise en charge de savoirs divers, ayant assuré la pérennité des sociétés africaines.

Quels seraient les prolégomènes d'une telle démarche ?

Ce projet de refondation requiert un travail de reprise dans les sciences sociales qui passe par une interrogation épistémologique sur les objets, les méthodes et le statut du savoir produit par les sciences humaines et sociales, telles qu'elles sont pratiquées sur les réalités africaines. L'obstacle majeur d'une telle démarche demeure la détermination d'un champ épistémologique, c'est-à-dire d'objets spécifiques à appréhender, mais également des méthodes singulières pour y parvenir. Une critique récurrente adressée à la conception occidentale du savoir est qu'elle surestime les prérogatives du sujet en se fondant sur l'illusion que ce dernier, par ses seuls moyens (raison et/ou sens) peut produire une pensée qui rende compte de la complexité du réel. Le piège de la méthodologie européenne consiste à sélectionner un critère unique pour expliquer le réel. Par ailleurs, sa démarche se fonde sur la volonté de produire en matière de connaissance une réalité exclusivement soumise au constat de l'expérience et au débat de la raison. La fécondité de la démarche méthodologique basée sur le principe du tiers exclu[1] sera interrogée. Celle-ci, pour appréhender le réel, distingue le sujet de l'objet. La ponctualisation de l'objet et le découpage de la réalité en infimes portions, que l'on tente ensuite de recoudre (Issiaka Prosper Lalèyê). Cette démarche a été utile pour le développement de la physique et des sciences exactes, mais se révèle inféconde lorsqu'il s'agit des sciences humaines et sociales, car les objets étudiés ont une épaisseur et le sujet n'est pas disjoint de l'objet. Comme pour la physique quantique, la position de l'observateur modifie la chose observée.

Le projet de recentrement épistémique peut trouver dans les cultures et cosmologies africaines des ressources fécondes et inépuisables. L'épuisement de la raison technoscientifique ainsi que les conséquences civilisationnelles de ses impasses appellent un renouvellement des sources des imaginaires et de la pensée. Celles-ci passent pour les Africains par une meilleure intégration de leurs propres univers de références dans la quête de leurs équilibres sociétaux.

Pour éviter les pièges de la bibliothèque coloniale[2], un recours aux ressources des cultures africaines doit aussi se faire au travers d'une connaissance de celles-ci fondée sur les propres critères gnoséologiques de ses cultures; c'est-à-dire au travers de points de référence issus de ses cultures mêmes[3]. D'après Mudimbe, «la singularité des expériences historiques est une évidence et on peut arracher à chaque expérience ses propres normes d'intelligibilité».

Les philosophes qui ont ouvert le débat sur la nécessité de sciences sociales africaines ont peu interrogé l'idée d'appréhender le réel africain exclusivement par la science. Leur projet a principalement consisté en une tentative de désoccidentalisation du savoir scientifique et en une meilleure connaissance de l'Afrique par une révision des postures épistémologiques. La légitimité de la démarche qui consiste à tenter de saisir le (ou les) réel(s) africain(s), par cet outil que l'on nomme la *science* ne fut pas interrogée. Or un certain nombre de raisons peuvent justifier un scepticisme quant à la capacité de la démarche scientifique *seule* à élucider le réel. D'autres manières d'appréhender celui-ci existent, les savoirs occidentaux ne les épuisent pas toutes et par ailleurs, pour la phénoménologie de la perception, le monde n'existe que comme objet de représentation et de discours d'un sujet situé à un moment donné d'une histoire individuelle et collective, et tributaire d'une manière de voir le monde.

Certes, un travail de déplacement à l'intérieur des champs des savoirs constitués et de reprise est à entreprendre. Mais il s'agit également d'explorer les possibilités qu'offrent les autres formes de savoirs et d'appréhension du réel. Ceux-ci constituent des modes de connaissances qui ont démontré leurs qualités opératoires sur la longue durée, dans divers domaines de l'activité humaine : savoirs thérapeutiques, environnementaux, savoir-faire techniques, savoirs sociaux, historiques, psychologiques, économiques, agronomiques. Ces savoirs ont assuré la survie, la croissance et la pérennité des sociétés africaines. Pour les mobiliser, explorer les cosmogonies, les mythes, les expressions culturelles diverses, ainsi que les ressources linguistiques africaines est nécessaire. Il s'agira d'interroger les cultures africaines à travers leurs propres catégories.

Il s'agira aussi d'engager un débat autour d'une théorie de la connaissance bornée par les limites de la vision occidentale de ce qu'est un savoir, en interrogeant l'exclusivité de l'épistémè logocentrique, et l'arraisonnement des modes d'intelligibilité par le seul mode de la pensée écrite. Le chemin emprunté par la raison occidentale n'est qu'un parmi tant d'autres.

Un élargissement de la théorie de la connaissance consisterait à relier les épistémès logocentriques avec les ontomythologiques, c'est-à-dire prenant leurs sources dans une relecture critique des mythes et récits traditionnels ; celles-ci ne sont pas exclusives des sociétés africaines, mais sont celles de toutes les sociétés où le véhicule de la communication de la pensée est essentiellement la parole vive et non l'écrit. Au-delà du souci d'une meilleure appréhension des réalités sociales africaines, cette entreprise, en ouvrant d'autres voies d'accès au savoir, pourrait constituer un décloisonnement et un élargissement nécessaire de la théorie de la connaissance.

Cette interrogation reprend à sa racine la question de la connaissance. Il s'agit de penser à nouveau les conditions de possibilité d'un savoir. Que puis-je connaître ? est la question que pose Kant dans sa

Critique de la raison pure. Comment une connaissance est-elle possible? Ces questions ont défini la physique et la métaphysique au XVIIIe siècle.

Cette interrogation sur le savoir devra s'approfondir en pensant les objets de la quête épistémologique, mais aussi ses modalités d'appréhension de la réalité. Expliquer, depuis Aristote, serait élucider les causes où remonter à la cause première. Penser que l'explication est la seule façon de penser le monde est un parti pris. La pensée de la causalité linéaire à une butée, c'est la cause première. La pensée complexe (Morin) et dialogique a permis de relativiser ce mode d'appréhension de la réalité en indiquant ses limites.

Les cosmologies africaines[4] relativisent elles aussi l'omnipotence du sujet. Celui-ci est un agrégat transitoire d'éléments psychologiques et biologiques soumis à la métamorphose et au passage dans différents ordres de réalité. Elles sont sceptiques quant à la capacité du discours à rendre exhaustivement compte de la réalité et à refléter l'ordre des choses. La nature ultime de la réalité transcende nos facultés de réflexion et d'expression. Le monde est une énigme qui n'est pas parfaitement lisible, il serait illusoire (selon celles-ci) de croire que l'on pourrait en décrypter toutes les lois et fonder sur celles-ci l'action. Dans cette perspective, le savoir sur le cosmos s'acquiert certainement par les propriétés de l'esprit, mais également par celles du réel; une confrontation avec celui-ci permet d'éviter l'excès de subjectivité et d'objectivité.

La pensée européenne a principalement été mue par la recherche de la vérité. C'est la notion centrale à partir de laquelle elle s'est forgée. Dans les pensées africaines, ou même asiatiques, la quête de la vérité n'est pas l'exigence majeure. La vitalité, la force vitale, le vivable, le viable... semblent être les nœuds qu'elle tente de démêler. L'idée de vérité entendue comme «adéquation de la chose à l'esprit» n'est pas transculturelle. Par ailleurs, il faudrait que la chose soit (présente, palpable, tangible, matérielle) pour que la vérité fût. Qu'en est-il, dans ce cas, du futur, du probable, du contingent, du possible, des objets de la métaphysique?

Dans d'autres régimes discursifs (systèmes de pensée), l'horizon de configuration n'est pas la notion de vérité. Aussi les pensées doivent-elles être envisagées dans leur propre horizon de sens.

L'intelligence humaine réside dans la capacité de passer à travers les différents possibles de la pensée, à les comprendre l'un et l'autre, et à les faire dialoguer. Ce qui amène à penser la vérité comme ce qui est source d'intelligibilité. Le négatif de la vérité ne serait donc pas le faux, mais l'impensé, l'inabordé, l'indécouvert, etc. Est vrai ce qui produit de l'intelligible et sert à éclairer l'expérience.

L'objectif n'est point cependant de résoudre l'écart des différentes approches du savoir et du réel par une dialectique unitaire et convergente. Il ne s'agira pas d'une recherche systématique d'une vérité ultime ni d'une synthèse, mais de faire communiquer ces possibles afin de produire de l'intelligible à partir de leur autoréfléchissement, par une mise en tension et un maintien de cet écart exploratoire (François Jullien). *Ainsi, il s'agit d'envisager les cultures comme des ressources contingentes, afin que les différentes configurations du pensable qu'elles permettent donnent prise sur de l'impensé et éclairent l'expérience humaine dans sa diversité. Il s'agira également d'inclure dans le champ des savoirs les formes non discursives, notamment les écritures artistiques comme éléments fondamentaux de l'expérience cognitive humaine.*

Élargir les possibles de la pensée, examiner les conditions de possibilité des divers modes de connaissances ainsi que leur rapport à l'expérience constitue un décloisonnement nécessaire de la théorie de la connaissance. Pour cela, il s'agira de penser les impensés de la philosophie et des sciences humaines et sociales. Une telle démarche nous semble nécessaire à l'élargissement de tous les possibles de la pensée.

Notes

1. Cette conception est également remise en cause au sein de l'épistémè occidentale par les tenants de la physique quantique et par des penseurs comme Nicholas Georgescu-Rogen, promoteur de la transdisciplinarité et du principe du tiers inclus.

2. Valentin-Yves Mudimbe.

3. C'est ce que Wolé Soyinka appelle la *self apprehension*. Une appréhension de soi par soi, sans référence à l'autre, détermine pour lui la possibilité d'une pensée (et d'une littérature) proprement africaine.

4. Comme les cosmologies orientales (Japon, Chine), d'ailleurs.

Penser le monde à partir de l'Afrique

Questions pour aujourd'hui et demain

Achille Mbembe

Achille Mbembe est professeur d'histoire et de science politique à l'université du Witwatersrand à Johannesbourg en Afrique du Sud. Il est également chercheur au Witwatersrand Institute for Social and Economic Research. Ses nombreux essais, dont *La Naissance du maquis dans le Sud-Cameroun* (Paris, Karthala, 1996), *De la postcolonie. Essai sur l'imagination politique dans l'Afrique contemporaine* (Paris, Karthala, 2000) ou encore *Politiques de l'inimitié* (Paris, La Découverte, 2016), ont fait l'objet de traductions en plusieurs langues étrangères. Son prochain livre, *Penser en public*, paraît à l'automne 2017 chez La Découverte.

L'on ne saurait, en toute décence, prétendre s'exprimer *au nom des Africains*. Ils ne nous le demandent point. Le feraient-ils que la chose n'en serait pas nécessairement plus simple. On sait qu'en Afrique même, les réponses à la question de savoir « comment penser l'Afrique dans le monde » – ou, pour le dire en d'autres mots, « comment penser le monde à partir de l'Afrique » – sont divergentes, contradictoires, voire irréconciliables.

Le souci qu'ensemble nous portons à l'Afrique – et que nous cause l'Afrique – va sans dire. À ce propos, toute autorité qui prétendrait tirer sa légitimité du principe d'indigénéité serait cependant très vite confrontée à ses propres limites. Car, au fond, parler *en tant qu'Africain* ne garantit pas grand-chose, parfois pas même une certaine mesure d'authenticité.

1

Pourtant, beaucoup en Afrique et dans la diaspora estiment non seulement que seuls les Africains ont le droit d'étudier leurs sociétés et leurs cultures, mais encore que seuls les Africains sont en mesure de dire la vérité au sujet de l'Afrique. Les mêmes font valoir que toute production de savoir est nécessairement locale ; et que l'universel n'est, en réalité, qu'un discours clos qui s'ignore. D'où la quête d'un paradigme « africain » des sciences sociales. D'où, également, la volonté – manifestée par de nombreux Africains – de se servir de leur entendement (sans la direction des autres), afin justement d'échapper au *gouvernement par les autres.*

On est tenté de les comprendre. Comment en serait-il autrement lorsqu'on sait à quel point le savoir colonial ou impérial a longtemps servi d'arme aux fins de sujétion matérielle et symbolique des mondes extra-européens ? En effet, dans l'entendement de notre temps, chaque fois que l'on prononce le nom « Afrique », on ne convoque pas seulement un fait physique, spatial ou géographique. On met aussi en branle, parfois inconsciemment, une série d'images, une foule de préjugés, d'attributs supposés typifier les êtres qui habitent cet espace physique, leurs coutumes et manières de vivre et de faire, et en particulier leur rapport à une vie dont la durée n'est jamais certaine puisque la paillasse où la mort est allongée n'est, pense-t-on, jamais loin.

Dans maints régimes modernes du discours et de la connaissance, le terme « Afrique » évoque presque automatiquement un monde à part ; un monde avec lequel beaucoup de nos contemporains éprouvent de la difficulté à s'identifier ; une réalité dont ils ne savent souvent parler que sous une forme lointaine et anecdotique, à la manière d'une parenthèse grise.

Pourquoi ? Parce que, à leurs yeux, *la vie en Afrique n'est jamais une vie humaine tout court.* Elle apparaît très souvent comme *la vie d'autres gens dans quelque autre lieu, ailleurs.* En tant que telle, elle suscite de temps à autre de la pitié et des gestes de charité – la politique du Bon Samaritain. Et justement parce que le nom « Afrique » renvoie toujours à une sorte d'arbitraire primordial, celui des désignations auxquelles rien en particulier ne semble devoir répondre sinon *le préjugé inaugural dans sa régression infinie*, l'on suppose toujours, de manière générale, que le non-sens est déjà compris, déjà là, dans le nom lui-même.

Dans ces conditions, dire l'Afrique, c'est chaque fois prendre le risque d'entrer dans une régression infinie du présupposé, de bâtir des figures, n'importe lesquelles, au-dessus du vide. Il suffit, comme le dit Raymond Roussel dans ses *Impressions d'Afrique*, de choisir des mots ou des images presque semblables, d'y ajouter des images et des mots pareils mais pris dans des sens différents, et l'on finit toujours par retrouver le conte dont on avait déjà, de toutes les façons, connaissance.

Au fondement des régimes modernes du savoir se trouve par conséquent le prédicat selon lequel l'humanité ne partage pas un monde commun. Ne partageant guère de monde commun, la politique du monde (et la politique du savoir à l'échelle globale) ne saurait guère être une *politique du semblable*. Elle ne pourrait être qu'une politique de la différence.

2

Aujourd'hui, nombreux sont ceux d'entre nous qui appartiennent à tant d'univers de sens qu'il leur est impossible de se revendiquer des appartenances claires et transparentes et des filiations immaculées. En fait, qu'ils soient physiquement partis ou qu'ils soient restés sur les lieux de leur naissance, beaucoup auront passé l'essentiel de leur vie d'adulte à traverser le monde, c'est-à-dire à passer sans cesse des compromis avec toutes sortes de traditions convenues, à refigurer ces choses et ces appartenances dont on veut penser qu'elles vont de soi.

Au cours de cette traversée – et souvent par la force des choses – ils se seront beaucoup instruits au contact des mondes-autres. En même temps, ils auront fait l'expérience d'une chose quasi mystérieuse : devenir humain implique la sortie de soi-même et la rencontre – jamais garantie – avec l'étrange et l'étranger. Toute pensée véritable surgit au point de rencontre avec ce qui n'est pas soi-même. Au point de rencontre avec ce qui ne saurait se ramener à soi, *penser, tout comme nourrir sa vie, devient inévitablement habiter l'écart, faire travailler l'écart.*

Comment, dans ces conditions, articuler une réflexion qui honore le rapport historique (voire existentiel) avec le lieu qui nous a vus naître (ou auquel nous renvoient nos ascendances) tout en s'en écartant consciemment, précisément dans le but de faire jouer cet écart sans lequel il serait difficile d'échapper à une forme ou une autre d'atavisme ? La réponse devrait être sans équivoque – en prenant des risques, à commencer par le risque de profération d'une *parole marginale* ; en s'efforçant de penser à partir d'un *tiers-lieu* à la fois géographique et théorique ; en assumant volontairement le risque que notre propos soit qualifié d'inauthentique.

Il n'est point de doute qu'exister pour soi et à la première personne, agir de soi-même, être présent à soi-même, être capable de dire « Je pense », se soucier de soi-même, légiférer pour soi-même, se gouverner soi-même constitue le point de départ de toute politique de la liberté et, ce faisant, de la pensée. Mais il n'y a pas de soi qui se situe hors d'un monde dont nous sommes tous, comme ne cessait de le répéter Frantz Fanon, les héritiers. C'est vrai que les matrices de l'expérience humaine historique ne sont pas partout les mêmes. Mais dire de chaque expérience qu'elle est singulière ne signifie pas qu'une telle expérience soit ineffable et intraduisible dans d'autres langages humains.

3

Pour ceux et celles porté(e)s par le souci de l'Afrique, *le défi essentiel est donc, désormais, de travailler à l'interstice de plusieurs extériorités, convaincu(s) qu'il n'y a plus de dehors auquel s'opposerait un dedans. Car, au fond, tout est passé dedans. Il n'y a aucune partie du monde dont l'histoire ne recèle quelque part une dimension africaine, tout comme il n'y a d'histoire africaine qu'en tant que partie intégrante de l'histoire du monde.* Et il n'existe guère, ni pour les Africains ni pour les autres peuples de la terre, de savoirs totalement clos que les uns et les autres ne se devraient qu'à eux-mêmes et à nul autre. Il faut donc sortir de la problématique des origines et de la clôture. Ce sont, en effet, d'autres embranchements de la pensée qu'il faut explorer. Pour ce faire, nous devons assumer, une fois pour toutes et à visage découvert, le caractère composite de notre visage et l'hétérogénéité de nos héritages non plus comme des facteurs d'inauthenticité, mais comme les ressources privilégiées de notre propre dépassement.

4

La grande question, aujourd'hui et demain, est donc celle de *notre appartenance au présent et au monde.*

Cette question-là, Michel Foucault la posait en ces termes : « Quelle est mon actualité ? Quel est le sens de cette actualité ? Et qu'est-ce que fait le fait que je parle de cette actualité ? » L'on cite Foucault. Mais en réalité, il s'agit d'une très vieille question, que la pensée d'origine africaine, notamment dans le Nouveau Monde, fait sienne dès la première moitié du XIXe siècle, sans utiliser nécessairement le langage de Foucault – et, avant lui, de Kant puisque, ici, Foucault est en train de traduire Kant.

Cette pensée moderne d'origine africaine (qui est le fait des premiers intellectuels afro-américains, des Nègres de la Caraïbe...) pose la question de notre appartenance au présent et au monde dans le langage de la vie et de ce qui en provoque la dissipation, l'étiolement. Elle s'interroge sur *ce que c'est que de vivre, vraiment* – la vérité de la vie, les formes de déploiement affirmatif de la vie. Ce n'est donc pas simplement une pensée de la vie dans l'abstrait. C'est à la fois un questionnement sur le vouloir-vivre et sur le *devenir de l'affirmation*, notamment là où domine le règne de la négation. Finalement, c'est une pensée qui s'interroge sur les moyens de sortir de l'alternative cruelle : « tuer ou être tué ».

L'objet central de cette pensée n'est donc pas la quête ethnologique d'un paradigme « africain » des sciences sociales. Au demeurant, l'Afrique, dans cette pensée, n'est pas celle des États-nations et leurs frontières territoriales. Elle est un projet diasporique et par conséquent transnational. Comment faire du présent et de la vie africaine (ce présent auquel j'appartiens) un *événement de la pensée* pour les gens d'origine africaine sans doute, mais aussi pour notre monde ? Dans quel langage articuler les conditions de sortie de l'état dans lequel ces gens d'origine africaine se trouvent ?

5

Avec Frantz Fanon, par exemple, le problème de l'appartenance au présent et au monde se confond avec le projet d'autonomie humaine ou encore d'autocréation de l'humanité. « Je suis mon propre fondement », déclare-t-il dans la conclusion de *Peau noire, masques blancs*.

Le contexte qui détermine sa pensée est celui de la violence coloniale et raciale et de la guerre dite de libération. Le propre de la violence coloniale et raciale est de chercher à congédier l'humanité de ses victimes, ou encore à la suspendre. Elle ne va plus de soi. Pourquoi ?

Simplement parce que, devant le colonisé, l'Europe ne cesse de se demander: «Est-ce un autre homme? Est-ce un autre homme que l'homme? Est-il un autre exemplaire du même? Ou bien est-il un autre que le même?»

Dans un tel contexte, nous dit Fanon, l'humanité n'est pas donnée. La déclosion de soi est inséparable de la déclosion du monde. Les deux mouvements passent par le biais d'un éveil du colonisé à la conscience de lui-même – le processus par lequel ce dernier s'approprie subjectivement son moi, démonte les enclos (notamment l'enclos qu'est la race) et s'autorise de parler à la première personne.

En retour, cette appropriation de soi vise non seulement la réalisation de soi, mais de manière plus significative encore la montée en humanité, un nouveau départ de la création et, comme on le soulignait tantôt, la *déclosion du monde*.

6

Chez Fanon également, cette montée en humanité ne peut être que le résultat d'une lutte – la lutte pour la vie. La lutte pour la vie (qui est la même chose que la lutte pour éclore le monde) a une double dimension.

D'une part, elle consiste en la constitution de cette capacité d'être soi-même et d'agir de soi-même que Fanon compare à un surgissement – surgissement des profondeurs de ce qu'il appelle «une région extraordinairement stérile et aride» de l'existence, cette «zone de non-être» qu'est, à ses yeux, la *race*. «Le nègre n'est pas. Pas plus que le Blanc», dit-il – ce qui veut dire que «le nègre est un homme pareil aux autres, un homme comme les autres», «un homme parmi d'autres hommes».

D'autre part, la montée en humanité n'est possible que si, au départ, l'on pose *le postulat d'une similarité fondamentale, d'une citoyenneté humaine originaire* que l'on pourrait formuler de la manière suivante : *tous les hommes sont pareils aux autres, des hommes comme les autres, des hommes parmi d'autres hommes.*

Et c'est ce postulat qui constitue justement, aux yeux de Fanon, la clé du projet de déclosion du monde, du projet d'autonomie humaine.

7

Prenons un deuxième exemple, celui de Léopold Sédar Senghor. L'un des paradoxes de Senghor est de devoir reconnaître une dette inestimable aux théories les plus racistes, les plus essentialistes et les plus biologisantes de son époque. Mais ces théories essentialistes, Senghor s'en sert également pour articuler une poétique antiraciste du monde. Ce qu'il appelle la négritude est, certes, une manière de se soucier de soi, de ce qui appartient en propre à ce soi – une sorte de narcissisme racial.

Mais ici également, sur ce terrain frauduleux de la différence essentielle, le souci de ce qui nous appartient en propre et de ce qui nous définit en propre n'a de sens que dans la mesure où cela est destiné à être mis en commun. Au projet de l'*en-commun*, Senghor donne un nom : le « rendez-vous du donner et du recevoir ».

À ses yeux, c'est de cette mise en commun des singularités que dépendent la renaissance du monde et l'avènement d'une communauté universelle – une communauté métisse régie par le principe du partage des différences, de ce qui est unique. Seule une communauté fondée sur la mise en commun du propre et le partage de ce qui est unique à chacun est ouverte à l'*entier*.

L'on doit préciser que dans le cas de Fanon comme dans celui de Senghor, c'est du *monde entier* que nous sommes les héritiers. En même temps, et le monde et cet héritage sont à créer. Le monde est en création, et nous avec. Hors de ce processus de création et d'autocréation, il est muet et insaisissable. Et c'est en contribuant à ce processus de création et d'autocréation que nous gagnons le *droit d'hériter du monde dans son ensemble.*

8

Chez d'autres penseurs modernes d'origine africaine, on retrouve cette insistance sur la déclosion du monde et l'appartenance au monde en tant que pouvoir que se donne le sujet d'être entier. Chez Édouard Glissant, par exemple, la déclosion du monde consiste précisément à aller à la rencontre du monde en sachant embrasser l'indéniable tissu des affiliations qui forment notre identité et l'entrelacs de réseaux qui font que toute identité s'étend nécessairement dans un rapport avec l'Autre – un Autre qui est toujours, d'emblée, là.

La véritable déclosion du monde, c'est donc la rencontre avec l'entièreté du monde, ce qu'il appelle le *Tout-Monde*. En cela, elle est une politique de la mise en relation et du devenir – le devenir de l'affirmation.

Cette thématique de la mise en relation et cette question de l'entièreté sont également au centre de la réflexion de Paul Gilroy chez qui la déclosion du monde prend les contours d'une nouvelle conscience planétaire.

Chez tous ces penseurs, y compris ceux d'entre eux qui partent du postulat de la différence, le projet n'est donc pas la partition du monde et sa division. Tous sont à la recherche d'une sphère d'horizontalité qui fasse une place centrale à une *éthique de la mutualité* ou, comme le suggère Gilroy, de la convivialité, de l'*être-avec-d'autres*.

9

La revendication d'un paradigme «africain» des sciences sociales pourrait donc s'avérer dangereuse si elle devait se faire sur la base de thèses nativistes, nationalistes ou indigénistes. Celles-ci reposent en effet sur l'idée de la clôture des mondes et non de leur déclosion et de leur mise en relation. Leur fonction idéologique est d'encourager les Africains à se penser comme des victimes de l'histoire et à vivre leur histoire comme un procès sorcellaire. Elles reposent sur l'idée selon laquelle il y aurait différents types d'humanité et qu'à chaque type d'humanité correspondrait un modèle épistémique propre. Véritables enclos intellectuels, elles donnent lieu à la production, grâce à de l'argent étranger, de travaux que nul ne connaît, que nul ne lit et ne cite, et qui ne servent strictement à rien sinon à soulager la bonne conscience des faiseurs de charité, à cultiver chez les récipiendaires de ces dons une logique du ressentiment et une posture d'irresponsabilité.

10

La grande préoccupation, pour aujourd'hui et demain, est donc de savoir ce dont le présent africain est le signe et ce qui lui octroie cette valeur de signe. Elle est de faire de l'Afrique non seulement un lieu de provocation intellectuelle, mais un *événement pour la pensée*.

Depuis le milieu du XXᵉ siècle, le Continent fait en effet l'expérience de mutations rapides et multiformes, et dont les résultats sont paradoxaux. Qu'il s'agisse des formes nouvelles de conflits, de la vie des monnaies, des investissements et des échanges ou encore des domaines de la créativité culturelle et artistique, des formes urbaines et des régimes cultuels, tout est en train de se recomposer dans des conditions d'incertitude parfois radicale. Des choses auxquelles l'on était habitué meurent. D'autres que l'on croyait disparues à tout jamais font leur retour sous de nouveaux noms, avec de nouveaux masques et parfois sur les mêmes scènes qu'hier, bien qu'avec des acteurs différents. En dépit des apparences, le Continent est de plus en plus multiculturel, multiracial, diasporique et cosmopolite. Ici, les phénomènes de mobilité dessinent de nouvelles cartes du monde. Comment imaginer politiquement ce monde à cartes multiples? Mobilités et circulations aidant, se structure une Afrique inédite, à la fois lieu de destination et de transit et espace de confluence au carrefour de plusieurs cultures, races, diasporas. Quels sont les flux qui la travaillent?

Il nous faut décrire et analyser les naissances de cette société sans perdre notre temps à réfuter, souvent maladroitement, les interprétations parfois erronées produites ailleurs par d'autres.

Il nous faut le faire en sachant que notre histoire, notre présent et l'extraordinaire richesse de nos réalités sont, plus qu'on ne le pense, des objets et des signes qui, dans tous les champs contemporains de la connaissance, sont susceptibles de parler au-delà de nos frontières géographiques et raciales. Pour y parvenir, encore faut-il tout décloisonner, déterritorialiser, s'ouvrir sur des questions internationales et transversales, embrasser les humanités et les sciences naturelles, approfondir l'interrogation philosophique et historique. Encore faut-il être disposé à sortir des territoires académiques établis et des calculs disciplinaires et institutionnels dont l'unique fonction est de reproduire les pesanteurs réglées. Encore faut-il accepter de passer par des voies tantôt obliques, tantôt transversales afin précisément de mettre en communication des domaines que l'on tend généralement à séparer.

11

Il ne s'agira pas tant de dire, une fois de plus, ce que l'Afrique n'est pas, ou encore ce qui lui manque. Nous partirons plutôt de l'hypothèse selon laquelle *c'est sur le continent africain que la question du monde (où il va et ce qu'il signifie) se pose désormais de la manière la plus neuve, la plus complexe et la plus radicale.* C'est ici, également, que toutes les catégories qui ont servi à imaginer ce qu'est l'art, la politique, l'éthique et le langage sont en crise, alors même que, simultanément, ne cessent d'émerger des formes alternatives de vie.

Réfléchir sur ce *phénomène de l'émergent*, ses formes esthétiques et politiques, ainsi que les problèmes éthiques qu'il pose exige de problématiser autrement ce qui, dans l'expérience humaine en Afrique, renvoie à une série de questions globales auxquelles fait face le monde dans son ensemble.

L'expérience humaine en Afrique pose donc à l'intelligence de notre temps des questions dont la radicalité n'a guère, jusqu'à présent, fait l'objet d'une exploration conséquente. Or, une *pensée du monde* qui prendrait au sérieux cette radicalité ne gagnerait pas seulement en densité. En fait, le renouvellement de notre imagination de la culture, du politique et du langage ainsi que de notre pensée de l'humain en général – tout cela passe désormais par ce miroir du monde qu'est devenue l'Afrique.

12

Les archives africaines se sont constituées, en très grande partie, autour du triangle atlantique (Afrique, Amériques et Caraïbes, Europe). Mais elles débordent largement ce triangle et incluent aussi bien les mondes islamiques que proprement asiatiques. Il est désormais établi que ces archives esquissent diverses *figures de la modernité.*

Rendre ces figures lisibles exige que soient posées en termes neufs les problématiques de l'«originalité» et de la «singularité», et que soient réunies les conditions du passage à un *regard postanthropologique* sur l'Afrique. Sans une telle interrogation neuve, il sera difficile de surmonter les apories des discours sur la «différence».

L'on comprend qu'un tel projet réserve une place de choix aux archives littéraires et artistiques. La manière dont le roman africain postcolonial a traité la question de l'«écriture» et de la «langue» en tant que telle permet en effet d'ouvrir des perspectives nouvelles sur les thématiques de l'originalité et de la singularité, du «proche» et du «lointain» ; de la «distance» et de la «proximité», du «soi», du «temps» et du «style». Il en est de même des arts visuels et plastiques (peinture, sculpture, cinéma, mode, photographie), de la musique, de la danse et de l'architecture.

Dans quels termes la création culturelle africaine pose-t-elle le problème de l'appartenance de l'Afrique au monde, les manières d'habiter celui-ci, de se réclamer de lui et de ses valeurs? Partant des expériences africaines, peut-on considérer qu'à une époque dominée par la thématique de l'insécurité et de la terreur, certaines figures (le migrant, le réfugié, l'étranger, l'enfant, l'ennemi) soient plus emblématiques de la «vie précaire» que d'autres? Que peut-on dire du présent et du devenir de l'État dans le monde contemporain, voire de l'ordre mondial dans sa généralité? Le «temps de l'État» est-il si différent de celui du «marché»? Comment, dans le contexte actuel, repenser le problème – classique – des rapports entre la force et le droit, la sécurité et la vulnérabilité? Dans quels termes pouvons-nous réinterroger le statut de l'espérance et la place du futur dans les imaginations contemporaines du temps et de la vie? De quels futurs s'agit-il et quelles sont les ressources qui permettraient non seulement de les penser, mais aussi d'en précipiter l'avènement?

Table

III

IV

V

Dépôt légal : juin 2017
ISBN 978-2-84876-601-0

Achevé d'imprimer en France par EPAC Technologies

N° d'édition: 4550414306818

Dépôt légal: juin 2017